Direitos das Mulheres

Direitos das Mulheres

Direitos das Mulheres

IGUALDADE, PERSPECTIVAS E SOLUÇÕES

2020

Coordenadora
Alessandra Caligiuri Calabresi Pinto

DIREITOS DAS MULHERES
IGUALDADE, PERSPECTIVAS E SOLUÇÕES
© Almedina, 2020
COORDENAÇÃO: Alessandra Caligiuri Calabresi Pinto

DIRETOR ALMEDINA BRASIL: Rodrigo Mentz
EDITORA JURÍDICA: Manuella Santos de Castro
EDITOR DE DESENVOLVIMENTO: Aurélio Cesar Nogueira
ASSISTENTES EDITORIAIS: Isabela Leite e Larissa Nogueira

DIAGRAMAÇÃO: Almedina
DESIGN DE CAPA: FBA

ISBN: 9786556271255
Dezembro. 2020

Dados Internacionais de Catalogação na Publicação (CIP)
(Câmara Brasileira do Livro, SP, Brasil)

ADireitos das mulheres : igualdade, perspectivas
e soluções / coordenação Alessandra Caligiuri
Calabresi Pinto. – 1. ed. – São Paulo :

Almedina, 2020.
ISBN 978-65-5627-125-5

1. Direito 2. Direitos das mulheres 3. Feminismo
4. Mulheres I. Pinto, Alessandra Caligiuri Calabresi..

20-45982 CDU-305.4

Índices para catálogo sistemático:

1. Mulheres – Direitos 305.4

Aline Graziele Benitez – Bibliotecária – CRB-1/3129

Este livro segue as regras do novo Acordo Ortográfico da Língua Portuguesa (1990).

Todos os direitos reservados. Nenhuma parte deste livro, protegido por copyright, pode ser reproduzida, armazenada ou transmitida de alguma forma ou por algum meio, seja eletrônico ou mecânico, inclusive fotocópia, gravação ou qualquer sistema de armazenagem de informações, sem a permissão expressa e por escrito da editora.

EDITORA: Almedina Brasil
Rua José Maria Lisboa, 860, Conj.131 e 132, Jardim Paulista | 01423-001 São Paulo | Brasil
editora@almedina.com.br
www.almedina.com.breditora@almedina.com.br
www.almedina.com.br

SOBRE A COORDENADORA

Alessandra Caligiuri Calabresi Pinto
Advogada. Presidente da Comissão da Mulher Advogada da OAB – Subsecção
Pinheiros. Especialista em Direito da Mulher pelo Meu Curso, Especialista em
Direito Eleitoral pela Escola da Magistratura, Especialista em Gestão Pública
pela FGV-SP. Foi assessora em processo legislativo da OAB-SP na Assembleia
Legislativa do Estado de São Paulo. Foi Diretora de Atendimento ao Consumidor da Fundação Procon/SP. Criadora do projeto "#megarantomebanco", nas
redes sociais (megaranomebanco.com.br), para difundir direitos, coibir abusos,
estimular denúncias e qualificar profissionalmente mulheres e meninas através
de entidades e empresas parceiras.

SOBRE AS AUTORAS

Adriana de Fátima Guilherme de Assis
Mestranda em Direito pela USP. Especialista em Diversidade Racial, Sexual e Religiosa pelas Faculdades Legale/SP. Especialista em Direito Material e Processo do Trabalho pelas Facilidades Legale/SP, Especialista em Direito Material e Processo Civil pelas Faculdades Legale/SP.

Adriana Galvão Moura Abílio
Advogada. Doutora em Direito pela PUC-SP. Mestre em Direito Constitucional pela UNAERP. Especialista em Direito Empresarial pela FGV. Diretora do Núcleo de Responsabilidade Social FIESP/CIESP. Professora Universitária e de Cursos de Pós-Graduação em Direito.

Albertina Duarte Takiuti
Médica Ginecologista e Obstetra. Doutora e Mestre pela Faculdade de Medicina da USP. Responsável pelo Ambulatório de Ginecologia da Adolescência do Hospital das Clínicas – Faculdade de Medicina da Universidade de São Paulo. Coordenadora do Programa Saúde do Adolescente da Secretaria de Estado da Saúde. Coordenadora Estadual de Políticas para Mulher da Secretaria de Justiça do Estado de São Paulo. Indicada para o Prêmio 1000 Mulheres para o Nobel da Paz, 2005.

Alice Bianchinni
Advogada. Doutora em Direito pela PUC-SP. Mestre em Direito pela UFSC. Especialista em Teoria e Análise Econômica pela Universidade do Sul de Santa Catarina Unisul-SC e em Direito Penal Econômico Europeu, pela Universidade de Coimbra/IBCCrim. Foi professora do Departamento de Direito Penal da USP e do Curso de Mestrado em Direito da Uniban-SP. Foi Coordenadora dos Cursos de Especialização Telepresenciais da Rede de Ensino Luiz Flávio

Gomes. Leciona em diversos cursos de especialização. Conselheira Federal da OAB (2019-2021) e Vice-Presidente da Comissão Nacional da Mulher. Presidente da Associação Brasileira de Mulheres de Carreiras Jurídicas – Comissão São Paulo – ABMCJ/SP. Coordenadora da Pós-Graduação sobre Direito das Mulheres: teoria, prática e ação transformadora (meucurso.com.br).

Ana Carina Freire Correia de Gusmão
Advogada. Mestre em Direito da Empresa pela Universidade de Deusto (Bilbao-Espanha). Pós-graduada em Migrações internacionais e estrangeria pela Universidade Europeia de Madrid. Pós-graduada em Direito Processual Civil pela Faculdade Damasio Educacional. Bacharel em Direito pela Universidade Complutense de Madrid. Membro da Comissão da Mulher Advogada da OAB Subseção Pinheiros. Membro Comissão de Ciência, Tecnologia e Inovação da OAB – Subseção Pinheiros.

Chimelly Louise de Resenes Marcon
Promotora de Justiça em Santa Catarina. Doutoranda em Estudos de Gênero pelo Instituto Superior de Ciências Políticas e Sociais da Universidade de Lisboa. Mestre em Ciências Jurídicas pela Universidade do Vale do Itajaí (UNIVALI). Integrante do Grupo de Enfrentamento à Violência Doméstica e Familiar Contra a Mulher (GEVIM/MPSC) e do Grupo de Trabalho de Equidade de Gênero, Direitos LGBT e Estado Laico (GT6) do Conselho Nacional do Ministério Público. Coordenadora Estadual do Movimento Nacional de Mulheres do Ministério Público em Santa Catarina (2018-2019).

Claudia Patrícia de Luna
Advogada. Especialista em Direitos Difusos e Coletivos pela Escola Superior do Ministério Público de São Paulo. Ativista dos Direitos Humanos das Mulheres e da População Negra. Integrou o CIPET – Comitê Interinstitucional de Prevenção e Enfrentamento ao Tráfico de Pessoas e a Executiva da Comissão da Mulher Advogada da OAB-SP e do CECF – Conselho Estadual da Condição Feminina. Preside a Comissão da Mulher Advogada da OAB/SP.

Elza Paulina de Souza
Comandante Geral da Guarda Civil Metropolitana (1ª mulher a assumir o comando). Ingressou na GCM em 1986, atuou na Academia de Formação em Segurança Urbana do Município de São Paulo e na Escola Municipal de Administração Pública de São Paulo (EMASP). Realizou estudos nas áreas de Direitos Humanos, Assédio Moral, Planejamento, Gestão e Segurança. Passou por todos

SOBRE AS AUTORAS

os níveis da carreira que integra o quadro da Guarda Civil Metropolitana. Recebeu condecorações de mérito por trabalhos desempenhados.

Fabiana Dal'Mas Rocha Paes
Promotora de Justiça em São Paulo. Mestre em Direitos Humanos pela UNSW – Austrália. Pós-Graduada em Ciências Jurídicas pela Universidade de Buenos Aires – Argentina. Extensão Universitária em Proteção de Gênero e Violência Doméstica contra a Mulher, pela Escola Paulista da Magistratura. Membro do Comitê de Gênero do MP/SP. Vice-Presidente da ABMCJ/SP. Professora do curso de Pós-Graduação em Direitos das Mulheres (meucurso.com.br).

Gabriela Cristina Gavioli Pinto
Advogada. Especialista pela Universidade do Sul de Santa Catarina. Especialista pela Universidade Potiguar em Direito Público com Ênfase em Direito Processo Civil e Especialista pela Instituição Toledo de Ensino em Direito Civil, Direito Processual Civil, Direito do Trabalho e Direito Processual do Trabalho. Presidente da Comissão da Valorização dos Honorários Advocatícios da OAB de Bauru/SP. Coordenadora da 21ª Coordenadoria Regional da Mulher Advogada.

Kátia Boulos
Bacharel em Direito pela USP. Professora em Cursos de Pós-graduação na área de Direito de Família. Membro efetivo do Instituto dos Advogados de São Paulo (IASP) e da Comissão de Estudos de Direito de Família. Membro efetivo do Instituto Brasileiro de Direito de Família (IBDFAM). Diretora do Instituto Justiça de Saia.

Ligia Paula Pires Pinto
Doutora em Direito Comercial pela USP. Professora e pesquisadora da Escola de Direito da Fundação Getulio Vargas. Coordenadora do Centro de Pesquisa em Direito, Gênero e Identidade da mesma instituição. Professora da Facamp.

Luciana André Jordão Dias
Promotora de Justiça em São Paulo. Bacharel em Direito pela PUC-SP.. Ex-Promotora de Justiça no Paraná.

Marlene Oliveira Campos Machado
Empresária e Palestrante. Diretora-executiva do Projeto Mulheres Inspiradoras (PMI). Coordenadora de todos os partidos políticos na campanha nacional por Mais Mulheres na Política, que obteve apoio massivo de parlamentares, e pautou

a PEC 98 no Senado Federal. Foi candidata ao Senado em 2014, por São Paulo e obteve quase 400 mil votos. Foi candidata ao cargo de vice-prefeita de São Paulo em 2016, e ao cargo de deputada Federal em 2018.

Tais Nader Marta
Advogada. Mestre em Direito pela Instituição Toledo de Ensino – SP. Coordenadora da Escola Superior da Advocacia de Bauru-SP. Professora em cursos de pós-graduação e da Escola Superior da Advocacia. Associada da Associação Brasileira de Mulheres de Carreira Jurídica-SP.

Mayra Jardim Martins Cardozo
Advogada. Bacharel em Direito pela FAAP. Pós-graduanda em Direito Penal Econômico pelo Insper. Participou do comitê da Unicef, no fórum de simulação realizado pela Harvard Law School.

Valderez Deusdedit Abbud
Procuradora de Justiça em São Paulo. Bacharel em Direito e em Pedagogia pela USP. Foi professora na Unicamp e na Universidade Presbiteriana Mackenzie.

AGRADECIMENTOS

Ao meu filho, Bruno Luiz.

Ao meu enteado, Diego Luiz.

Ao meu marido, Edson Pinto, pelo apoio e compreensão da minha ausência em muitos momentos familiares em 2019.

À minha mãe, Valéria.

Ao meu pai, Luiz Fernando.

Aos meus irmãos, À minha irmã, Bruna e João pela parceria, conselhos e ajuda de sempre.

Meu eterno agradecimento às brilhantes desta obra, pela confiança em mim depositada e por participar deste projeto.

Ao meu mestre, amigo, brilhante professor e querido orientador Luiz Carlos Gonçalves, exemplo de ética e inteligência admiráveis, por me honrar ao escrever o prefácio deste livro.

Às minhas grandes amigas, que torcem, incentivam e colaboram em meus projetos das mais variadas formas.

ALESSANDRA CALIGIURI CALABRESI PINTO
Coordenadora

NOTA DA COORDENADORA

O intuito de escrever essa obra com pessoas tão renomadas, que foram cuidadosamente escolhidas, que estudam e defendem a violência de gênero, os direitos humanos, a igualdade e uma sociedade mais justa, foi no sentido da junção de mentes tão brilhantes unidas para mudar a triste realidade do nosso País.

Nós que temos a oportunidade de permanecer estudando e nos aperfeiçoando na defesa dos direitos humanos e dos direitos sociais, a fim de combater a desigualdade e violência contra mulher (minoria no nosso País tão desigual) podemos e devemos ser voz para que ocorra uma mudança efetiva na sociedade.

ALESSANDRA CALIGIURI CALABRESI PINTO

São Paulo, inverno de 2020.
Período de quarentena em razão da Covid-19.

PREFÁCIO

A luta das mulheres brasileiras por respeito, reconhecimento e igualdade, em todos os níveis – pessoal, familiar, profissional, acadêmico – deve ser liderada por elas mesmas. Elas devem fixar as pautas, os caminhos e soluções que entenderem corretas, albergadas que estão pelo objetivo fundamental de nossa Constituição, que é a construção de uma sociedade livre, justa e solidária, sem preconceitos de qualquer gênero. A nós, os homens que estamos imbuídos do ideário da igualdade, cabe apoiar a luta feminina, emprestando nossas posições e capacidades para tanto, sem disputar uma liderança ou um protagonismo que não nos compete.

Para todas e todos, são tempos de aflição. A história do nosso país persiste na misoginia, violência e discriminação contra as mulheres, males que, longe de rarear, buscam se fortalecer. Atônitas, vemos nos noticiários homens que matam suas esposas, namoradas e companheiras, homens que violentam, profissionais que recebem menos porque são mulheres, acadêmicas brilhantes que são preteridas porque são acadêmicas e não acadêmicos.

A igualdade das mulheres é uma pauta feminista, mas também um estágio necessário da construção de uma democracia verdadeira. Espera-se que toda a cidadania, com o gênero que cada pessoa tiver, faça a sua parte. Um país de pessoas livres não pode demorar a surgir, e é para agora. É com esse espírito que recebi o convite de Alessandra Caligiuri Calabresi Pinto para prefaciar o presente livro escrito por mulheres, e que ela coordena. Senti-me honrado e, ao mesmo tempo, desafiado.

Quando Procurador Regional Eleitoral de São Paulo, tivemos olhos para o escândalo da sub-representação feminina nas casas legislativas. Num país com maioria feminina, inclusive entre os eleitores, mal se alcança 15% de mulheres na Câmara dos Deputados e no Senado Federal, menos do que isso nas Câmaras de Vereadores, mais ou menos isso nas Assembleias Legislativas. Fizemos encontros com mulheres, ONGs, candidatas e partidos. Estávamos no plenário do Tribunal Regional Eleitoral de São Paulo quando, pela primeira vez no país, toda uma chapa de candidatos eleitos perdeu seu mandato pois integrantes de coligação que lançou menos do que 30% de mulheres nas eleições proporcionais (Santa Rosa do Viterbo, Relatado pela Desembargadora Claudia Fanuchi). Nas eleições de 2018, fomos a primeira instância do Ministério Público Eleitoral a indicar uma Promotora de Justiça, Dra. Vera Taberti, exclusivamente para a tarefa de ouvir as mulheres candidatas e acionar os partidos em face de fraudes na quota de gênero.

É claro que isso é quase nada e não vale um convite para prefaciar livro tão importante. Se ainda assim o convite veio, isso se deve à amizade e gentileza da Alessandra. Ela soube reunir mulheres entusiasmadas, militantes e peculiarmente capazes, de áreas diversas de investigação acadêmica e de atuação profissional. A voz das autoras nos instigantes textos deste livro prescinde desse prefácio, que intenta apenas não ficar demasiadamente aquém da qualidade do trabalho que elas entregaram. Se o fiz, foi apenas em homenagem a uma amiga especial e a uma luta em que acredito. Mas prometi que o prefácio seria bem curto.

LUIZ CARLOS DOS SANTOS GONÇALVES
Ex-Procurador Regional Eleitoral de São Paulo (2016/2019)

SUMÁRIO

1. Teoria Feminista do Direito, Consciência Feminista e seus Métodos 23
Alice Bianchinni

2. O Direito das Mulheres a uma Vida Sem Violência: uma Construção dos Direitos Humanos 49
Chimelly Louise de Resenes Marcon

3. A Ideologia Patriarcal como Fator de Reprodução da Violência 77
Valderez Deusdedit Abbud

4. Uma Visão Jurídica do Trabalho como Revolução Social e Transformação Pessoal da Mulher 89
Tais Nader Marta
Gabriela Cristina Gavioli Pinto

5. A Luta Histórica das Mulheres e as Dificuldades Encontradas nas Esferas Políticas de Poder para Alcançar a Igualdade de Gênero 103
Alessandra Caligiuri Calabresi Pinto

6. O Poder Feminino da Independência à Influência 123
Marlene Oliveira Campos Machado

7. A Resiliência é Mais Forte que a Violência: a Mulher no Jogo Político 133
Ligia Paula Pires Pinto

DIREITOS DAS MULHERES

8. **Feminicídio: Questões de Gênero e Relações Homoafetivas** 149
Luciana André Jordão Dias

9. **Violência Obstétrica como Violação aos Direitos Humanos das Mulheres** 159
Fabiana Dal'Mas Rocha Paes

10. **Breves Considerações Sobre a Violência Contra a Mulher no Âmbito da Família** 173
Kátia Boulos

11. **Direitos Sexuais e Direitos Reprodutivos** 187
Albertina Duarte Takiuti

12. **Aspectos Civis e Empresariais da Violência contra a Mulher** 209
Ana Carina Freire Correia de Gusmão

13. **A Proteção Jurídica do Trabalho da Mulher: um Olhar Sobre o Viés das Discriminações** 235
Adriana Galvão Moura Abílio
Adriana de Fátima Guilherme de Assis

14. **O Encarceramento em Massa de Mulheres no Brasil: Aspectos Étnicos-Raciais e de Gênero** 257
Mayra Jardim Martins Cardozo

15. **Aspectos Sociais e Culturais sobre o Tráfico de Mulheres e Meninas no Brasil** 263
Claudia Patrícia de Luna

16. **Programa Guardiã Maria da Penha: um Exemplo de Política Pública** 277
Elza Paulina de Souza

INTRODUÇÃO

Este livro surgiu de um convite feito pela Editora Almedina para que eu coordenasse uma pesquisa sobre a desigualdade em relação às Mulheres. Com muita honra aceitei o desafio e decidi elaborar essa obra coletivamente, convidando renomadas professoras, colegas de profissão e amigas, para juntas elaborarmos esse estudo de grande relevância para nossa sociedade, tratando de diversos temas em relação a desigualdade de gênero em amplos aspectos do Direito Penal, Civil, Trabalhista, Eleitoral, Administrativo e Empresarial. Divisão das tarefas familiares, falta de lideranças femininas em cargos de comando de decisões no mundo corporativo e político, diferenças salariais dentre outros, são temas que estão na ordem do dia e carecem avanços, investimentos e políticas públicas.

O assunto apresentado é de grande relevância, pois abrange de forma global o grande desafio a ser enfrentado na questão de igualdade de gênero, assegurando Direitos e Garantias Fundamentais da Dignidade Humana, descrito na carta Magna de 1988, em seu artigo 5ª. Vale ressaltar que antes da Revolução Francesa as mulheres sequer eram tratadas como sujeito de direitos. Após a Revolução adveio o primeiro grande marco na conquista de direitos e garantias fundamentais, com a elaboração de um plano de Direitos humanos, e em seguida a Declaração Universal dos Direitos do Homem e do Cidadão. Com base nisso foi proclamada em 1948 a Declaração dos Direitos Humanos, cuja meta principal foi consagrar o princípio da Igualdade ao estabelecer direitos independentemente de diferenciações quanta à raça, cor, gênero ou condição econômica, devendo assim garantir uma igualdade entre os indivíduos, além de assegurar a concretização de um Estado Democrático de Direito pautado no respeito às diferenças e no combate as discriminações.

Esses direitos só foram conquistados e assegurados em nossa Constituição, porque existiram grandes mulheres que lutaram pela igualdade e que começaram enfrentando o protagonismo masculino milenar e enraizado em nossa sociedade até hoje. Algumas dessas lutas começaram com movimentos feministas e acadêmicos que lutavam pelo direito ao sufrágio feminino, pela igualdade legal e social para as mulheres.

O termo "feminismo" foi cunhado no inicio do século XIX, como um movimento social e político creditado a "Charles Fourier" um socialista e filósofo Francês, sem deixar de citar que, em 1789, "Mary Wolistone Craft" foi um marco das que começaram a preconizar o movimento das mulheres, pregando a igualdade de gênero. Já Simone de Beauvoir, explica que somente com o desenvolvimento industrial do século e com a necessidade de trabalho fabril feminino, tornou-se inevitável rever essa subordinação, como uma das principais pautas reivindicadas pelo movimento feminista liberal. A cientista Marie Curie, que estudou escondida em uma escola secreta, já que não era permitido a mulheres a educação formal, foi eleita a mulher mais influente da história, a primeira pessoa a ganhar dois prêmios Nobel em 1903. Através da luta iniciada por essas mulheres, entre outras, é que surgiram os principais Tratados, Convenções e Declarações de proteção dos direitos das mulheres.

Destaco uma das grandes feministas no Brasil, Bertha Lutz, Deputada Federal que em seu curto mandato, de 1936 a 1937, criou Conselhos de Direito das Mulheres em âmbito municipal, estadual e federal, e que muito contribuíram com a modificação de políticas públicas com uma visão das necessidades específicas em relação à igualdade de gênero.

Assim, no decorrer das lutas passadas e no presente, exercidas por militantes feministas como Silvia Pimentel, Alice Bianchini, Silvia Charkian, Flavia Piovesan, Débora Prado, katia Boulos, Wânia Pasinato, Mafoane Odara, Gabriela Mansur, entre outras, ajudaram e ajudam a construir um Brasil mais igualitário, fortalecendo princípios como da igualdade e dignidade da pessoa humana previsto na Constituição Federal de 1988, bem como, Leis que alteraram o Código Penal de 1940, como a Lei n. 10.224/2001, do Assédio Sexual, Lei n. 11.340/2006, Lei Maria da Penha, Lei n. 12.015/2009, dá nova redação a respeito dos crimes sexuais, Lei n. 13.104/2017, crime do feminicídio, Lei n. 3.718/2018, crime de importunação sexual.

INTRODUÇÃO

Por fim, essa obra além de mostrar as dificuldades enfrentadas há séculos, mostra as lutas, conquistas e o que precisa ser mudado, conferindo as mesmas oportunidades e condições a homes e mulheres, erradicando-se toda forma de violência por questões de gênero. A luta é de todas e todos nós, pois juntos e com os mesmos objetivos conseguiremos construir um país melhor e com uma sociedade mais justa.

ALESSANDRA CALIGIURI CALABRESI PINTO

1. Teoria Feminista do Direito, Consciência Feminista e seus Métodos

ALICE BIANCHINNI

> *"Que nada nos limite, que nada nos defina, que nada nos sujeite.*
> *Que a liberdade seja nossa própria substância, já que viver é ser livre."*
>
> SIMONE DE BEAUVOIR

Introdução

Estudos que contemplem a Teoria Feminista do Direito – TFD (também conhecida como Teoria Jurídica Feminista) ainda são muito incipientes no Brasil, mas já estão trazendo uma importante repercussão e principalmente impactando a forma e modo de elaborar, interpretar, aplicar e executar normas jurídicas.

O mais completo e importante documento legislativo elaborado com base na perspectiva de gênero foi a Lei Maria da Penha (Lei 11.340/2006). Ela foi considerada pelo Fundo de Desenvolvimento das Nações Unidas para a Mulher uma das três legislações específicas sobre o tema mais avançadas do mundo

A importância da perspectiva de gênero na análise jurídica, tal qual se deu no momento acima mencionado da produção da Lei Maria da Penha, decorre de um amadurecimento da forma de ver e de vivenciar das mulheres, denominada, por Rita Moura Sousa, de consciência feminista, que, ainda de acordo com a autora citada, "consiste na criação de conhecimento pela narrativa e análise sistemática de experiências partilhadas" e que constituem "experiências que apesar de inicialmente vivenciadas pelas mulheres como sofrimentos individuais, passam a ser compreendidos como experiências coletivas de opressão." (2015, p. 63) Quanto essa consciência feminista atinge a análise da criação, interpretação e aplicação de normas jurídicas, estamos diante de uma consciência feminista

DIREITOS DAS MULHERES

que, ao ser levada para o campo jurídico, constitui-se na base da teoria feminista do direito (também chamada de teoria jurídica feminista).

A análise da teoria feminista do direito é, conforme Teresa Beleza, "uma reflexão filosófico-jurídica que analisará e informará – como é próprio da teoria do direito e da jurisprudência (consoante a genealogia intelectual anglo-saxônica ou alemã) – os preceitos legais, a dogmática, a jurisprudência, as práticas jurídicas de outros níveis, sempre de um ponto de vista crítico feminista." (1991, p. 21)

O surgimento da teoria feminista do direito está atrelado à percepção que mulheres adquiriram sobre sua condição. Essa consciência, alcançada por mulheres de carreiras jurídicas, bem como de outras profissões (filósofas, sociólogas, arquitetas, médicas, assistentes sociais, psicólogas, historiadoras etc.) e mesmo aquelas que não tinham profissão remunerada, representa o que Rita Mota Sousa chama de "consciência feminista", tema a ser abordado na sequência.

1. A consciência feminista

As mulheres que adquiriram consciência feminista percebem com mais facilidade o quanto a estrutura jurídica trabalha a partir de uma vertente que prestigia, quando não privilegia, a perspectiva masculina, seja pelo fato de que as mulheres não se veem representadas nas instituições que se vinculam direta ou indiretamente com as regras jurídicas (sistema de justiça, legislativo, executivo, poderes públicos municipais, estaduais e federal, etc.), seja pelo fato de que os cargos de poder e decisão não estão distribuídos de forma equânime entre os sexos.

Ademais, o confronto com a realidade da mulher raramente trazida ao processo e que vem acompanhada e demonstrada por recentes pesquisas, principalmente, de vitimologia, "contribui para iluminar o ponto de vista daqueles mais fracos ou cuja voz normalmente não se faz ouvir." (SOUSA, 2015, p. 62)

Esse confronto da realidade da mulher com os números, mencionado acima por Rita Mota Sousa, só foi possível em nosso país, a partir da década de 90, quando são iniciadas, de forma mais sistemática, pesquisas estatísticas sobre a violência contra a mulher. Foi quando se percebeu que a quantidade e a intensidade desse fenômeno criminal eram absurdamente elevadas. Apesar dos índices assustadores, o Brasil foi um dos

TEORIA FEMINISTA DO DIREITO, CONSCIÊNCIA FEMINISTA E SEUS MÉTODOS

últimos países da América Latina a ter uma Lei de proteção integral à mulher – Lei Maria da Penha, de 2006), o que sugere um perfil arraigadamente patriarcal do nosso país.

O aumento da consciência feminista foi o terreno fértil para fazer surgir no Brasil uma normativa como a Lei Maria da Penha, que, como dito anteriormente, foi gestada com vistas a, conhecendo-se o problema da violência (e para isso mulheres e ONGs que tinham como foco a questão feminina foram ouvidas), fazer o devido enfrentamento. Todo o conhecimento produzido acerca da condição feminina foi importante para entender com mais profundidade o fenômeno. Como bem diagnosticado por Fabiana Cristina Severi, "ao considerar que a violência doméstica contra as mulheres é sustentada em desigualdades de gênero que se entrelaçam e se potencializam com outras desigualdades (de classe e ético-raciais, por exemplo), as respostas efetivas a ela passam a depender, também, de mudanças mais profundas do sistema de justiça brasileiro." (2018, p. 183)

Importante a compreensão de que a função da teoria do direito feminista não é, somente, a de "afirmar que as mulheres podem superar os papeis que lhes são esperados, mas a de localizar e de identificar as condições sociais, políticas e legais que promoverão a capacidade de subversão das identidades de gênero tradicionais." (SOUSA, 2015, p. 48-9) E ninguém melhor que as próprias mulheres para, ao adquirir a consciência feminista, propor estratégias, planos, ações (que incluem a criação e a alteração de leis que contemplem os problemas oriundos da condição de gênero), capazes de promover a emancipação e a libertação feminina.

O objetivo primordial da TFD é mudar a mentalidade dos atores jurídicos, bem como dos elaboradores e executores de leis, a fim de que a perspectiva de gênero seja considerada em todos os níveis de envolvimento e de ação, percebendo, sempre, que apesar de ser fonte de justiça, o direito, se não bem manejado, também pode ser fonte de opressão. Aqui, todo o cuidado é pouco, pois como bem adverte Rita Mota Sousa, "a lei é um discurso de autoridade, com uma particular capacidade para criar sentidos, reforçando certas visões de mundo e capaz de definitivamente moldar o pensamento coletivo." (SOUSA, 2015, p. 59)

Importante compreender que "aplicar uma perspectiva feminista às normas jurídicas significa interpretá-las e compreendê-las à luz das expe-

DIREITOS DAS MULHERES

riências e interesses das mulheres" (SOUSA, 2015, p. 62), o que faz toda a diferença.

Rita Mota Sousa criou alguns métodos jurídicos feministas, os quais têm como principal virtude "introduzir novas leituras e perspectivas do direito, da norma jurídica, da sua interpretação e aplicação." (SOUSA, 2015, p. 56) É deles que falaremos a seguir, começando, exatamente, pelo método jurídico feminista de conscientização feminista.

2. Métodos jurídicos feministas

Rita Mota Sousa traz uma importante contribuição para o debate da teoria jurídica feminista ao propor a utilização de 11 métodos especiais e próprios: os métodos jurídicos feministas. Eles têm uma importância fundamental para a realização da igualdade substancial entre homens e mulheres.

As possibilidades apresentadas pelos métodos jurídicos feministas deslocam o direito do seu movimento androcêntrico e reequilibram-no, oferecendo diferentes centralidades e propostas concretas para a correção do seu viés patriarcal, onde exista. Deste modo, criam-se as condições para o florescimento de toda uma nova cultura jurídica centrada na ideia de justiça substantiva, menos formal, bem como para a disseminação das teorias do direito feministas onde elas são mais relevantes: na realidade da vida." (Sousa, 2015, p. 56)

A partir da aplicação dos métodos poder-se-ia evitar a situação constrangedora, violenta e insensível dos atores jurídicos que protagonizaram a cena a seguir descrita. O diálogo que se vai transcrever aconteceu durante a oitiva da vítima em audiência, no ano de 2018:

"O que acontecia para ele fazer isso?", pergunta um promotor a uma mulher vítima de violência doméstica. "Ele é muito machista", ela responde. "Tu dava motivo?", questiona o advogado do agressor. "Não", diz ela."Tu tinha outro caso conjugal?", insiste o advogado. "Não, como eu teria se ele nem me deixava sair de casa?" "Temos que cuidar quem colocamos para dentro de casa", emenda o juiz.[1]

---

[1] O PODER JUDICIÁRIO NO ENFRENTAMENTO À VIOLÊNCIA DOMÉSTICA E FAMILIAR CONTRA AS MULHERES – CNJ e IPEA – Estudo divulgado dia 8 de agosto

Importante compreender que "aplicar uma perspectiva feminista às normas jurídicas significa interpretá-las e compreendê-las à luz das experiências e interesses das mulheres. Os métodos jurídicos feministas são, principalmente, métodos que desafiam o conhecimento, por questiona-rem a validade do que é a 'natureza das coisas', as possibilidades de neutralidade e a equidade das conclusões extraídas dos métodos jurídicos tradicionais." (SOUSA, 2015, p. 61) Vejamos cada um deles:

1º método: conscientização feminista

O método da conscientização feminista funda e perpassa todos os outros. Ainda de acordo com a Rita Mota Sousa, "não é possível compreender a urgência de uma perspectiva nova sem a conscientização de uma realidade de desigualdade social que afeta as mulheres, das dinâmicas de poder que produzem a desigualdade e os modos, normalmente partilhados, como empiricamente essa desigualdade é vivida. A conscientização assume-se, duplamente, como uma PRÁTICA e como um MÉTODO, pois que [...] se trata, essencialmente, de um modo de conhecer, um modo de apreender a realidade social do que é ser-se mulher, dos papeis, características, modos de ser e de proceder, das identidades que lhes foram atribuídas e da irracionalidade das tentativas de caber nesse mundo, não natural, desenhado à medida por outros como se da ordem natural das coisas se tratasse." (SOUSA, 2015, p. 62-3)

É por isso que, a partir da consciência feminista, há que se buscar uma sociedade em que as regras de comportamento sejam produzidas a partir de elementos próprios, que rompam com heranças de costumes cuja atribuição de sentido já não mais se coaduna com o presente. Para tanto, faz--se necessário avançar: compreender as formas como a assimetria sexual se processa e se reproduz em Sociedades históricas concretas. Eis, neste entendimento, um fator importante para a superação do que ocorre. Sendo a diferença de tratamento entre os sexos uma construção social, pode, perfeitamente, ser modificada por meio do implemento de um novo modo de pensar, com valores outros sendo disseminados e reconhecidos por um proselitismo competente – ou seja, pela consciência feminista.

de 2019. Disponível em: http://www.ipea.gov.br/portal/index.php?option=com_conten t&view=article&id=35101&Itemid=432

DIREITOS DAS MULHERES

2º método: conscientização de que o pessoal é político

Muito importante a percepção de que as práticas e os problemas cotidianos e não públicos têm uma dimensão política. Alguns exemplos:

a) a relação da gravidez com o trabalho: ainda que a gravidez tenha uma concepção pessoal, as consequências da gravidez da mulher trabalhadora têm dimensão política na medida em que exige um tratamento diferenciado por conta da situação igualmente distinta.

b) a gratuidade do trabalho doméstico: Dados de 2016 mostram que as mulheres trabalham o dobro do que os homens em casa (20,9 horas semanais, em média), contra 11,1 horas para os homens.[2] Os impactos dessa brutal diferença são sentidos diretamente na remuneração das mulheres, pois, dentre outras consequências, o seu tempo para atividades remuneradas é menor, como também é menor a disponibilidade para executar horas extras e para se dedicar a cursos profissionalizantes e de qualificação no trabalho. Ainda conforme a pesquisa anteriormente mencionada, enquanto 32,4% das mulheres realizam atividades de cuidado de moradores do domicílio ou de parentes, entre os homens a proporção é de 21%.[3]

c) o assédio sexual: apesar de o assédio sexual representar um crime que se dirige a uma vítima concreta (pessoal) quando praticado no ambiente de trabalho, ele traz consequências para lá de individuais, já que prejudica a capacidade de trabalho da mulher (a maioria esmagadora das vítimas é do sexo feminino), quando não a faz pedir demissão ou transferência do emprego.

d) a violência de gênero: a violência doméstica e familiar contra a mulher representa um fenômeno estrutural (EXPÓSITO & RUIZ:

[2] Disponível em: http://economia.estadao.com.br/noticias/geral,mulheres-trabalham-duas-vezes-mais-do-que-homens-em-casa-aponta-ibge,70002111439. Acesso em 09-07-2018.

[3] Disponível em: http://economia.estadao.com.br/noticias/geral,mulheres-trabalham-duas-vezes-mais-do-que-homens-em-casa-aponta-ibge,70002111439. Acesso em 09-07-2018.

TEORIA FEMINISTA DO DIREITO, CONSCIÊNCIA FEMINISTA E SEUS MÉTODOS

2015, p. 222), uma vez que deriva da desigualdade (não só econômica, mas também em relação à valoração dos papeis que cada gênero desempenha na sociedade) entre homens e mulheres e se utiliza dessa injusta condição para mantê-las em situação de inferioridade. É um fenômeno que se retroalimenta, pois, em razão da distribuição desigual dos papeis sociais que são dados a cada gênero desempenhar, permanece diminuta a participação das mulheres em vários aspectos da vida (profissionais, pessoais, familiares, sociais), inibindo, ainda mais, suas capacidades e criando insegurança para elas. Assim, produzem-se ainda mais efeitos adversos, os quais contribuem para mantê-las em sua situação de inferioridade (minando sua confiança, limitando seus direitos e oportunidades, sobrecarregando-as de responsabilidades relativas ao asseio e organização do lar, alimentação, cuidados básicos dos familiares e outros dependentes etc.). Importante destacar que "não se trata de um fenômeno isolado nem característico de determinados relacionamentos, mas vinculado às normas básicas da sociedade e a modelos de comportamento assinalados a cada gênero", sendo que às mulheres não é dado faltar com seus papeis sociais e familiares. Dela é cobrada abnegação, capacidade de se doar ao outro, solidariedade social, multitarefas etc.

Todas as questões acima mencionadas, portanto, possuem dimensão política, pois embora pessoais, "são consequências de dinâmicas sociais patriarcais que não podem ser reforçadas, protegidas ou ignoradas pela comunidade e pelo Estado." O Estado precisa se posicionar frente a elas, buscando ações, planos, estratégias para enfrentá-las com vistas a aniquilá-las ou, na pior das hipóteses, reduzi-las.

3º método: os métodos tradicionais contribuem para a manutenção do *status quo* e dos equilíbrios de poder existentes – (Rita Mota Sousa, 2015, p. 63)

Como se não bastasse as consequências nefastas que as dinâmicas patriarcais trazem para as mulheres, há que se denunciar o fato de que a utilização dos métodos tradicionais reforça os desiquilíbrios existentes

DIREITOS DAS MULHERES

entre os sexos. E isso se dá pelo fato de que os métodos tradicionais valorizam o aspecto mais formal da lei e deixam de alcançar a finalidade de justiça substantiva.

Uma consequência nefasta e objetiva refere-se ao fato de que, em 2018, o Brasil aparece em 95.º lugar, em uma lista de 149 países, alcançando o pior resultado desde 2011, quando se trata de verificar a igualdade entre homens e mulheres (Fórum Econômico Mundial).[4] Para Francisca Expósito e Sergio Ruiz, "existe relação entre violência e crenças culturais que considera as mulheres inferiores. Essa ideologia considera legítimo impor a autoridade às mulheres, usando a força se for necessário (força e agressividade), que os homens exercem se sua masculinidade se mostra ameaçada. A violência de gênero não é um fim em si mesmo, mas instrumento de dominação e controle. O homem que usa a violência não almeja livrar-se da mulher (em geral), mas, sim, manter os laços que a sujeita." (EXPÓSITO & RUIZ: 2015, p. 223)

Importante perceber que "o desequilíbrio de poder é um fator determinante na geração de violência." (ESCOBAR CIRUJANO; QUINTEROS; SÁNCHEZ GAMONAL; TANDÓN RECIO: 2011, p. 41)

Isso porque "não existiria nenhum problema se as características masculinas e femininas assinaladas ao largo da história não houvessem implementado a desigualdade, a misoginia ou a violência contra as mulheres." (ESCOBAR CIRUJANO; QUINTEROS; SÁNCHEZ GAMONAL; TANDÓN RECIO: 2011, p. 41)

No entanto, "enquanto se considerar o homem como superior à mulher e se valore naquele a dominação e agressividade, enquanto a submissão e a humildade forem consideradas características tipicamente femininas, a mulher será mais vulnerável e se seguirá considerando a violência contra ela como uma afirmação de poder e controle do varão." (MATUD: 2015, p. 205)

Em sentido inverso, o reconhecimento das mulheres como iguais, o rechaçamento das demandas patriarcais (que dão aos homens o *status* de seres dominantes e agressivos) libertará a sociedade. (MATUD: 2015, p. 205)

---

[4] Disponível em: https://exame.abril.com.br/brasil/brasil-cai-cinco-posicoes-em-ranking-de-igualdade-de-genero/. Acesso em 15.10.2019.

TEORIA FEMINISTA DO DIREITO, CONSCIÊNCIA FEMINISTA E SEUS MÉTODOS

4º método: o compartilhamento das experiências permite que vivências encaradas como falhas pessoais sejam entendidas como experiências coletivas de opressão – (SOUSA, 2015, p. 63)

A aquisição da consciência feminista "torna-se possível pela incorporação das experiências relatadas e na identificação da experiência individual com a experiência de outras, portanto, pela criação de conhecimento pela narrativa e análise sistemática de experiências partilhadas. Isto permite vivencias encaradas como falhas pessoais e individualmente sofridos passem a ser compreendidos como experiências coletivas de opressão." (SOUSA, 2015, p. 63)

Ao incorporar as experiências relatadas (narrativa pessoal) o resultado será o empoderamento das mulheres individual e coletivamente, na medida em que as histórias pessoais são valorizadas. Ademais, pode-se mais facilmente perceber os riscos, as vulnerabilidades e propor ações preventivas calcadas na realidade vivida pelas mulheres.

No ano de 1963, a americana Betty Friedan, lança o livro "A mística feminina", trazendo uma experiência fantástica, a partir de respostas de mulheres a um questionário que a autora elaborou.[5] Ouvindo as mulheres que seguiram preceitos dos anos 40 e 50 (quando as atividades femininas restringiam-se basicamente à atuação como donas-de-casa), ela percebeu um fenômeno que as mulheres imaginavam ser só seu, mas que, em verdade, estava ocorrendo na vida de muitas delas. "A ideia central do livro está na observação de que a mulher foi mistificada após a Crise de 1929 e mobilização para a Segunda Guerra Mundial, sendo considerada fundamentalmente como mãe e esposa zelosa. Assim, a educação da menina desde a infância não a estimulava a ser independente, mas a desenvolver habilidades apenas para se casar e viver em função dos filhos e do marido. Com o passar dos anos, a mulher se sentia frustrada e desenvolvia diversos distúrbios psicológicos que oscilavam da depressão ao consumismo. Como no período pós-Segunda Guerra foi também a solidificação do progresso estadunidense e do "american way of life", foi possível concluir que a frustração feminina de apenas viver para os outros era canalizada

---

[5] Foram feitas entrevistas com colegas de turma de Smith, quinze anos após a formatura. Duzentas mulheres responderam ao questionário.

DIREITOS DAS MULHERES

para aumentar o consumo desse período. Dessa forma, as desigualdades de tratamento entre mulheres e homens eram usadas para justificar uma obrigatória dedicação ao lar que era compensada pelo estímulo à economia da época através do incremento das frustrações e opressão femininas no âmbito doméstico."

Os fragmentos abaixo retirados do capítulo 1 ("O problema sem nome") do seu livro ilustram muito bem o fenômeno que acometia grande parte das mulheres americanas na época:

> Se surgisse uma crise nas décadas de 50 e 60, a mulher sabia que havia algo de errado em seu casamento ou nela própria. Outras viviam satisfeitas com a sua vida, segundo pensava. Que espécie de criatura seria ela que nao sentia essa misteriosa realização ao encerar o chão da cozinha? Envergonhava-se de tal modo de confessar sua insatisfação que jamais chegava a saber que outras também a experimentavam. Se tentasse explicar ao marido ele nao entenderia, pois nem ela própria se compreendia. Durante mais de quinze anos a mulher americana achou mais difícil falar sobre este assunto que sobre sexo. Mesmo os psicanalistas nao sabiam que nome lhe dar. Quando uma mulher corria para eles, em busca de ajuda, conforme faziam muitas, dizia: 'Estou tão envergonhada; Devo ser totalmente neurótica.' (FRIEDAN, 1971, p. 20-1). Aos poucos fui percebendo que o problema sem nome era partilhado por inúmeras mulheres do país inteiro. [...] As palavras hesitantes que ouvi em tardes tranquilas, quano as crianças estavam na escola, ou em noites em que os maridos faziam serão, creio que as compreendi primeiro como mulher, muito antes de perceber suas amplas implicações sociais e psicológicas. (FRIEDAN, 1971, p. 21). Qual era exatamente esse problema sem nome? Quais as palavras usadas pelas mulheres ao tentar descrevê-lo? Ás vezes diziam: 'Estou me sentindo vazia... incompleta' Ou então: 'Tenho a impressão de nao existir'. As vezes apagavam a sensação com um tranquilizante, julgavam que o problema relacionava-se com o marido ou os filhos. Ou então que precisavam redecorar a casa, mudar-se para um bairro mais agradávek, ter um caso com alguém, ou mais um filho. De quando em quando, consultavam um médico, apresentando sintomas que assim descreviam: 'Sinto-me cansada... Zango-me tanto com as crianças que chego a me assustar... Tenho vontade de chorar sem motivos. (FRIEDAN, 1971, p. 21-2). O problema era afastado dizendo-se à dona de casa que ela devia compreender o quanto era feliz:

TEORIA FEMINISTA DO DIREITO, CONSCIÊNCIA FEMINISTA E SEUS MÉTODOS

dona de si mesma, sem horários, sem competição. Caso contrário, acharia que os homens podem ser felizes neste mundo? Desejariam secretamente ser homem? Ignoraria o quanto vale ser mulher? (FRIEDAN, 1971, p. 24). O problema foi também aafstado com um encolher de ombros e as frases: 'Nao há solução. Faz parte da condição feminina. Que é que há com a mulher americana? Será que nao sabe aceitar graciosamente seu papel? (FRIEDAN, 1971, p. 24). É fácil descobrir os detalhes concretos que aprisionam a dona de casa, as ontítunas exigência feitas ao seu tempo. Mas as cadeias que a prendem existem somente em seu espírito. Sao feitas de ideias errôneas e fatos mal interpretados, verdades incompletas e escolhas irreais. Nao são fáceis de perceber, nem fáceis de romper. (FRIEDAN, 1971, p. 30). Quero algo mais que meu marido, meus filhos e minha casa. (FRIEDAN, 1971, p. 31) Como bem esclarece Rose Marie Muraro, no prefácio da edição brasileira, com este livro, "a mulher americana começou a tomar consciência da manipulação de que vinha sendo vítima. E começou a reagir." (1971, p. 10) Essa reação, inspirada e impulsada pelo conteúdo do livro, fez surgir a segunda onda do feminismo.[6]

5º método: pela partilha de narrativas se evidenciam certas experiências traumáticas e opressoras que eram até então percebidas como naturais – (RITA MOTA SOUSA, 2015, p. 64)

A experiência pessoal passa a ser um elemento de análise importante, pois ela vai sendo "sistematizada e elevada à teoria e a teoria, por sua vez, devolvida à vida, transforma a leitura e o entendimento das experiências pessoais. [Por sua vez,] a dialética entre a experiência individual e a teoria revela a dimensão social da experiência individual e a dimensão individual da experiência social e, portanto, a natureza política da experiência pessoal." (Rita Mota Sousa, 2015, p. 64). É isso que demonstra uma importante pesquisa, realizada no ano de 2013, sobre a sensação das mulheres quando recebem cantadas nas ruas. "Todos os dias, mulheres são obrigadas a lidar com comentários de teor obsceno, olhares, intimidações, toques indesejados e importunações de teor sexual que se apre-

[6] O pdf do livro pode ser encontrado em: https://catarinas.info/livros/mistica-feminina-betty-friedan-1963/

DIREITOS DAS MULHERES

sentam de várias formas e são entendidas pelo senso comum como elogios, brincadeiras ou características imutáveis da vida em sociedade (o famoso "é assim mesmo ") quando, na verdade, **nada** disso é normal ou aceitável." A campanha "Chega de Fiu Fiu" foi lançada pelo Think Olga. "Inicialmente, foram publicadas ilustrações com mensagens de repúdio a esse tipo de violência. As imagens foram compartilhadas por milhares de pessoas nas redes sociais, gerando uma resposta tão positiva que acabou sendo o início de um grande movimento social contra o assédio em locais públicos", com maciço apoio de mulheres à campanha.

Para trazer o olhar da mulher sobre o tema, a jornalista Karin Hueck elaborou um estudo *online*, lançada pelo Think Olga para averiguar de perto a opinião das mulheres em relação às cantadas de rua. Dentre os resultados trazidos, destaca-se o seguinte dado: 83% das manifestantes não achavam legal receber cantada na rua, 90% já trocaram de roupa antes de sair de casa pensando para onde iam por causa de assédio, e 81% já haviam deixado de fazer algo (ir a algum lugar, passar na frente de uma obra, sair a pé) por esse motivo.[7]

6º método: permitir à mulher operar e encontrar o seu lugar dentro do discurso androcêntrico da lei – (SOUSA, 2015, p. 64)

A conscientização feminista é fundamental para a eliminação da falsa consciência, aquela fundada em preconceitos e em estereótipos que por se encontrarem tão enraizados e arraigados, acabam passando por verdades. Ademais, como bem lembra Rosa Luxemburgo: "Quem não se movimenta, não sente as correntes que o prendem." Tal perspectiva foi muito importante quando se reformou, no Brasil, todo o título que trata dos crimes contra a dignidade sexual. Aliás, de acordo com o Código Penal atual (que vigora desde 1940) a própria nomenclatura do Título mostrava o quanto a legislação se ocupava e se preocupava com a questão voltada meramente à proteção do patriarcado.

Não se desconsidera a gravidade da prática de crimes sexuais contra pessoas do sexo masculino; mas o que mais ressalta na legislação brasi-

[7] Veja a pesquisa completa: https://olga-project.herokuapp.com/2013/09/09/chega-de-fiu-fiu-resultado-da-pesquisa/

TEORIA FEMINISTA DO DIREITO, CONSCIÊNCIA FEMINISTA E SEUS MÉTODOS

leira é que a tipificação dos crimes sexuais, até muito recentemente, era basicamente protetora de bens jurídicos diretamente relacionados com determinado modelo de conduta moral e sexual que, sem consulta-las, esperava-se das mulheres. Por essa razão, é relevante abordar as intersecções existentes entre os crimes sexuais, direitos das mulheres e a consciência feminista.

O moderno entendimento a respeito dos delitos sexuais, e que somente vieram à tona quando as mulheres participaram mais ativamente de sua construção, é de que tais normas de conduta atentam contra o livre exercício dos direitos sexuais, tanto de homens quanto de mulheres, violando uma relevante dimensão da dignidade da pessoa, que é o livre poder de decisão sobre seu corpo, seus interesses e desejos, no tocante aos relacionamentos de natureza sexual. Percorrendo-se todas as previsões legais pátrias atinentes aos crimes sexuais, a partir do Código Penal de 1830 até o momento, chega-se à conclusão de que houve um avanço significativo em relação à criminalização primária de condutas que ofendem a dignidade sexual, apesar de alguns pontos ainda restarem pendentes de aprimoramento.

Uma manifesta carência é representada pela vitimização secundária, em razão da falta de assistência às mulheres vítimas de tais crimes, podendo-se citar, ilustrativamente, o número absurdamente insignificante de casas abrigo no país. Mesmo previsto na Lei Maria da Penha o acolhimento em casas-abrigo de mulheres ameaçadas de morte ele só é realidade em 2,4% das cidades brasileiras. Ao todo, são 153, conforme dados de 2018, trazidos na pesquisa de Informações Básicas Municipais do IBGE. [8]

7º método: ensino das teorias feministas nas universidades e escolas de formação jurídica

Dentre tantas louváveis e importantes iniciativas em cursos jurídicos, destacamos a criação da disciplina "Direito, Gênero e Igualdade: as diver-

---

[8] Disponível em: https://www.ibge.gov.br/estatisticas/sociais/justica-e-seguranca/10586-pesquisa-de-informacoes-basicas-municipais.html?edicao=18190

DIREITOS DAS MULHERES

sas formas de discriminação e violência", na PUC/SP, ministrada pelas professoras Silvia Pimentel e Monica Melo, cujos objetivos estão assim descritos

Objetivos
MÓDULO I

Estereótipos, preconceitos e discriminação de gênero estão presentes na nossa cultura e profundamente inculcados nas (in)consciências dos indivíduos; são, portanto, absorvidos também pelos operadores do Direito e refletidos em sua *práxis* jurídica.

Por essa razão, o objetivo da disciplina é incorporar a perspectiva de gênero ao ensino universitário jurídico e à formação dos futuros profissionais do direito, bem como às e aos estudantes de toda a Universidade, através de uma abordagem crítica e multidisciplinar. Pretende-se, assim, oferecer aos (às) estudantes ferramentas capazes de estimular a reflexão acerca da desigualdade de gênero em nossa sociedade, a relação deste fenômeno com o direito, e, ainda, as possibilidades de intervenção prática na realidade. Serão consideradas as mulheres e meninas enquanto sujeitos de direito, em sua diversidade: pobres, negras, indígenas, do campo, sem-terra, sem moradia, migrantes, refugiadas, encarceradas, mulheres com deficiência, lésbicas, bissexuais, transexuais e pessoas intersex.

Para tanto, o tema será estudado sob as diversas vertentes do Direito, de forma interconectada com os campos da filosofia, história, antropologia, sociologia, literatura e outros.

Neste primeiro semestre, objetiva-se apresentar um panorama acerca dos direitos das mulheres e meninas, tanto na abordagem da academia, do Sistema de Justiça, da mídia, quanto do ativismo feminista e problematizar a trajetória de conquistas jurídicas, políticas, sociais e culturais das mulheres e meninas ao longo das últimas décadas.

A estrutura do curso foi montada a partir do *verbete "Gênero e Direito"*, publicado originalmente na Enciclopédia Jurídica da PUC/SP. Assim, apresentados alguns conceitos básicos para a compreensão do tema – tais como "gênero", "interseccionalidade", "discriminação e violência de gênero", "direitos humanos", "desigualdade", "patriarcado" –, pretende-se abordar a questão da discriminação e da violência de gênero, em sua complexidade, ou seja, a partir dos sujeitos, dos espaços, das formas como se manifesta, das medidas atualmente previstas, e das que poderão ser construídas, para combatê-la.

MÓDULO II

Objetivos: O objetivo do Módulo II da disciplina é, além de aprofundar conceitos básicos trabalhados no Módulo I, tais como direitos humanos das mulheres, discriminação e violência de gênero, desigualdade e patriarcado, também desenvolver a problemática do acesso à justiça e trabalhar com as áreas do direito constitucional, direito do trabalho e previdenciário, e do direito penal e processual penal. Como tratado no primeiro semestre, "estereótipos, preconceitos e discriminações de gênero estão presentes na nossa cultura e profundamente inculcados nas (in)consciências dos indivíduos; são, portanto, absorvidos também pelos operadores do Direito e refletidos em sua práxis jurídica". Por essa razão, o objetivo da disciplina é prosseguir na incorporação da perspectiva de gênero ao ensino universitário jurídico e à formação dos futuros profissionais do direito, através de uma abordagem crítica e multidisciplinar. O tema será estudado sob as vertentes do direito internacional (a Convenção CEDAW), e do direito nacional: direito constitucional, direito do trabalho e previdenciário, e direito penal e processual penal. Pretende-se, assim, oferecer aos (às) estudantes ferramentas capazes de estimular a reflexão acerca da desigualdade de gênero, a relação deste fenômeno com o direito, e, ainda, as possibilidades de intervenção prática na realidade. Serão consideradas as mulheres enquanto sujeitos de direito, em sua diversidade: pobres, negras, indígenas, do campo, sem-terra, sem moradia, migrantes, refugiadas, encarceradas, mulheres com deficiência, lésbicas, bissexuais, transexuais e pessoas intersex.[9]

---

[9] Disponível em: https://www.pucsp.br/sites/default/files/download/graduacao/optativas-2019/ementas-noturno/opt-2sem2019-noturno-direito-genero-igualdade.pdf Acesso em 15.10.2019.

DIREITOS DAS MULHERES

A primeira das professoras antes citada, menciona sua experiência ao ministrar tal disciplina:

Nas aulas semanais, há a participação de alunos e de alunas. Tenho a alegria de estar cercada de pessoas jovens, interessadas pelas questões das mulheres na perspectiva de gênero. Vislumbro, nos olhares das/os integrantes da classe, cumplicidades, dúvidas, perplexidades, sofrimentos... Vale ressaltar que, aproveitando os desenvolvimentos teóricos do conceito de gênero, incluímos em nossas buscas e reflexões os temas LGBTIQ, pois nosso compromisso é com a igualdade, a inclusão social e a democracia.

Do relato observa-se o quanto o conhecimento enriquece a experiência e pode ser uma mola propulsora da mudança, primeiro na própria existência dos alunos e, depois, até nas suas relações mais próximas e, por fim, quando do exercício de sua profissão jurídica, pode levar à alteração da vida das pessoas que venham a ser atendidas (seja nas carreiras policiais, na advocacia, na magistratura, como pertencente ao ministério público, da defensoria pública etc.), contribuindo, com isso, para que o mundo seja um lugar mais igualitário.

8º método: conscientização de que nenhuma forma de subordinação subsiste sozinha; todos somos reciprocamente afetados pela opressão de outros

Rita Moura Sousa chama a atenção para a necessidade de 'fazer a pergunta do Outro' para revelar formas de opressão não óbvias, não visíveis à primeira vista; encontrar o patriarcado presente em comportamentos racistas; ou o heterossexismo em comportamentos sexistas; ou o interesse de classe no comportamento homofóbico são métodos que permitem compreender que nenhuma forma de subordinação subsiste sozinha e que todos somos reciprocamente afetados pela opressão dos outros." (SOUSA, 2015, p. 65) *Ou, como bem sentencia* Audre Lorde, "não *serei livre enquanto alguma mulher for prisioneira, mesmo que as correntes dela sejam diferentes das minhas." É por isso que* "a injustiça que se faz a um, é uma ameaça que se faz a todos." – Barão de Montesquieu.

9º método: fazer sempre a pergunta da mulher – (SOUSA, 2015, p. 65) – "observar que o direito substantivo pode silenciar as perspectivas das mulheres ou de outros grupos de excluídos, colocando em evidência o seu viés androcêntrico."

Como bem esclarece Rita Mota Sousa, quando os pontos de vista da mulher são trazidos, a aplicadora ou o aplicador do direito compreendem que apostar e acreditar na aparente neutralidade da norma, na realidade, deixa a mulher sem proteção. No âmbito do direito penal tal situação foi muito debatida por ocasião da criação da lei do feminicídio – Lei 13.104/15. Estabeleceu-se uma divisão, na doutrina, entre os que eram favoráveis e os que eram contrários a tal criação legislativa. Uma análise que parte da perspectiva feminista traz luzes sobre o assunto e encaminha para a posição favorável à Lei antes mencionada. Nesse sentido, traz-se à colação o posicionamento de Alice Bianchini, Mariana Bazzo e Silvia Chakian (2019, p. 236):

> A técnica de tipos penais neutros, que até então predominava em nossa legislação no que tange ao homicídio, foi substituída pela criminalização gênero-específica. Constatou-se que não são suficientes os tipos penais neutros, pois o fenômeno da violência contra a mulher permanece oculto onde subsistem pautas culturais patriarcais, machistas ou religiosas muito enraizadas e que favorecem a impunidade, deixando as vítimas em situação de desproteção. Ou seja, corria-se (e ainda se corre, por restos de cultura machista que ainda circulam, inclusive, evidentemente, entre juízes) o risco de a sentença ser alcançada por tais concepções de mundo, o que reforçava a invisibilidade do fenômeno e impedia que se fizesse justiça ao caso concreto, já que a maior carga de desvalor do fato (feminicídio) não estava sendo levada em consideração. E não se propõe punir mais, mas fazê-lo de acordo com a gravidade do fato.

Outro exemplo clássico de como uma perspectiva meramente masculina pode trazer um viés totalmente equivocado do assunto, com enorme prejuízo às mulheres, pode ser retirado da exposição de motivos do Código Penal de 1940, onde se lê:

DIREITOS DAS MULHERES

Item 71 : "nos crimes sexuais, nunca o homem é tão algoz, que não possa ser, também, um pouco vítima, e a mulher nem sempre é a maior e a única vítima de seus pretendidos infortúnios sexuais".

Novamente, aqui, aflora uma sustentação jurídica calcada em meros estereótipos e em conclusões que não são compartilhadas com a forma feminina de pensar no assunto.

10º método: questionar constantemente as práticas ou regras – (Sousa, 2015, p. 65)

É necessário a todo momento revisitar as regras jurídicas com o intuito de se observar se as vigentes não se encontram eivada de falácias, de equívocos e de preconceitos acerca da condição feminina. A preocupação é pertinente, uma vez que em sua esmagadora maioria, elas foram criadas, são interpretas e executadas, sem tomar em conta experiências, valores, formas de ver o mundo e contribuições do contingente feminino. Tal exercício, que deve ser contínuo e permanente, tem a vantagem de colocar a descoberto o teor não neutro e não universal do direito e de, a partir daí, sugerir urgentes correções.

O presente método feminista objetiva, portanto, "identificar a existência de uma norma masculina oculta a atravessar o direito, que, pretendendo-se universal e neutro, correspondia afinal ao ponto de vista dos homens que o elaboraram." (Sousa, 2015, p. 55) Isso porque o mito da neutralidade do método jurídico tradicional "contribui para a legitimação das decisões, uma vez que oculta o pendor patriarcal das instituições e obstaculiza a aplicação da lei para a obtenção de resultados emancipatórios." (Sousa, 2015, p. 58)

É preciso ter em conta, entretanto, como bem esclarece Rita Mota Sousa, que "a pergunta colocada pela mulher não exige que a resposta seja sempre favorável à mulher, mas vem colocar o aplicador do direito na posição de perceber os preconceitos da lei e de atender a certos aspectos que respeitam somente a grupos historicamente ignorados: quais são os aspectos acerca daqueles que afeta que a lei presume?"

Uma vez que o direito positivo, no geral das vezes, representa uma fonte de perpetuação das assimetrias de poder e de garantia da sua manutenção na disponibilidade daqueles que têm o poder de ditar as leis – no caso, a estrutura patriarcal da sociedade –, a perspectiva de gênero passa a ser fundamental para que se possa conhecer, denunciar e alterar tal quadro. O olhar aguçado exige que sejam prestigiados temas que realmente preocupam as mulheres na sua relação como direito. Mas, mais do que isso, há que se perceber a comunicabilidade da opressão feminina, e sua interdependência com outros fatores de opressão que se cruzem com essa dimensão da pessoa – a raça, a classe social, a orientação sexual ou deficiência física etc.(Rita Mota Sousa, 2015, p. 23). Dentre tantas questões que merecem ser revisitadas profundamente podemos citar, usando a listagem elaborada por Rita Mota Sousa (2015, p. 43): crimes sexuais, pornografia, assédio sexual, violência contra a mulher, estupro marital.

Em relação ao último tema acima mencionado, ressalta-se que a doutrina brasileira, no que tange à possibilidade de o marido ser autor do crime de estupro contra a sua mulher, já se posicionou no sentido da impossibilidade (Chrysolito Gusmão[10]; Magalhães Noronha[11]; Paulo José da Costa Júnior[12]). O último autor citado mudou de opinião apenas no ano de 2010. São suas as seguintes palavras:

> Discute-se sobre se o marido pode ser sujeito de estupro. Entendíamos que não, pelo fato de que o estupro pressupõe a atividade sexual ilícita, e a prestação sexual é dever recíproco dos cônjuges. Hoje, entretanto, passamos a entender que o marido poderá responder pelo crime de estupro, desde que empregue a violência física para compelir a esposa à cópula ou a outro ato libidinoso. A solução é a mesma no caso de o agente conviver com a ofendida "more uxório".[13]

Ainda o mesmo autor, agora em obra em coautoria com Fernando José da Costa (de 2011), informa os motivos de sua mudança de entendimento:

---

[10] GUSMÃO, Chrysolito. *Dos crimes sexuais*. Rio de Janeiro: Briguiet, 1921, p. 196.

[11] NORONHA, Edgard Magalhães. *Direito Penal*. v. 3. São Paulo: Saraiva, 1998, p. 72.

[12] *Direito Penal*: curso completo. São Paulo: Saraiva, 2008, p. 608.

[13] *Direito Penal*: curso completo. 12. ed. ver. e atual., Saraiva, 2010. p. 674.

DIREITOS DAS MULHERES

Este foi o nosso entendimento durante muito tempo. No entanto, este entendimento não mais se admite nos tempos atuais. Seja porque a moderna sociedade, na qual homens e mulheres são iguais em direitos e obrigações, seja porque a violência sexual doméstica atingiu patamares nunca antes vistos, repudia-se, e com razão, a conjunção carnal, bem como qualquer outro ato libidinoso, praticado com violência ou grave ameaça. Entendemos hoje, alinhando-nos à doutrina que desafiávamos em tempos antanho, que não apenas o marido também pode ser sujeito ativo desse delito, como também o pode a esposa.[14]

Ainda que os avanços legais tenham sido significativos, há que se registrar que em inúmeros casos "quando a mulher não é discriminada pela norma, ela será discriminada pela prática e/ou pela doutrina jurídica. Essa é a 'cilada' do patriarcalismo jurídico na atualidade, que continua a produzir e a reproduzir a discriminação feminina."[15] A falta de atendimento adequado e o reduzido número de Delegacias especializadas demonstram que não se deu cumprimento a uma importante diretriz das políticas públicas que visam coibir a violência doméstica e familiar contra a mulher, estabelecida no art. 8º, IV, da Lei 11.340/06 (Lei Maria da Penha), a qual prevê "a implementação de atendimento policial especializado para as mulheres, em particular nas Delegacias de Atendimento à Mulher".

E, pior, eventual frustração e sensação de desamparo da vítima frente à Justiça (como mostram os dados acima coligidos) deixa uma margem ainda maior para a anteriormente mencionada vitimização secundária. Seja: à vitimização primária (causada pelo acusado) se acrescenta a vitimização secundária (causada pelo próprio aparelho policial/judicial estatal), aumentando ainda mais a (já tão intensa) violência contra a mulher. Segundo dados do *Dossiê Mulher 2015*, elaborado pelo Instituto de Segurança Pública do Rio de Janeiro, entre as mulheres adultas 9,3% disseram ter sido vítima de estupro por seu marido.

De todos esses casos, são raríssimos os que chegam à justiça penal, destacando-se a condenação de um marido há nove anos, quatro meses e 15 dias de reclusão, em regime fechado, por ter estuprado a própria

---

[14] *Código Penal comentado*. 10 ed. ver. ampl. e atual. São Paulo: Saraiva, 2011. p. 856.
[15] SABADELL, Ana Lucia. *Manual de sociologia jurídica*. São Paulo: RT, 2010. p. 278.

mulher, em Goianira, na região metropolitana de Goiânia, no ano de 2014. Segundo a juíza Ângela Cristina Leão, responsável pela sentença, o "matrimônio não dá direito ao marido de forçar a parceira à conjunção carnal contra a vontade". O marido confessou ter xingado e ameaçado a mulher com uma faca, tentando constrangê-la.[16] Um exemplo de como uma perspectiva feminista do tema pode alterar a forma de ver o tema é a Lei 13.718, de setembro de 2018, que alterou o Código Penal para incluir, dentre as causas de aumento de pena, a majoração pela metade nos casos, dentre outros, de o autor de crime sexual ser cônjuge ou companheiro da vítima.

11º método: raciocínio prático feminista

Um bom exemplo de raciocínio prático é o que decorre da prática da advocacy feminista. Ainda sem tradução literal para o português (e mesmo para o espanhol), como bem referem Sonia Alvarez, Marlene Libardoni, Vera Soares, quando se trata de ação feminista, a palavra advocacy, em seu trajeto para o sul das Américas, vem adquirindo conteúdos e significados diferenciados. Para as autoras[17]:

> Até o início da década de 90, advocacy só fazia parte do jargão das agências de cooperação e do sistema das Nações Unidas, e estava também integrado à prática de lobby de algumas ONGs internacionais feministas sediadas nos Estados Unidos e na Europa. A partir do ciclo de conferências da ONU dos anos 90, e suas sequelas mais recentes (Viena +5, Cairo +5, Beijing +5, Copenhague +5), passou a ser incorporado cada vez mais nos fazeres políticos de muitas ONGs feministas latino-americanas. Todavia, a participação sem precedentes de um número expressivo de ativistas feministas nessas conferências, bem como o acúmulo das experiências locais nas décadas passadas,

---

[16] Disponível em: http://www.geledes.org.br/marido-e-condenado-9-anos-de-prisao-por-estuprar-propria-mulher/ . Acesso em 13.0ut.2019.

[17] ALVAREZ, Sonia E.; LIBARDONI, Marlene; SOARES, Vera. Apresentação. *Revista Estudos Feministas*, Florianópolis, v. 8, n. 2, p. 167, jan. 2000. ISSN 1806-9584. Disponível em: https://periodicos.ufsc.br/index.php/ref/article/view/11933/11199. Acesso em: 15 out. 2019.

DIREITOS DAS MULHERES

redundou no desafio posterior de tentar transformar esses acordos internacionais em ações e políticas concretas nesses países. Isso exige inovar as formas de ação e articulação para influir no debate público e nas agendas políticas. Na procura de novas estratégias, metodologias e instrumentos conceituais que dessem conta desse imenso desafio, algumas ONGs feministas latinoamericanas vislumbraram na noção de advocacy – antes vista como 'gringa' e estranha – novas potencialidades. Mais do que a pressão política sobre gestores e/ou legisladores, como usualmente é considerado no norte, o fazer advocacy exige sistematizar aprendizados, desenvolver habilidades de negociação, planejamento e trato com os meios de comunicação. Exige também um conhecimento do terreno político onde circulam as propostas, os atores e os conflitos presentes. Mas, dado que o conceito e a prática de advocacy tinham sido formulados em contextos muitos distantes das realidades políticas, econômicas e culturais da América Latina, trazê-lo para nossas práticas exigiu não apenas uma tradução literal, mas um processo complexo e continuado de tradução política. [...] No contexto da frágil institucionalidade política, do enfraquecimento da cidadania e da dramática exclusão social decorrentes das políticas neoliberais, a prática de advocacy feminista na América Latina exige a redefinição de conceitos e a readequação de procedimentos originários em contextos de democracias consolidadas, instituições mais estáveis e direitos cidadãos menos ameaçados. Fazer advocacy 'nos trópicos' não pode ser uma questão meramente técnica – como aparece em alguns dos manuais produzidos no norte. É um fazer nitidamente político, requer revisitar alguns conceitos como cidadania e liderança, rediscutir o papel do Estado e da sociedade civil na construção democrática e repensar as estratégias de incidência feminista na promoção das transformações políticas, econômicas e culturais. No contexto da globalização acelerada, da reforma e do enxugamento do Estado, e da transnacionalização da própria sociedade civil e dos movimentos sociais nesta virada de milênio, esse fazer político exige também adquirir novos conhecimentos e habilidades de advocacy, planejamento estratégico e estratégias comunicacionais. O projeto de advocacy latino-americano – coordenado conjuntamente pelo Centro de la Mujer Peruana "Flora Tristán", do Peru, Equidad de Gênero, Cludadanía, Trabajo y Família, do México, e, no Brasil, originalmente pelo Centro Feminista de Estudos e Assessoria (Cfemea) e, desde junho de 1998, pela Agende

TEORIA FEMINISTA DO DIREITO, CONSCIÊNCIA FEMINISTA E SEUS MÉTODOS

Ações em Gênero Cidadania e Desenvolvimento (Agende) – tem procurado responder a algumas dessas novas exigências do fazer feminista na região."

Um exemplo de prática feminista foi trazido no início do presente artigo, quando se fez referência ao "Consórcio Lei Maria da Penha pelo Enfrentamento a Todas as Formas de Violência de Gênero contra as Mulheres"[18].

Conclusões

A legislação brasileira, no que tange à questão de gênero, apresenta longo histórico de discriminação negativa, com exemplos de textos legais, alguns relativamente recentes, que previam expressamente tratamento discriminatório em relação à mulher, a confirmar que contexto social e cultural contribui para produzir e reforçar a crença na diferença bem como a intolerância, fazendo-se refletir na norma positivada. As principais discriminações giravam em torno de questões sexuais. São exemplos: o Código Civil de 1916 (e que vigorou até 2002), que previa, em seu artigo 219, IV, a possibilidade de o marido anular o casamento caso constatasse que sua esposa fora deflorada anteriormente (inexistindo qualquer previsão análoga para a mulher que descobrisse que seu marido mantivera relações sexuais antes do matrimônio); o Código Penal de 1940 (ainda em vigor), que até 2005 trazia o conceito de "mulher honesta", para identificar aquela cuja conduta moral e sexual fosse considerada irrepreensível, característica (até então) indispensável para assegurar proteção legal contra determinados crimes sexuais. Esse mesmo Código previa (também até 2005) a possibilidade de um estuprador não ser condenado caso a mulher vítima do estupro viesse a se casar com ele após o crime, pois entendia o legislador de então que a punição se tornaria desnecessária em face da "reparação do dano aos costumes", que era o bem jurídico (costumes) até então tutelado pela criminalização do estupro.

Os exemplos mencionados representam o espírito de uma época. Essa maneira de pensar tornou-se insustentável diante da construção de

---

[18] O Consórcio é formado pelas ONGs Feministas CEPIA, CFEMEA, CLADEM, THEMIS, ativistas e pesquisadoras que atuam em defesa dos direitos das mulheres, incluindo a autora do presente artigo.

DIREITOS DAS MULHERES

novas formas de tratamentos interpessoais e, principalmente a partir da consciência feminista, ainda mais quando se coloca em curso os 11 métodos jurídicos feministas desenvolvidos de forma magistral por Rita Mota Sousa e que foram apresentados acima.

Essa consciência feminista alterou as estruturas de pensamento, refletindo, diretamente em várias e recentes produções legislativas, tornando possível mostrar necessidade e localizar exemplos de discriminação positiva da mulher no ordenamento jurídico brasileiro, como é o caso da Lei Maria da Penha, símbolo da luta do movimento de mulheres pelo reconhecimento e garantia de uma vida digna e livre da violência como um direito fundamental, assegurado, ademais, na órbita internacional.

A mudança interna de valores socioculturais, trazida pela consciência feminista (que deve se apoderar de mentes e corações de mulheres e homens) é a única chave capaz de levar à erradicação do sistema patriarcal, responsável direto pela opressão feminina/dominação masculina. O esforço de mudança que alcance cada um pode levar a uma alteração da forma de viver em sociedade. "Enquanto não houver uma mudança de mentalidade, o patriarcalismo jurídico continuará a permear as relações entre mulheres e sistema jurídico." (SABADELL, 2010. p. 278).

Os dados sobre violência contra a mulher e sobre a insistente desigualdade entre os sexos traz um desapontamento com a triste realidade brasileira. Mas, é preciso que a real e péssima situação da mulher em nosso país seja desvelada, para que, a partir do seu conhecimento, possa-se dar o passo seguinte, que é o de adquirir a consciência feminista, o que, por certo levará ao envolvimento e esse, por sua vez, poderá conduzir ao tão necessário e já tardio processo de mudança, para que se possa, finalmente, alcançar o preceito constitucional que apregoa a igualdade entre homens e mulheres!

Referências

BELEZA, Teresa Bizzarro. Legítima defesa e género feminino: paradoxos da feminist jurisprudence. **Revista de Ciências Sociais**, n. 31, p. 14–159,1991.

BELEZA, Teresa Bizzarro. **Direito das Mulheres e da Igualdade Social**: a Construção Jurídica das Relações de Gênero. Coimbra: Almedina, 2010.

BELLOQUE, Juliana Garcia. Da assistência judiciária – arts. 27 e 28. In: CAMPOS, Carmen Hein de (Org.). **Lei Maria da Penha comentada em uma perspectiva jurídico-feminista**. Rio de Janeiro: Lumen Juris, 2011, p. 344.

BIANCHINI, Alice. **Lei Maria da Penha**. 4. ed. São Paulo: Saraiva, 2018.

BIANCHINI Alice, BAZZO Mariana, CHAKIAN Silvia. **Crimes contra as mulheres**. Salvador: JusPodivm, 2019.

CARVALHO. Márcia Haydée Porto de. Brasil. Lei 11.340/2006. In. **Régimen jurídico de la violencia de género en Iberoamérica y España**: un estudio de las leyes integrales de segunda generación. Navarra: Aranzadi, 2015.

ESCOBAR CIRUJANO, Ana; QUINTEROS, Andrés, SÁNCHEZ GAMONAL, Sara Belén; TANDÓN RECIO, Bárbara. In: PEREZ VIEJO, Jesús M., HERNÁNDEZ, Ana Montalvo (Cood.). **Violencia de género, prevención, detección y atención**. Madrid: Grupo 5, 2011.

EXPÓSITO, Francisca. RUIZ, Sergio. Tratamiento para Maltratadores: una propuesta de intervención desde la perspectiva de género. In: FARIÑA, Francisca, ARCE Ramón, BUELA-CASAL Gualberto (eds.). **Violencia de género**: tratado psicológico y legal. Madrid: Biblioteca Nueva, 2015, p. 222.

EXPÓSITO, Francisca. RUIZ, Sergio. **Reeducación de Maltratadores**: una experiencia de intervención desde la perspectiva de género. Disponível em: http://scielo.isciii.es/scielo.php?script=sci_arttext&pid=S1132-055920 10000200006&lng=es&nrm=iso&tlng=es. Acesso em: 09-07-2018.

GADELHA, Arthur Nóbrega. **"Lei Julia Matos" e o respeito às prerrogativas das advogadas e advogados**: direitos e garantias para a advogada gestante, lactante, adotante ou que der à luz e para o advogado que se tornar pai. Disponível em: https://arthurnobrega87.jusbrasil.com.br/artigos/413349259/ lei-julia-matos-e-o-respeito-as-prerrogativas-das-advogadas-e-advogados. Acesso em 15.10.2019.

MATUD, Maria Pilar. Intervención psicológica con mujeres maltratadas por su pareja. In: FARIÑA, Francisca, ARCE Ramón, BUELA-CASAL Gualberto (eds.). **Violencia de género**: tratado psicológico y legal. Madrid: Biblioteca Nueva, 2015, p. 205.

MURARO, Rose Marie. A mulher brasileira e a sociedade de consumo. *In*: FRIEDAN, Beth. **Mística Feminina.** Prefácio à edição brasileira. Petrópolis: Vozes, 1971.

SABADELL, Ana Lucia. **Manual de sociologia jurídica**. São Paulo: RT, 2010. p. 278.

DIREITOS DAS MULHERES

SEVERI, Fabiana Cristina. **Lei Maria da Penha e o Projeto Jurídico Feminista Brasileiro**. Rio de Janeiro: Lumen Juris, 2018.

SOUSA Rita Mota, **Introdução às Teorias Feministas do Direito**. Lisboa: Afrontamento, 2015.

VARELA, Nuria. **Feminismo 4.0**: la cuarta ola. Barcelona: Penguin. 2019.

2. O Direito das Mulheres a uma Vida Sem Violência: uma Construção dos Direitos Humanos

CHIMELLY LOUISE DE RESENES MARCON

> *Temos direito a ser iguais quando a nossa diferença nos inferioriza; e temos o direito a ser diferentes quando a nossa igualdade nos descaracteriza.*

BOAVENTURA DE SOUSA SANTOS

Introdução

Desde Olympe de Gouges, a revolucionária francesa que ousou defender, em 1792, por meio da "Declaração dos Direitos da Mulher e da Cidadã", a extensão da cidadania às mulheres e restou decapitada; recordando a *sufragette* Emily Davison, que, em 1913, veio a óbito ao tentar dar visibilidade ao movimento pelo voto feminino na Inglaterra; sem olvidar a guerreira quilombola Dandara dos Palmares, que, controvertendo papeis de gênero, lutou bravamente pela libertação do povo negro e preferiu a morte ao retorno à condição de escravizada; relembrando também a brasileira Maria da Penha Maia Fernandes, que converteu a dor e o padecimento decorrente de uma dupla tentativa de feminicídio em longa e internacional batalha pelo enfrentamento da violência ocultada no recôndito dos lares contra a população feminina; o reconhecimento dos direitos das mulheres jamais deixou de ser precedido de árdua luta e tenaz mobilização.

Tais marcos, malgrado tímidos se comparados às inúmeras cruzadas encetadas por outras tantas mulheres por emancipação e dignidade ao longo da história da humanidade, evidenciam a secular reivindicação feminina por igualdade de direitos e de oportunidades, bem como alertam para a tardança em compreender a mulher como sujeito de direitos e para as dificuldades de se superar, neste curso, um modelo societal deveras iníquo, porque patriarcal, racista e classista.

DIREITOS DAS MULHERES

A proposta de revisitar e tornar visível esse processo de reconhecimento e de afirmação do direito a uma vida sem violência, portanto, objetiva, de um lado, reconhecer o protagonismo dos movimentos de mulheres e do(s) feminismo(s)[19] para essa inscrição histórica e, de outro, rememorar a sociedade de seu dever de permanente vigília e monitoramento, a fim de que as conquistas da população feminina não sejam relativizadas ou aniquiladas por reveses reacionários, pois, "basta uma crise política, econômica e religiosa para que os direitos das mulheres sejam questionados" (BEAUVOIR, 1967, p. 21).

1. A Declaração Universal dos Direitos Humanos: um ponto de partida

"Nascidos em certas circunstâncias, caracterizadas por lutas em defesa de novas liberdades contra velhos poderes, e nascidos de modo gradual, não todos de uma vez e nem de uma vez por todas" (BOBBIO, 2004, p. 26), os direitos humanos representam conquistas históricas[20]. Como tal, o lento e gradual processo de internacionalização dos direitos humanos, em sua acepção contemporânea, teve início com o pós-guerra e o nascimento da Organização das Nações Unidas (ONU) como resposta da comunidade internacional às atrocidades, grifadas pela lógica da crueldade e da descartabilidade do ser humano, perpetradas por regimes totalitários durante a segunda guerra mundial (1939-1945) (PIOVESAN, 2016). Tais violações fizeram despontar uma consciência coletiva orientada à construção de um novo paradigma ético a balizar a ordem internacional e a inibir novas práticas atentatórias à dignidade humana (SEGATO, 2006),

---

[19] "O feminismo representa, enquanto ideologia e movimento, a reivindicação de igualdade de tratamento e direitos entre os gêneros, apresentando caráter plural, multicultural e polifacetado que adquire contornos diferentes de acordo com as especificidades de cada agrupamento humano no qual permeia. [...] *Não há, na atualidade, um só feminismo, unívoco e totalizante, mas vários feminismos*" (MADALENA, 2016, p. 125. Grifo no original).

[20] Apesar do acerto da crítica contemporânea (PANIKKAR, 2004; FLORES, 2005; SEGATO, 2002) de serem os direitos humanos um produto cultural impregnado pela moralidade da ocidentalidade e da colonialidade do contexto de seu surgimento, recusar juridicidade aos seus preceitos, negando sua proclamação ou prática, significaria, em última instância, violar ainda mais os direitos dos segmentos mais vulneráveis e marginalizados pelo sistema moderno capitalista hegemônico (WALLERSTEIN, 1990).

O DIREITO DAS MULHERES A UMA VIDA SEM VIOLÊNCIA...

uma vez que "o direito *ex parte populi* de todo ser humano à hospitalidade universal só começaria a viabilizar-se se o 'direito a ter direitos', para falar com Hanna Arendt, tivesse uma tutela internacional, homologadora do ponto de vista da humanidade." (LAFER, 1988, p. XXVI).

Esta nova racionalidade, que confere à pessoa a qualidade de sujeito de direitos e corrói a noção absoluta de soberania estatal, foi deflagrada pela Carta das Nações Unidas (1945) e revigorada, três anos mais tarde, pela Declaração Universal dos Direitos Humanos (DUDH, 1948). Embora constitua um documento de *soft law*, a adoção consolidada da DUDH, ao longo dos últimos 70 (setenta) anos, transformou-a em direito costumeiro internacional, como parte integrante do *jus cogens*, e em princípio geral de direito, conferindo-lhe força jurídica vinculante (GONÇALVES, 2013).

Em seu preâmbulo, a DUDH expressamente consagra a "dignidade inerente a todos os membros da família humana e seus direitos iguais e inalienáveis", como alicerce da liberdade, da justiça e da paz no mundo. A ele, seguem trinta dispositivos, estreados pela afirmação: "todas as pessoas nascem livres e iguais em dignidade e direitos", sendo dotadas de razão e consciência (artigo 1º). Ato contínuo, o documento entroniza o princípio da não discriminação por razões de raça, cor, sexo, língua, religião, classe, origem, opinião ou qualquer outra condição, ao proclamar que "toda pessoa tem capacidade para gozar os direitos e as liberdades estabelecidas nesta Declaração, sem distinção de qualquer espécie" (artigo 2º).

Tem-se, pois, firmado caráter universal dos direitos humanos[21], abalizado pelo compartilhamento da condição humana por toda e qualquer pessoa, que, enquanto ser essencialmente moral, dotado de unicidade existencial e dignidade, é merecedora de respeito e consideração pelo Estado e pela comunidade (PIOVESAN, 2012). Adiante, ao conjugar direitos econômicos, sociais e culturais com os direitos civis e políticos, a DUDH evidencia a natureza indivisível dos direitos humanos, real-

---

[21] Panikkar (2004) questiona essa universalidade expondo os hiatos existentes entre o campo normativo e prático dos direitos humanos na realidade concreta, visto que os direitos humanos não são garantidos de forma universal a todos os seres humanos e são alvos de atentados em todos os cantos do mundo.

DIREITOS DAS MULHERES

çando que o indivíduo somente pode desenvolver suas potencialidades livre e plenamente se assegurados níveis mínimos de bem-estar, como instrução, alimentação, vestuário, habitação, cuidados médicos e outros serviços sociais indispensáveis. Por essa razão, Gonçalves conclui que os direitos humanos foram "um complexo integral, único e indivisível, em que os diferentes direitos estão necessariamente inter-relacionados e são interdependentes entre si." (2013, p. 75).

Importante pontuar que a positivação do princípio da igualdade entre homens e mulheres e da vedação à discriminação, em sua versão mais incipiente, observou a organização societal (moderno-ocidental) e os interesses econômicos (capitalistas) da época (FLORES, 2005). Destarte, não se pode descurar que, na década de 1940, as mulheres já estavam inseridas em maior grau na vida pública, tanto porque cooptadas, como mão de obra barata, pelo capitalismo despertado pela Revolução Industrial (1780-1840), quanto porque convocadas a assumir postos de trabalho vacantes e serviços auxiliares durante as duas grandes guerras do século XX (LORBER, 2005). Ainda, alguns locais do mundo já experimentavam os efeitos da primeira onda[22] feminista[23], cujo foco das ações ambicionava, numa perspectiva liberal, a extensão de direitos titularizados pelos homens às mulheres, garantindo-lhes acesso a direitos civis, políticos e sociais, entre os quais o trabalho, a educação, o divórcio, a propriedade, a herança e o voto, pelo qual se caracterizou o movimento sufragista (CHARLESWORTH; CHINKIN; WRIGHT, 1991).

A apropriação dessas demandas, fundadas na faculdade racional da pessoa, pelos direitos humanos representou também, como aponta Panikkar, uma necessidade do processo de individualização que significou a modernidade. Assim, ao tempo em que o discurso dos direitos humanos,

---

[22] Destaca-se a importância teórica da metáfora das ondas, visto indicar a visualização de discursos não superáveis na fluidez do tempo. "O presente é *ex-cêntrico*: não é o meio do caminho entre passado e futuro, mas contém ambos, na medida em que os re-significa, ao mesmo tempo pode não conter nenhum destes tempos, pois nesta re-significação, subverte a fixidez de suas características." (GAUER, 2004. p. 235).

[23] Em 1945, as mulheres haviam conquistado o direito a voto em 31 países, dentre os quais a Nova Zelândia, Estados Unidos, Inglaterra, França, Espanha, Portugal e Brasil, onde o sufrágio universal feminino foi garantido com o Código Eleitoral de 1932. (KARAWEJCZYK, 2013).

sintonizado a um humanismo individualista, dá suporte à construção das grandes sociedades modernas, igualmente, torna-se alvo de críticas pelas injustiças e exclusões que essas mesmas sociedades promovem (2004).

Neste contexto, sem negar o legado histórico, simbólico e normativo, essa "primeira fase dos direitos humanos" (PIOVESAN, 2012), principiada pela DUDH, mostrou-se incapaz e deveras tímida à promoção dos direitos das mulheres[24], como grupo social historicamente vulnerável e de vivências e postulações próprias (MARCON, 2018).

De fato, não se pode perder de vista que o direito internacional, como campo de poder por excelência, tanto é uma realidade estruturada, que vai fundar seus discursos nos signos dominantes de determinado local e época, quanto constitui uma entidade estruturante, que organiza e seleciona os fatos, dotando-os ou não de relevância, com vistas a legitimar a ordem natural da dominação (BOURDIEU, 1998).

Destarte, porque herdeiros do Iluminismo[25], como a própria ONU (LINDGREN ALVES, 1999), os direitos humanos albergaram, sob seu manto especial de proteção, um sujeito de direitos personificado na figura do "homem, dotado de razão, livre e igual aos outros homens." (COOMARASWAMY, 1997, p. 1250). Noutras palavras, "os direitos humanos foram elaborados e aplicados para garantir proteção aos homens contra ameaças que eles temiam lhes fossem endereçadas." (CHINKIN, 1995, p. 23)

---

[24] No período, poucos foram os instrumentos internacionais destinados a promover especificamente os direitos das mulheres, como a Convenção sobre Direitos Políticos da Mulher, de 1953, *que previu o direito de votar, de ser votada e de ocupar funções públicas, em igualdade de condições com os homens, às mulheres, e* a Convenção sobre a Nacionalidade da Mulher Casada, de 1958, que assegurava que "nem a celebração ou dissolução do matrimônio entre nacionais ou estrangeiros, nem a mudança de nacionalidade do marido durante o matrimônio, poderão afetar automaticamente a nacionalidade da mulher."

[25] O pensamento iluminista apropriou-se das biologizações erigidas ao longo da história, aproximando as mulheres, em virtude da constituição biológica que lhes permite gestar, dar à luz e amamentar, da natureza, distanciando-as da cultura, emblema de acesso dos homens à maioridade e à liberdade. Assim, difundiu uma visão naturalizante da divisão sexual do trabalho e dos papéis sociais, ao considerar as mulheres inaptas à execução de tarefas sociais relevantes, como as típicas da administração, política e ciência, porque intelectualmente inferiores, tendo, como extensão dessa condição, a maternidade biológica e social como destino. (SOIHET, 1997).

DIREITOS DAS MULHERES

Com efeito, embora seus textos evocassem a igualdade, a liberdade e a dignidade como direitos imanentes da pessoa humana, os ruídos do discurso androcêntrico a eles subjacentes reverberaram nas mais diversas instâncias e quedaram por marginalizar a mulher da subjetividade que lhe seria inata. Observa-se que o uso de linguagem insensível ao gênero em grande parte dos textos normativos[26] (AZAMBUJA; NOGUEIRA, 2008), a falta de representatividade feminina nos órgãos de decisão da ONU, atrelada à sub-representação feminina em postos de poder em geral (CHARLESWORTH; CHINKIN; WRIGHT, 1991), a equivocada compreensão das violações dos direitos das mulheres como questões femininas e problemas de *status* secundário dentro das considerações dos organismos internacionais (CHINKIN, 1995; FACIO, 1992), a fragilidade dos mecanismos de implementação dos direitos das mulheres e carência de destinação financeira adequada a sua promoção pela própria ONU (COOMARASWAMY, 1997) são fissuras entre os ideais propalados nas normas e a realidade concretamente verificada.

Todavia, foi a cegueira de gênero, neste momento inaugural, a maior deficiência dos direitos humanos como ferramenta de proteção e emancipação femininas. Sintomático dessa incapacidade, está o perfil solidamente liberal assimilado pelo direito internacional dos direitos humanos e teorizado[27] para não intervir na esfera privada, limitando sua ação à

---

[26] Originariamente intitulada Declaração Universal dos Direitos 'do Homem', a DUDH, em sua redação primeva, por vezes, utiliza a palavra "homem" como designativo da humanidade ("o desconhecimento e o desprezo dos direitos do homem conduziram a atos de barbárie"; "é essencial a proteção dos direitos do homem através de um regime de direito, para que o homem não seja compelido, em supremo recurso, à revolta contra a tirania e a opressão"; "proclamam, de novo, a sua fé nos direitos fundamentais do homem"), confirmando a figura masculina como referencial dos direitos humanos.

[27] Romany recorda que, no direito internacional, como no direito interno, em geral, as normas, abstratas ou concretamente consideradas, muito dependem de quem controla os discursos influentes. E, por muito tempo, mormente na sua fase fundacional, o sistema global de direitos humanos contou com contribuição predominante de homens nos seus aportes teóricos, os quais, apesar de ignorar a distribuição desigual de poder na vida familiar e pública, formulavam e controlavam os mecanismos políticos internacionais de implementação. (ROMANY, 1993).

arena pública.[28] Entretanto, ao blindar a vida privada do escrutínio estatal e supraestatal, o direito internacional estipulou ser a família um domínio neutro da experiência humana, desprezando as relações de poder existentes entre seus membros e subestimando o local em que "os eu's se tornam gêneros." (ROMANY, 1993, p. 101).

A dicotomia entre o público e o privado consiste na separação entre uma arena pública, na qual se impõe o Direito, e uma arena privada, na qual não se admite a interferência jurídica. Se o Direito, entendido como uma rede de garantias à preservação da dignidade individual, da igualdade de consideração e respeito, não é tolerado nessa esfera, cobrem-se os indivíduos que a ela pertencem por um manto de invisibilidade. A invisibilidade para o Direito, na esfera familiar, implica, no mais das vezes, uma desigualdade de base patriarcal. Essa desigualdade, contudo, é aceita como decorrência, na expressão de Cristina Bruschini, de uma "naturalização" de um determinado modelo familiar, que aponta funções diversas ao homem e à mulher, tendentes à inferiorização dessa, tanto no âmbito do trabalho, quanto nos âmbitos sexual e reprodutivo. (PIOVESAN; IKAWA, 2004, p. 49)

Ou seja, diversamente das estruturas de dominação e dos desvelamentos presentes nas relações entre os homens, os mecanismos majoritários de opressão[29] das mulheres ocorrem, social e economicamente, no contexto de vida íntima e familiar, tendo como expressão mais aguda e cruel

---

[28] "O totalitarismo na Europa levou as pessoas a procurarem um reino além do alcance do Estado. Esse reino era a vida privada, dentro da qual as pessoas esperavam estar seguras. A construção de uma área especial, isenta da interferência estatal, para expressão privada era uma salvaguarda necessária para impedir que o Estado totalitário destruísse a dignidade dos seres humanos". (COOMARASWAMY, 1991, p. 1252).

[29] Consoante formulação de Saffioti, o termo "opressão" sintetiza o binômio "dominação-exploração". Dominação que, segundo a socióloga, opera-se no campo da negação de direitos, da marginalização do espaço político-deliberativo e do controle da sexualidade e, consequentemente, da capacidade reprodutiva da mulher. Exploração, porque, "neste regime, as mulheres são objetos da satisfação sexual dos homens, reprodutoras de herdeiros, de força de trabalho e de novas reprodutoras. Diferentemente dos homens como categoria social, a sujeição das mulheres, também como grupo, envolve prestação de serviços sexuais a seus dominadores." (2011, p. 105).

DIREITOS DAS MULHERES

a violência. Por consequência, a dicotomização das esferas pública e privada, que, até há pouco tempo, era o fundamento inabalável do direito internacional em geral e dos direitos humanos em particular, não só permitiu que o direito à privacidade se convolasse em autorização para violação de direitos, como contribuiu sobremaneira para a mutilação da cidadania feminina. (JELIN, 1994).

A segunda manifestação da cegueira de gênero é atestada pela tônica da proteção geral, baseada na concepção formal, universal e abstrata de igualdade. Contudo, a positivação de uma visão artificialmente igualitária e insensível às diferenças – sociais, culturais e históricas – entre as pessoas colide frontalmente com a realidade social, que descortina diuturnamente: "os indivíduos não são todos iguais e, em última instância, ocultar ou negar as diferenças serve para perpetuar o subtendido de que há duas categorias de pessoas essencialmente distintas, as iguais e as diferentes (que significa sempre inferiores)." (JELIN, 1994, p. 125)

Por essa razão, embora se reconheça, como ponto de partida de discussões e conquistas de direitos, a importância histórica de conferir valor normativo à dignidade humana e colocá-la sob a proteção internacional, como instrumento de combate a certas formas de discriminação, de afirmação da individualidade e de limitação do poder dos Estados, não se pode deixar de anotar que a lógica universalizante e generalizante dos direitos humanos não só fracassou no seu propósito de tutelar subjetividades, porque entrecortadas pelo gênero, pela classe, pela raça e por outros marcadores identitários, como aprofundou as desigualdades sociais existentes e o déficit histórico de acesso à cidadania pelas mulheres (FACIO, 1992; SOUZA, 2012).

Nesta esteira, embora nascidos sem perspectiva de gênero, coube à resistência dos movimentos de mulheres e feministas diagnosticar a dinâmica patriarcal, oculta e simbólica nessa etapa inicial de formulação dos direitos humanos para, a partir daí, ingressar na arena internacional com o objetivo de desmistificar esse sujeito universal quimérico, porque parcialmente representativo da condição humana, e de reclamar o reconhecimento de novas identidades e a afirmação da diferença, como plataforma de redução progressiva de assimetrias e alcance substantivo da igualdade.

2. Direitos humanos das mulheres: da mobilização ao reconhecimento

Poucos são os contextos que tão bem traduzem os resultados da mobilização e das lutas pela expansão da cidadania feminina como os de criação de instrumentos de proteção dos direitos humanos. E mesmo sendo a norma e o referencial masculinos, o direito também há de ser, como o foi, compreendido como campo de resistência e, portanto, como um espaço a ser ocupado para articulação de visões e disseminação de estratégias alternativas e emancipatórias. (Romany, 1993)

> Demandar a pluralidade de sujeitos na constituição de um saber já focal e local é incluir, em sua constituição, saberes também localizados, que requerem que o objeto do conhecimento seja visto como um ator e agente, e reconhecem esse aspecto de plano, valorizando subjetividades dissonantes na construção do conhecimento objetivo, e introduzindo a importância do contexto advindo de marcadores sociais da diferença e das interpretações que dele partem. (Cipriani, 2016, p. 110-111)

A incursão no terreno normativo foi, portanto, um dos caminhos escolhidos pelos movimentos sociais e organizações não governamentais (ONGs) para denunciar a inabilidade de os direitos humanos absorverem as experiências femininas, estranhas aos seus respectivos operadores, e, por conseguinte, proporcionar adequada resposta às graves ofensas de direitos experimentadas pelas mulheres pelo simples fato de serem mulheres (Azambuja; Nogueira, 2008; FACIO, 1992).

Não é por outro motivo que Lopes (2005), após admitir que os direitos humanos possuem faces, seja no seu exercício e fruição, seja na sua ausência e violação, relaciona o rosto feminino à negação de direitos. De fato, os índices colhidos, no século passado e neste início de milênio, apontam que as mulheres figuram majoritariamente no contingente mais pobre do planeta, ocupam a maior fração dos analfabetos do mundo; são as maiores vítimas de crimes sexuais e do tráfico de pessoas, são as que mais sofrem com as consequências da falta de assistência e de cuidado na saúde sexual e reprodutiva, bem como compõem a maior parte dos refugiados e deslocados em situações de guerra e conflitos armados, externos e internos. Ainda, quando inseridas no mercado de trabalho, as mulhe-

DIREITOS DAS MULHERES

res continuam a deter maior, senão exclusiva, responsabilidade pelos afazeres domésticos e pelos cuidados com a família. Mesmo exercendo idênticas funções que os homens, persistem a receber menores salários e a ocupar postos precários de emprego. Embora cidadãs, sua participação em posições de poder é bastante reduzida. Conquanto tutelada a sua integridade corporal, as mulheres ainda experimentam a violência, principalmente na esfera doméstica. (*World's Women*, 2015).

Esse ambiente de privações e subalternidade empiricamente percebido, limitado às circunstâncias da época, foi alvo de análise por diversas obras feministas[30], as quais lançaram reflexões sobre o destino de homens e mulheres na sociedade, sobre a divisão sexual do trabalho e sobre como tais locais arbitrariamente definem e condicionam a outorga de direitos a cada uma dessas categorias. A academia, não sem resistência das ortodoxias disciplinares a novos estudos, também voltou seu olhar às mulheres, impulsionando a ciência a investigar as experiências femininas e as iniquidades das diferenças socialmente forjadas entre os sexos (AMÂNCIO, 2003; PRÁ; EPPING, 2017). Nesse contexto, o gênero[31] consolida-se como categoria de análise, face à constatação de que "o feminino não é dado pela biologia, ou pela anatomia, e sim construído pela sociedade." (SAFFIOTI, 2011). E, como elaboração histórico-cultural do sexo, a emancipação feminina, mais do que condicionada à positivação genérica de direitos, demandava a ruptura de paradigmas. Como anota Amâncio, se o gênero é "estruturante da democracia e da cidadania, as mudanças a esse nível dependem de mudanças ao nível das relações de gênero". (2003, p. 704).

---

[30] Destacam-se as publicações de Simone de Beauvoir (O segundo sexo, 1949), Margaret Mead (Masculino e feminino, 1949), Betty Friedan (A mística feminina, 1963) e Kate Millet (A política sexual, 1977).

[31] Para fins deste artigo, tomar-se-á o termo "gênero" como estrutura histórico-cultural ordenadora e normatizante de práticas sociais e de formulação de identidades, que, por meio de símbolos culturais, signos normativos, institucionalidades e subjetividades sexuadas, encarta arbitrariamente representações, distinguindo, definindo e delimitando o masculino e o feminino, bem como permeia as interações sociais, regidas pela desigualdade de poder, organizando e legitimando a divisão sexual do trabalho e os papeis sociais correspondentes (homem/produção; mulher/reprodução), segmentando a ocupação dos espaços (homem/público; mulher/privado) e, sobretudo, influindo diretamente na divisão de direitos e de responsabilidades. (SCOTT, 2002)

O DIREITO DAS MULHERES A UMA VIDA SEM VIOLÊNCIA...

A par desses influxos, o movimento feminista, fortalecido com o aumento da escolaridade e maior qualificação das mulheres na década de 1960, se reorganiza e irrompe sua segunda onda de reivindicações, que agora redireciona seu enfoque à afirmação da diferença, incorporando ao seu discurso "pautas culturais, dessa vez, relacionadas ao questionamento de padrões sociais que atribuem a homens e mulheres papéis específicos nas relações afetivas, na vida política e no trabalho." (MARTINS, 2015, p. 234).

Ao questionar a lógica binária hierarquizante, o feminismo desnudou as diferenças de gênero bem como desmistificou o sujeito universal destinatário de direitos humanos, exigindo que este fosse reconhecido também em sua especificidade, demarcada pelo sexo, pela classe, pela raça, pela orientação sexual, pela idade, pela origem, etc. Afinal, não há sentido em vindicar igualdade para sujeitos idênticos, sendo pressuposta a diferença na noção de igualdade. Nesse sentido, em oposição à igualdade não está a diferença, mas a discriminação e subalternidade. E, não sendo possível "anular as diferenças; devemos apenas ressaltar que determinadas diferenças têm sido usadas como justificativas para tratamentos desiguais, não equivalentes." (SOUZA, 2012, p. 34).

A partir desta abordagem, revelou-se insuficiente deferir tratamento igualitário e generalizante a determinados segmentos sociais historicamente vulneráveis. Tornou-se imprescindível que a proteção a eles destinada fosse específica e diferenciada, respeitando sua peculiaridade e particularidade. Tem berço, assim, o que Piovesan (2012) intitula de "segunda fase dos direitos humanos", calcada no respeito à diferença e à diversidade, de modo a assegurar especificidade de tratamento aos novos sujeitos de direitos.

Em 1975, a mobilização social em prol das mulheres captou a atenção da ONU, que proclamou aquele o "Ano Internacional da Mulher", conferindo às demandas por equidade visibilidade e esforços globais. Essa aproximação representou um importante passo à afirmação dos direitos humanos das mulheres, sobretudo, pela plataforma democrática, pela ONU proporcionada[32], de acesso às instâncias internacionais e de coa-

---

[32] Tanto na fase antecedente (encontros preparatórios), quanto durante a realização das conferências (contra encontros), criaram-se espaços democráticos de discussão destinados à sociedade civil organizada, que, por vezes, elaborava relatórios (sombra ou alternativos),

DIREITOS DAS MULHERES

lização das diversas agendas dos movimentos de mulheres espalhados pelo globo. No mesmo ano, foi realizada, na Cidade do México, a primeira Conferência Mundial sobre a Mulher, bem como foi proclamado o período de 1976 a 1985 como a "Década das Mulheres", aprovando-se um plano de ação mundial para a promoção da igualdade entre homens e mulheres e de combate à discriminação à população feminina, de modo a assegurar sua integração e participação no esforço do desenvolvimento e da paz, mediante a criação de mecanismos de acesso igualitário à educação, a treinamento, a emprego e à participação política, além de aprimoramentos nos serviços de saneamento básico, saúde, moradia, nutrição e planejamento familiar. (BOUTROS-GHALI, 1996).

Ao final da década de 1970, contudo, a situação da mulher não registrava progressos significativos. Em razão disso, em 1979, por força e mobilização das ativistas, que, desde a conferência, denunciavam as graves discriminações contra as mulheres, o que era causa e efeito da ineficiência dos programas até então implementados (CHINKIN, 1993), restou pactuada a Convenção sobre a Eliminação de Todas as Formas de Discriminação contra as Mulheres (CEDAW), considerada a "Carta dos Direitos Humanos das Mulheres" (LOPES, 2005, p. 159).[33]

A CEDAW reflete um grande esforço de edificação de uma ordem internacional de respeito à dignidade do indivíduo em sua generalidade e especificidade. Porém, a ampla adesão ao documento – atualmente são mais de 180 signatários – não traduz consenso absoluto quanto ao seu conteúdo. Pelo contrário, o número expressivo de reservas substanciais – 156 oposições formuladas por 78 Estados-Partes – pode conduzir "ao paradoxo de ter [a CEDAW] maximizado sua aplicação universal ao custo de ter comprometido sua integridade." (COOK, 1990, p. 663).

contendo dados e recomendações acerca dos problemas que afligiam as mulheres no mundo, endereçados aos representantes governamentais. Segundo Stromquist, com muita frequência esses documentos passaram a integrar as deliberações oficiais, influenciando a agenda internacional e a formatação de políticas de promoção dos direitos das mulheres (1996).

[33] A Convenção sobre a Eliminação de Todas as Formas de Discriminação contra as Mulheres foi assinada pelo Brasil em 31 de março de 1981 e ratificada, com reservas aos seus artigos 15, parágrafo 4º, e 16, parágrafo 1º, alíneas a), c), g) e h). Tais reservadas foram, no entanto, retiradas em 20 de dezembro de 1994.

Como grande parte das reservas exprime discordância com a igualdade de direitos no casamento e na família, percebe-se "o quanto a implementação dos direitos humanos das mulheres está condicionada à dicotomia entre os espaços público e privado, que, em muitas sociedades, confina a mulher ao espaço exclusivamente doméstico da casa e da família." (PIOVESAN, 2012, p. 76).

Ao romper essa divisão estanque de arenas, a CEDAW engendrou uma nova gramática aos direitos humanos, onde a enunciação formal de direitos, que já estipula uma obrigação negativa de não discriminação, faz-se acompanhar da obrigação positiva e vinculante de os Estados-Partes implementarem medidas concretas de ordem legal, política e programática para assegurar a equidade de gênero, tanto na esfera pública quanto privada. (GONÇALVES, 2013).

Nesses termos, definindo a discriminação como toda e qualquer distinção, exclusão ou restrição baseada no sexo que vise a prejudicar ou anular o reconhecimento, gozo ou exercício de direitos humanos e liberdades fundamentais pelas mulheres, a CEDAW dedicou 16 de seus dispositivos à declaração dos direitos das mulheres, bem como traçou um parâmetro mínimo às ações governamentais de promoção de seus preceitos e de repressão a eventuais transgressões. Por inexistir no texto referência explícita à violência, o Comitê CEDAW, órgão responsável pelo monitoramento da implementação de seus comandos normativos, editou a Recomendação Geral n. 19, de 29 de janeiro de 1992, que, numa interpretação teleológica da norma, considerou a violência uma forma aguda de discriminação das mulheres que inibe seriamente o exercício de seus direitos e liberdades.

À CEDAW seguiram-se duas Conferências Mundiais sobre as Mulheres, em Copenhague (Dinamarca, 1980) e Nairóbi (Quênia, 1985). O último encontro, em clara aproximação ao movimento feminista de terceira onda, culminou com a edição das "Estratégias Prospectivas de Nairóbi para o Avanço das Mulheres", de cunho bastante inovador, ao prescrever ações específicas a grupos especialmente vulneráveis de mulheres, como idosas, refugiadas, imigrantes, indígenas e vítimas de violência[34], e

---

[34] Souza ressalta que o documento reconhece que a situação das mulheres não é homogênea, mas resultado de múltiplas relações de poder. Logo, as diferenças, lastreadas na geração,

DIREITOS DAS MULHERES

ao recomendar a adoção de um conjunto de medidas destinadas à efetiva implementação da CEDAW e ao combate da violência.[35]

As tentativas de ampliar o compromisso da comunidade internacional para erradicar a violência contra as mulheres fortaleceram-se no último decênio do século XX, com a priorização de uma "Agenda Social", marcada pelo protagonismo crescente de atores do domínio social (LINDGREN ALVES, 1996). Durante a Conferência Mundial de Direitos Humanos de Viena (Áustria, 1993), ainda que nenhuma referência tenha sido registrada nos documentos preparatórios, segundo anota Azambuja e Nogueira (2012), a forte pressão dos numerosos ativistas pelos direitos das mulheres foi determinante para que o texto final da Declaração e Plano de Ação enunciasse: "os direitos humanos das mulheres e das meninas são inalienáveis e constituem parte integrante e indivisível dos direitos humanos universais".

Além de reconhecer, pela primeira vez, taxativamente, que os direitos das mulheres são direitos humanos (SOUZA, 2012), o documento, firmado por 171 Estados, inova ao repudiar não mais a mera discriminação mas a violência e todas as formas de abuso e exploração sexual incompatíveis com a dignidade e o valor da pessoa humana, conclamando seus subscritores a empreenderem os máximos esforços para sua erradicação.

Sob os efeitos das discussões que permearam a Declaração de Viena, foi aprovada, por meio da Resolução n. 48/104, de 20 de dezembro de 1993, pela Assembleia-Geral da ONU, a Declaração para Eliminação da

---

raça, etnia, classe social, nacionalidade, etc., aliadas ao gênero, inibem, em maior ou menor grau, a fruição de direitos por cada mulher. "O paradigma igualitário não questiona a criação de categorias discriminatórias e não problematiza a percepção da diferença como constitutiva dessa mesma diferença, mas nos faz ter uma visão unidimensional das pessoas, impedindo que percebamos discriminações múltiplas" (2012, p. 34).

[35] A título de exemplo, o parágrafo 288 do documento compele os Estados a "intensificar os esforços para estabelecer ou reforçar formas de assistência às vítimas dessa violência através da provisão de abrigo, apoio, serviços jurídicos e outros. Além da assistência imediata às vítimas de violência contra a mulher na família e na sociedade, os governos devem comprometer-se a aumentar a conscientização pública sobre a violência contra as mulheres como problema social, estabelecer políticas e medidas legislativas para determinar suas causas e prevenir e eliminar essa violência. Nomeadamente suprimindo imagens degradantes e representações das mulheres na sociedade e, finalmente, encorajar o desenvolvimento de medidas educativas e reeducativas para os infratores."

Violência contra as Mulheres (DEVAW). Embora seja o primeiro documento internacional específico sobre violência e o primeiro a assumi-la como uma questão de gênero, isto é, como uma "manifestação de relações de poder historicamente desiguais entre homens e mulheres e um dos mecanismos sociais fundamentais através dos quais as mulheres são forçadas a assumir uma posição de subordinação em relação aos homens", a DEVAW – por sua própria natureza jurídica de declaração – não é dotada de força normativa vinculante, de modo que o descumprimento das obrigações assentidas pelos Estados não gera sua responsabilização pelo sistema de monitoramento dos direitos humanos.[36] Porém, sua edição repercutiu nos fóruns de discussão internacionais e motivou os sistemas regionais de proteção dos direitos humanos a normatizarem o enfrentamento da violência.

A partir daí e com maior ênfase, as desigualdades de gênero em geral e a violência em particular passaram a integrar as discussões de diversas conferências mundiais[37], demonstrando a transversalidade do tema e seu profundo e inafastável impacto sobre a "Agenda Social". Dentre elas, destaca-se a Conferência sobre População e Desenvolvimento (Cairo, 1994), que, prosseguindo nas discussões iniciadas na Rio 92, enfatizou a crucial importância da equidade de gênero, do empoderamento feminino e da erradicação da violência contra as mulheres para o desenvolvimento nacional, regional e internacional. Para Barsted e Hermann (1999), a articulação e postulação incisiva do movimento internacional de mulheres e do ativismo feminista foram decisivas para a introdução de um novo paradigma no debate sobre população, deslocando-o do crescimento demográfico para o campo da efetivação dos direitos humanos. Assim, por considerar a plena fruição de direitos e a ampliação da autonomia das mulheres como fatores determinantes para o progresso econômico

---

[36] Face a ausência de coercitividade normativa, deixar-se-á de abordar seus preceitos de forma pormenorizada, sugerindo-se a leitura de KING, Anna. *UN Declaration on the Elimination of Violence against Women*, 2019.

[37] Como a Conferência sobre Meio Ambiente e Desenvolvimento (Rio, 1992), a Conferência Internacional sobre População e Desenvolvimento (Cairo, 1994), a Cúpula Mundial sobre Desenvolvimento Social (Copenhague, 1995) e II Conferência sobre Assentamentos Humanos (Habitat-II, Istambul, 1996). (AZAMBUJA; NOGUEIRA, 2012; PRÁ; EPPING, 2017.)

DIREITOS DAS MULHERES

e social dos países, a Plataforma do Cairo insere, de forma pioneira e implícita no autocontrole da fecundidade e na liberdade de escolha do número e do espaçamento de filhos, os direitos reprodutivos ao catálogo dos direitos humanos das mulheres (LINDGREN ALVES, 1996).

No ano seguinte, foi realizada a IV Conferência Mundial sobre as Mulheres em Pequim/Beijing (China, 1995). Com recorde de participação da sociedade civil[38] e, portanto, multiplicidade de agentes, a conferência foi permeada por discursos conservadores de governos, de grupos religiosos e fundamentalistas e da mídia, envolvendo o gênero num conflito ideológico e subversivo (AMÂNCIO, 2003). Os efeitos do *backlash*, que incorporavam o conceito num "projeto de politização das relações entre homens e mulheres e recusavam qualquer explicação de ordem estrutural para as condições das mulheres no mundo" (BADEN; GOETZ, 1997), podem ser aferidos na ambiguidade do uso do termo no texto da Plataforma de Ação – utilizado, por vezes, como um substituto do sexo –, e na dificuldade de consenso para ratificação de direitos já declarados e para novos avanços em direção a direitos e estratégias essenciais à concretização da emancipação feminina. Sobre a questão, exemplificam Azambuja e Nogueira:

> É o caso, por exemplo, da *Plataforma de Ação de Pequim*, onde não se conseguiu inserir toda a *agreed language* já presente na Conferência do Cairo, constituindo um retrocesso. Também em detrimento da Declaração de Viena, foi extremamente difícil conseguir que a Plataforma de Pequim afirmasse que os *direitos das mulheres são direitos humanos*. Do mesmo modo, devido à pressão de ultraconservadores de várias orientações religiosas, foi extremamente

[38] Desde a criação das Conferências Mundiais sobre as Mulheres, as organizações não governamentais (ONGs) têm participado ativamente das discussões e pressionado, vigorosamente, os Estados-Membros por avanços dos direitos das mulheres na arena internacional. Registra-se que o fórum da sociedade civil, paralelo ao realizado na I Conferência Mundial sobre Mulheres (Cidade do México, 1975), reuniu 6.000 (seis mil) representantes de organizações não governamentais. Dez anos mais tarde, em Nairóbi (1985), este número ampliou-se para 15.000 (quinze mil) e, em Beijing, (1995) cerca de 30.000 (trinta mil) representantes de entidades não governamentais, na sua maioria mulheres, reuniram-se, tornando-o o maior fórum de mobilização então promovido pela ONU. (*The United Nations and The Advancement of Women*, 1996).

O DIREITO DAS MULHERES A UMA VIDA SEM VIOLÊNCIA...

difícil implantar tudo o que significasse a subtração das mulheres do jugo do casamento e da família ou qualquer alusão a direitos sexuais e reprodutivos. [...] Foi assim também que, em 2000, o texto sobre as *Iniciativas e Ações Futuras (Pequim+5)* simplesmente repeti[u] parágrafos inteiros da Plataforma de Ação de Pequim. (2008, p. 105, grifo original).

Malgrado as resistências, o legado dessa Conferência é incontroverso (LOPES, 2005; ROSEIRA, 2005). Para o movimento de mulheres, o encontro com vozes dissidentes demandou maior refinamento da articulação e da ocupação desses espaços decisórios, por meio da instituição de uma agenda política especificamente vocacionada ao diálogo e à negociação com entes governamentais e com outros atores da sociedade civil (PRÁ; EPPING, 2012). Para a pauta de direitos, a Plataforma de Pequim, ao definir 12 áreas de atuação prioritária, constitui um guia abrangente e estratégico para aperfeiçoamento de marcos legais, formulação de políticas públicas e execução de programas de diagnóstico e combate às desigualdades de gênero[39] (ROSEIRA, 2005; AZAMBUJA; NOGUEIRA, 2008).

A fim de reiterar a tônica das estratégias fixadas nas Conferências de Viena e do Cairo, nos compromissos e nas recomendações de Nairóbi e Copenhague, na Plataforma de Ação de Pequim e na CEDAW e de dar seguimento à evolução qualitativa no tratamento dos direitos humanos e da cidadania feminina, foram ainda realizadas, no âmbito do sistema global, as conferências de Pequim+5, Pequim+10, Pequim+15 e Pequim+20,

---

[39] O documento referencia doze áreas de especial atenção, a saber: "(1) a pobreza; (2) as desigualdades na educação e formação profissional; (3) as desigualdades e inadequações no acesso aos cuidados de saúde; (4) a violência contra as mulheres; (5) a desigualdade nas estruturas políticas e econômicas; (6) os efeitos dos conflitos armados e outros sobre as mulheres; (7) as desigualdades na partilha de poder e tomada de decisão; (8) a insuficiência dos mecanismos para promover o progresso das mulheres; (9) o desrespeito, a inadequada promoção e proteção dos direitos humanos das mulheres; (10) a estereotipação das mulheres, a desigualdade no acesso e na participação em todos os sistemas de comunicação; (11) as desigualdades de gênero na gestão dos recursos naturais e defesa do meio ambiente e (12) a discriminação persistente contra as adolescentes e a violação de seus direitos. Para cada uma dessas áreas, foram propostos objetivos estratégicos e medidas específicas para atingi-los, dando-se especial atenção aos grupos mais vulneráveis em cada um desses aspectos." (AZAMBUJA; NOGUEIRA, 2008, p. 105-106)

DIREITOS DAS MULHERES

bem como acordada a Agenda 2030, que, revisando as metas do milênio (2000), instituiu como um dos Objetivos de Desenvolvimento Sustentável (ODS) o alcance da equidade de gênero e o empoderamento de todas as mulheres e meninas no planeta (Objetivo Global n. 5), exigindo de seus signatários máximos esforços para debelar todas as formas de discriminação e de violência ainda perpetradas contra o segmento feminino nas esferas pública e privada, domínio majoritário dessa espécie particular de atentados.

3. O direito das mulheres a uma vida sem violência: contributos da Convenção de Belém do Pará

Paralelamente ao sistema global, o sistema interamericano de proteção dos direitos humanos (SIPDH) é igualmente provocado pela militância feminista, a partir da década de 1970, para responder aos graves atentados à dignidade das mulheres, em especial à violência que historicamente lhes foi endereçada nesta porção do globo[40]. Assim, após séculos de agressões, que "marcaram as mulheres 'dos ossos aos miolos' e oneraram profundamente sua subjetividade (LEON, 1992, p. 5), e sob intensa pressão do movimento de mulheres, é pactuada, em 6 de junho de 1994, a Convenção Interamericana para Prevenir, Punir e Erradicar a Violência contra a Mulher, conhecida como Convenção de Belém do Pará (CBP), que conferiu especificidade à proteção geral estatuída pelo Pacto de São José da Costa Rica e Protocolo de São Salvador[41].

---

[40] Segundo dados do Observatório para Igualdade de Gênero da Comissão Econômica para América Latina e Caribe (CEPAL, 2018), 14 países da América Latina e Caribe estão entre as 25 nações com maior taxa de feminicídio no mundo, o que faz o continente ocupar o primeiro lugar e o Brasil a quinta posição no *ranking* mundial de feminicídios (taxa por cada 100 mil mulheres). Em números absolutos, contudo, o Brasil ostenta a vexatória liderança de mulheres assassinadas por razões de gênero (1.206 no ano de 2018) na região. Disponível em < https://oig.cepal.org/pt/indicadores/feminicidio-ou-femicidio > . Acesso em 20 nov. 2019.

[41] Instrumentos que tutelam, no âmbito da Organização do Estados Americanos (OEA), os direitos civis e políticos e os direitos sociais, econômicos e culturais, respectivamente, no continente americano.

O DIREITO DAS MULHERES A UMA VIDA SEM VIOLÊNCIA...

Ratificada por 32 países da região, incluindo o Brasil[42], a Convenção de Belém do Pará avança em relação à definição formulada pela DEVAW[43], refinando seu texto e fazendo clara referência ao feminicídio, expressão mais extrema desse flagelo, ao conceituar a violência como: "qualquer ato ou conduta baseada no gênero, que cause morte, dano ou sofrimento físico, sexual ou psicológico à mulher, tanto na esfera pública como na esfera privada" (artigo 1º), albergando nesta tipologia qualquer prática atentatória

a) ocorrida no âmbito da família ou unidade doméstica ou em qualquer relação interpessoal, quer o agressor compartilhe, tenha compartilhado ou não a sua residência, incluindo-se, entre outras formas, o estupro, maus-tratos e abuso sexual;

b) ocorrida na comunidade e cometida por qualquer pessoa, incluindo, entre outras formas, o estupro, abuso sexual, tortura, tráfico de mulheres, prostituição forçada, sequestro e assédio sexual no local de trabalho, bem como em instituições educacionais, serviços de saúde ou qualquer outro local; e

c) perpetrada ou tolerada pelo Estado ou seus agentes, onde quer que ocorra. (artigo 2º)

Em atenção à pluralidade de suas manifestações e à extensão de seu *locus* de ocorrência, a violência é, então, compreendida não como uma aberração ou um desvario episódico, mas como a face perversa e consequente de um processo estrutural de opressão fortemente arraigado na cultura patriarcal americana. Logo, se "a igualdade não pode ser assimilada como o direito de ser livre de tratamento sem consideração de sexo, mas como o direito de ser livre de uma subordinação sistemática edificada em razão do sexo" (CHARLESWORTH; CHINKIN; WRIGHT, 1991,

---

[42] O Brasil ratificou os termos do tratado em 27 de novembro de 1995, promulgando-o por meio do Decreto n. 1.973, de 01 de agosto de 1996.

[43] "Para os fins da presente Declaração, a expressão 'violência contra as mulheres' significa qualquer ato de violência baseado no género do qual resulte, ou possa resultar, dano ou sofrimento físico, sexual ou psicológico para as mulheres, incluindo as ameaças de tais atos, a coação ou a privação arbitrária de liberdade, que ocorra, quer na vida pública, quer na vida privada". (artigo 1º)

DIREITOS DAS MULHERES

p. 632), não é por acaso, portanto, que a concepção material da igualdade se projeta sobre o dever estatal de proteger segmentos socialmente vulneráveis dos padrões específicos de violência que os afetam[44], porquanto "tais práticas são resultados de padrões de discriminação e de relações assimétricas de poder na sociedade, que em muito contribuem para reprodução e reforço das desigualdades de ordem social, cultural e política." (ABRAMOVICH, 2010, p. 171).

Nessa ordem de ideias e em meio a um amplo rol exemplificativo de direitos[45], a Convenção consagra textualmente o direito das mulheres a uma vida livre de violência, assim entendido como o direito a ser livre de todas as formas de discriminação e de violência e a ser valorizada e educada livre de padrões estereotipados de comportamento e de costumes sociais e culturais baseados na noção de inferioridade ou subordinação feminina.

Ao consolidar esse direito, registrado de maneira pulverizada e assistematizada nos compromissos assentados nos diversos documentos resultantes das conferências gerais e exclusivas sobre as mulheres e conceitualmente reduzida na CEDAW, a Convenção de Belém do Pará reforça a nova gramática aos direitos humanos principiada por esse último tratado, ao tornar público um problema antes relegado ao ambiente privado, na exata medida em que convoca os Estados a abandonarem a neutralidade, uma vez que a realidade é especificada pelo gênero, de sorte a envidar reais esforços para dotar de urgente e especial proteção as mulheres, enquanto

---

[44] "Os Estados são obrigados a adotar medidas positivas para reverter ou modificar padrões discriminatórios existentes em sua sociedade que prejudicam um grupo específico de pessoas. Isso implica o exercício pelo Estado de uma obrigação especial de proteção em relação às ações e práticas de terceiros, que, com sua aquiescência ou tolerância, criam, mantêm ou facilitam situações discriminatórias." (CORTE IDH, 2017, parágrafo 65. Tradução da autora).

[45] A CBP expressamente tutela e demanda que os Estados contratantes assegurem o direito das mulheres: a) à vida; b) à integridade física, mental e moral; c) à liberdade e segurança pessoais; d) de não ser submetida à tortura; e) à dignidade inerente a sua pessoa e à proteção de sua família; f) à igual proteção perante a lei e da lei; g) a recurso simples e rápido perante tribunal competente que a proteja contra atos que violem seus direitos; h) à livre associação; i) à liberdade de professar a própria religião e as próprias crenças, de acordo com a lei; j) à igualdade de acesso às funções públicas de seu país e a participar nos assuntos públicos, inclusive na tomada de decisões. (artigos 4º e 6º).

O DIREITO DAS MULHERES A UMA VIDA SEM VIOLÊNCIA...

grupo especialmente atingido pelos processos históricos e estruturais de discriminação e violência (SAFFIOTI, 2011). Noutras palavras, mais do que declarar direitos, numa perspectiva formal de igualdade, a CBP compele a reformulação da agenda estatal para que sejam removidos todos os obstáculos inibidores da emancipação feminina e, primordialmente, todos os elementos – políticos, jurídicos, sociais e culturais – que embaraçam o alcance substantivo da igualdade e, em razão disso, o gozo de uma vida livre de violência.

Assim, ao aderir ao tratado, tanto o Brasil como os demais países signatários além de expressamente manifestarem seu repúdio a todas as formas de violência contra as mulheres, assumiram, cada qual e todos, obrigações objetivas e vinculantes, perante a comunidade internacional, de concretizar os altos propósitos que são a própria razão de ser da Convenção: prevenir, punir e erradicar essa forma específica de vulneração de direitos. Para tanto, em seu artigo 7º, a CBP fixou o dever de incorporar na sua legislação interna normas penais, civis, administrativas e de outra natureza (parágrafo terceiro) e de implementar todas as medidas adequadas, inclusive legislativas, para modificar ou abolir leis e regulamentos vigentes ou modificar práticas jurídicas ou consuetudinárias que respaldem a persistência e a tolerância da violência de gênero (parágrafo quinto); de agir com o devido zelo para prevenir, investigar e punir condutas atentatórias à dignidade das mulheres (parágrafo segundo), inclusive mediante criação de procedimentos jurídicos eficazes que garantam medidas de proteção, juízo oportuno e efetivo acesso a tais processos às vítimas (parágrafo sexto); bem como lhes assegurem a obtenção de justa reparação e outros meios de compensação em razão das ofensas experimentadas (parágrafo sétimo).

Contudo, para além das obrigações repressivo-punitivas, a Convenção acrescenta ao catálogo de deveres dos Estados-Partes a implementação progressiva de um conjunto de ações especialmente engendradas para repercutir sobre os alicerces da violência e da discriminação sustentada pelo gênero:

a) promover o conhecimento e a observância do direito da mulher a uma vida livre de violência e o direito da mulher a que se respeitem e protejam seus direitos humanos;

DIREITOS DAS MULHERES

b) modificar os padrões sociais e culturais de conduta de homens e mulheres, inclusive a formulação de programas formais e não formais adequados a todos os níveis do processo educacional, a fim de combater preconceitos e costumes e todas as outras práticas baseadas na premissa da inferioridade ou superioridade de qualquer dos gêneros ou nos papéis estereotipados para o homem e a mulher, que legitimem ou exacerbem a violência contra a mulher;

c) promover a educação e treinamento de todo o pessoal judiciário e policial e demais funcionários responsáveis pela aplicação da lei, bem como do pessoal encarregado da implementação de políticas de prevenção, punição e erradicação da violência contra a mulher;

d) prestar serviços especializados apropriados à mulher sujeitada a violência, por intermédio de entidades dos setores público e privado, inclusive abrigos, serviços de orientação familiar, quando for o caso, e atendimento e custódia dos menores afetados;

e) promover e apoiar programas de educação governamentais e privados, destinados a conscientizar o público para os problemas da violência contra a mulher, recursos jurídicos e reparação relacionados com essa violência;

f) proporcionar à mulher sujeitada a violência acesso a programas eficazes de reabilitação e treinamento que lhe permitam participar plenamente da vida pública, privada e social;

g) incentivar os meios de comunicação a que formulem diretrizes adequadas de divulgação, que contribuam para a erradicação da violência contra a mulher em todas as suas formas e enalteçam o respeito pela dignidade da mulher;

h) assegurar a pesquisa e coleta de estatísticas e outras informações relevantes concernentes às causas, consequências e frequência da violência contra a mulher, a fim de avaliar a eficiência das medidas tomadas para prevenir, punir e erradicar a violência contra a mulher, bem como formular e implementar as mudanças necessárias; e

i) promover a cooperação internacional para o intercâmbio de ideias e experiências, bem como a execução de programas destinados à proteção da mulher sujeitada a violência. (artigo 8º)

Ou seja, a Convenção objetiva não apenas fulminar a violência contra as mulheres e suas causas mas também estimular estratégias de promoção de equidade. Conjuga, pois, o repúdio à violência contra as mulheres com

O DIREITO DAS MULHERES A UMA VIDA SEM VIOLÊNCIA...

políticas afirmativas e compensatórias que visam a acelerar o processo de obtenção material de igualdade, inclusive para as chamadas identidades sobrenomeadas, remediando desvantagens históricas e minimizando os impactos de um passado discriminatório. Alia-se, assim, à vertente repressivo-punitiva o viés positivo-promocional (PIOVESAN, 2011), porquanto "qualquer libertação que não resulte em emancipação da mulher não será mais do que sombra do que poderia, de outra maneira, ser verdadeira libertação". (PIMENTEL, 1992, p. 133).

Com vistas a especializar o leque de proteção e atender às diversas intersecções do fenômeno da discriminação e, por consequência, da violência, que não se limita ao gênero, mas nele se amplifica[46], o sistema interamericano de proteção aos direitos humanos das mulheres também extrai comandos particulares de outros tratados regionais, como: Convenção Interamericana para Prevenir e Sancionar a Tortura; Convenção Interamericana sobre Desaparecimento Forçado de Pessoas; Convenção Interamericana para Eliminação de Todas as Formas de Discriminação contra Pessoas Portadoras de Deficiência; Convenção Interamericana contra o Racismo, a Discriminação Racial e Formas Correlatas de Intolerância[47] e Convenção Interamericana contra Toda Forma de Discriminação e Intolerância, documento que, pela primeira vez, condena textualmente a discriminação baseada na orientação sexual, identidade e expressão de gênero[48].

Conclusões

A partir desse resgate, possível concluir que os direitos humanos das mulheres são frutos do devir histórico, cujo curso não reflete uma linearidade. Ao revés, exprime trajetórias, entrelaçadas e dinâmicas, de resis-

---

[46] "Para a adoção das medidas a que se refere este capítulo, os Estados-Partes levarão especialmente em conta a situação da mulher vulnerável a violência por sua raça, origem étnica ou condição de migrante, de refugiada ou de deslocada, entre outros motivos. Também será considerada violência a mulher gestante, deficiente, menor, idosa ou em situação socioeconômica desfavorável, afetada por situações de conflito armado ou de privação da liberdade." (Artigo 9º).

[47] Nenhum país, até o presente momento, depositou sua ratificação ao tratado.

[48] Nenhum país, até o presente momento, depositou sua ratificação ao tratado.

DIREITOS DAS MULHERES

tência e luta por reconhecimento e emancipação, emersas da pluralidade e complexidade do movimento de mulheres e do(s) feminismo(s).

Ao longo desse passado recente, o ativismo de mulheres e feminista articulou-se em redes e capitalizou, nacional e internacionalmente, a defesa da dignidade feminina, impulsionando a positivação de determinados valores – como o direito das mulheres a uma vida sem violência – e a elaboração de uma agenda afirmativa no campo legal, político e programático, com vistas a acelerar o processo de alcance da equidade de gênero, tanto na esfera pública quanto privada.

Neste sentido, desse arcabouço de normas e compromissos internacionais apresentados, alguns aspectos merecem ser pontuados. O primeiro diz respeito ao consenso. Todos os documentos referidos, independentemente de sua natureza e valor, são produto da linguagem que se conseguiu acordar num determinado momento histórico. Daí, porque os diversos textos, construídos uns sobre os outros, ora repetem os termos fixados anteriormente, ora avançam em determinados aspectos e noutros até retrocedem em suas conquistas. (AZAMBUJA; NOGUEIRA, 2012). Logo, não se pode olvidar que a arena internacional longe está de um campo neutro e pacífico, tratando-se de espaço próprio de contínua reinvindicação e luta, inclusive sobre os significados de gênero, que certamente é enriquecido pela democratização e pluralização das vozes na construção, interpretação e aplicação desses marcos normativos.

O que leva ao segundo ponto: a importância indiscutível do movimento de mulheres e do ativismo feminista, em todo o seu pluralismo, na inscrição histórica dos direitos humanos das mulheres. Os movimentos impulsionaram a normatividade internacional para além do princípio da não discriminação, inserindo a gramática da diferença, da inclusão e da emancipação aos direitos humanos. Moveram as fronteiras do escrutínio estatal e supraestatal, expondo as violações de direitos que ocorrem no domínio doméstico e que, por muito tempo, a comunidade internacional se recusou a enxergar e a debelar. Pressionaram os ordenamentos domésticos a incorporarem comandos específicos à proteção das mulheres, sem descurar da necessidade de formulação de políticas públicas voltadas à transformação das estruturas locais de dominação. Com efeito, mais do que o reconhecimento dos direitos das mulheres como direitos humanos, o ativismo contribuiu para a ressignificação do direito internacional sobre bases não patriarcais (SOUZA, 2012).

Contudo, a persistência de índices alarmantes de violência contra as mulheres na última década em todas as partes do planeta e o recente crescimento de uma cruzada reacionária, fundamentalista e transnacional engajada numa retórica "antigênero" impelem que a sociedade e, em especial, as mulheres permaneçam atentas, organizadas e mobilizadas para desconstruir práticas discursivas, muros mentais e hábitos sociais que, numa perspectiva essencialista e biologizante, condicionam comportamentos identitários e alimentam estereótipos discriminatórios e, por conseguinte, a violência por razões de gênero, a fim de que a estratégia de promoção dos direitos humanos não opere de forma meramente cosmética ou alegórica, mas seja uma verdadeira plataforma de ruptura de paradigmas e emancipação, garantindo às mulheres um concreto espectro de proteção e autonomia para que, finalmente, desfrutem de uma vida livre de violência.

Não há dúvidas de que há ainda muito a avançar em termos de produção normativa, notadamente no campo dos direitos sexuais e reprodutivos, e, sobretudo, em mecanismos de garantia e efetivação direitos humanos, de modo que a ação do movimento de mulheres e feminista mantém-se fundamental nesta caminhada, que, longe de ser uma marcha triunfal, é feita passo a passo e, preferencialmente, numa alusão a Lopes (2005), com dois passos à frente e nenhum para trás.

Referências

ABRAMOVICH, Victor. Responsabilidad estatal por violência de género: comentários sobre el caso 'Campo Algodonero' de la Corte Interamericana de Derechos Humanos. **Anuário de Derechos Humanos**. Centro de Derechos Humanos de la Facultad de Derecho, Universidad de Chile, 2010. p. 167-182.

AMÂNCIO, Lígia. O género no discurso das ciências sociais. **Análise Social**, Lisboa, v. , n. 168, p.687-714, 2003.

AZAMBUJA, Maria Porto Ruwer; NOGUEIRA, Conceição. Introdução à violência contra as mulheres como um problema de direitos humanos e de saúde pública. **Saúde e Sociedade**, São Paulo, v. 17, n. 3, p 101-112, jan. 2008.

BEAUVOIR, Simone de. **O segundo sexo**: a experiência vivida. Tradução Sergio Milliet. 3 ed. Rio de Janeiro: Nova Fronteira, v. 2, 2016.

BOBBIO, Norberto. **A era dos direitos**. Rio de Janeiro: Elsevier, 2004.

BOUTROS-GHALI, Boutros. Introduction. In: **The United Nations and the Advancement of Women – 1945-1996**. New York: The United Nations Blue Book Series, 1996.

CHARLESWORTH, Hilary; CHINKIN, Christine; WRIGHT, Shelley. Feminist approaches to international law. **American Society of International Law**, Washington, v. 85, n. 4, p. 613-645, out. 1991.

CHINKIN, Christine. Violence against women: The international legal response. **Gender And Development,** Oxfordshire, v. 3, n. 2, p. 23-28, jun. 1995.

CIPRIANI, Marcelli. Dos confrontos formais aos informais: desconstrução de papéis de gênero e representatividade feminina como instrumentos de equidade no campo do direito. In: GOSTINSKI, Aline; MARTINS, Fernanda (Org.). **Estudos feministas:** por um direito menos machista. Florianópolis: Empório do Direito, 2016. Cap.7. p. 103-122.

COOMARASWAMY, Radhika. Reinventing international law: Women's rights as human rights in the international community. **Commonweath Law Bulletin,** Londres, v. 3, n. 23, p. 1249-1262, 1997.

COOK, Rebecca J.. Reservations to the Convention on the Elimination of All Forms of Discrimination against Women. **Virginia Journal of International Law,** Charlottesville, v. 30, n. 643, p.660-663, 1990.

CORTE INTERAMERICANA DE DIREITOS HUMANOS. **Opinião Consultiva n. 24/17**. Opinião de 24 de novembro de 2017, Série A, n. 24.

FACIO, Alda. Sexismo no Direito dos direitos humanos. In: PIMENTEL, Silvia (Org.). **Mulher e direitos humanos na América Latina.** São Paulo: Cladem, 1992. p. 17-38.

FLORES, Joaquin Herrera. **Los Derechos Humanos como productos culturales**. Crítica del humanism abstrato. Madrid: Ed. Los libros de la Catarata, 2005.

GAUER, Ruth M. Chitoó. **A qualidade do tempo:** para além das aparências históricas. Rio de Janeiro: Lumen Juris, 2004.

GONÇALVES, Tamara Amoroso. **Direitos humanos das mulheres e a Comissão Interamericana de Direitos Humanos.** São Paulo: Saraiva, 2013.

JELIN, Elizabeth. Mulheres e direitos humanos. Tradução Irene Giambiagi. **Estudos Feministas,** Florianópolis, v. 2, n. 3, p. 117-149, jun. 1994.

O DIREITO DAS MULHERES A UMA VIDA SEM VIOLÊNCIA...

KARAWEJCZYK, Mônica. **As Filhas de Eva querem votar:** dos primórdios da questão à conquista do sufrágio feminino no Brasil (c.1850-1932). Porto Alegre, 2013. 332f. Doutorado, Instituto de Filosofia e Ciências Humanas, Universidade Federal do Rio Grande do Sul, 2013.

LAFER, Celso. **A reconstrução dos Direitos Humanos:** um diálogo com o pensamento de Hanna Arendt. São Paulo: Cia das Letras, 1988.

LINDGREN ALVES, José Augusto. A declaração dos direitos humanos na pós-modernidade. In: BOCAULT, Carlos Eduardo de Abreu; ARAÚJO, Nadia de (Org). **Os direitos humanos e o direito internacional.** Rio de Janeiro: Renovar, 1999.

___. A Agenda Social da ONU contra a desrazão "pós-moderna". **Revista Brasileira de Ciências Sociais: ANPOCS,** ano 11, n. 30. p. 63-82, fev. 1996.

LOPES, C. B.. Direitos humanos das mulheres: dois passos à frente, um passo atrás. In: RODRIGUES, A. M. *et al.* (Org.). **Direitos humanos das mulheres.** Coimbra: Coimbra Ed., 2005. p. 157-170.

LORBER, Judith. **Gender inequality:** feminist theories and politics. Los Angeles: Roxbury, 2005.

MADALENA, Samantha Ribas Teixeira. O feminismo no século XXI: Crise, perspectivas e desafios jurídico-sociais para mulheres brasileiras. In: GOSTINSKI, Aline; MARTINS, Fernanda (Org.). **Estudos feministas:** por um direito menos machista. Florianópolis: Empório do Direito, 2016. Cap. 8. p. 123-147.

MARCON, Chimelly Louise de Resenes. **"Já que viver é [ser e] livre":** a devida diligência como standard de proteção dos direitos humanos das mulheres a uma vida sem violência. Rio de Janeiro: Lumen Juris, 2018.

MARTINS, Ana Paula. O Sujeito "nas ondas" do feminismo e o lugar do corpo na contemporaneidade. **Revista Café com Sociologia,** Maceió, v. 4, n. 1, p. 231-245, jan/abr. 2015. p. 234.

ORGANIZAÇÃO DAS NAÇÕES UNIDAS. **The United Nations and The Advancement of Women – 1945-1996.** The United Nations Blue Books Series, vol. VI, New York: United Nations Publication, 1996.

___. **World's Women,** 2015. Disponível em: <https://unstats.un.org/unsd/gender/worldswomen.html>. Acesso em: 10 fev. 2017.

PANIKKAR, Raimundo. Seria a noção de direitos humanos um conceito ocidental? In: BALDI, César (Org). **Direitos Humanos na Sociedade Cosmopolita.** Rio de Janeiro: Editora Renovar, 2004.

PRÁ, Jussara Reis; EPPING, Léa. Cidadania e feminismo no reconhecimento dos direitos humanos das mulheres. **Estudos Feministas,** Florianópolis, v. 1, n. 20, p.33-51, abr. 2012.

PIMENTEL, Silvia. A mulher e os direitos humanos. In: PIMENTEL, Silvia (Org.). **Mulher e direitos humanos na América Latina.** São Paulo: Cladem, 1992. p. 127-154.

PIOVESAN, Flávia. A proteção internacional dos direitos humanos das mulheres. **Revista EMERJ,** Rio de Janeiro, v. 15, n. 57, p. 70-89, mar. 2012.

____. Direitos Humanos e o Direito Constitucional Internacional. 16. ed. São Paulo: Saraiva, 2016.

____; IKAWA, Daniela. A violência doméstica contra a mulher e a proteção dos direitos humanos. In: GONÇALVES, Marialice Dias (Org.). **Direitos humanos no cotidiano jurídico.** São Paulo: Centro de estudos da Procuradoria-Geral do Estado, 2004.

ROMANY, Celina. Women as *Aliens*: A feminist critique of the public/private distinction in International Human Rights Law. **Harvard Human Rights Journal,** New York, v. 6, n. 87, p. 87-125, jun. 1993.

ROSEIRA, M. B. Plataforma de Pequim. In: RODRIGUES. A. M. et al. (Org.). **Direitos humanos das mulheres.** Coimbra: Coimbra Ed., 2005. p. 93-110.

SAFFIOTI, Heleieth I. B.. **Gênero, patriarcado, violência.** 2. ed. São Paulo: Fundação Perseu-Abramo, 2011.

SCOTT, Joan. **A cidadã paradoxal:** as feministas francesas e os direitos do homem. Tradução Élvio Antônio Funck. Florianópolis: Editora Mulheres, 2002.

SEGATO, Rita Laura. Antropologia e direitos humanos: alteridade e ética no movimento de expansão dos direitos universais. **Mana – Estudos de Antropologia Social,** v. 12, n. 1, abr. 2006.

SOIHET, Rachel. Violência simbólica: saberes masculinos e representações femininas. **Revista Estudos Feministas,** Rio de Janeiro, v. 1, n. 5, p. 7-30, jan. 1997.

SOUZA, Luanna Tomaz de. Direitos humanos das mulheres e controle da atividade estatal: o caso Maria da Penha. **Gênero na Amazônia,** Belém, n. 2, p. 29-56, dez. 2012. p. 31.

STROMQUIST, Nelly P. Políticas públicas de Estado e equidade de gênero. Perspectivas comparativas. **Revista Brasileira de Educação,** n. 1, v. 1, p. 27-49, jan/abr. 1996.

WALLERSTEIN, Immanuel. **O sistema mundial moderno.** Cidade do Porto: Edições Afrontamento, 1990.

3. A Ideologia Patriarcal como Fator de Reprodução da Violência

VALDEREZ DEUSDEDIT ABBUD

Não é possível ingressar no tema – Violência Doméstica contra a Mulher – sem antes fazer uma pequena digressão sobre a condição da mulher na sociedade brasileira. Para tanto, faz-se necessário recuperar conceitos e definições, como, por exemplo, o que é o feminismo.

Movimento político com origem na Europa como consequência dos ideais revolucionários da França, as mulheres despertaram para a importância da luta de retirá-las da condição de cidadã de segunda categoria, movimento que foi intensificado no século XIX, com a inserção da mulher no mercado de trabalho. Mas, sem dúvida, a extraordinária transformação do movimento seu deu a partir da publicação do livro "O Segundo Sexo", da escritora e filósofa Simone de Beauvoir que, com extrema coragem e desassombro, rompeu dogmas e tabus, enfrentando temas até então guardados no subterrâneo da alma feminina, destacando o corpo como centro da atenção das mulheres. Focalizando a importância da escritora na nova concepção sobre o feminismo, com sua habitual argúcia, destacou Zuleika Alambert: *"O sinal de partida foi dado pela escritora francesa Simone de Beauvoir em o seu livro O Segundo Sexo. Ele revolucionou profundamente a análise feminista da questão da mulher e propôs soluções radicais para o conflito entre sexos. Todo feminismo moderno teve origem nesse livro. Nesta obra, Simone de Beauvoir afirma rigorosamente sua convicção de que não é a natureza que limita os papéis femininos, mas um conjunto de preconceitos, costumes e leis arcaicas, de que as mulheres em geral são mais ou menos cúmplices. Por isso ela apela para o sentido de dignidade das mulheres, a que eliminem a subordinação de que são vítimas, a que não mais se iludam pensando encontrar – graças ao casamento – seu conforto e sua integração social"* (Feminismo: o ponto de vista marxista, São Paulo, Nobel, 1986, p. 81)

DIREITOS DAS MULHERES

Sob o ponto de vista marxista clássico, a emancipação das mulheres está ligada à luta de classes e não pode estar dissociada da ruptura do sistema capitalista de produção, "*O aparecimento do capitalismo se dá, pois, em condições extremamente adversas à mulher. No processo de individuação inaugurado pelo modo de produção capitalista, a mulher contaria com uma desvantagem social de dupla dimensão: no nível superestrutural, era tradicional uma subvalorização das capacidades femininas traduzidas em termos de mitos justificadores da supremacia masculina e, portanto, estrutural, à medida que se desenvolviam as forças produtivas, a mulher vinha sendo progressivamente marginalizada das funções produtivas, ou seja, perifericamente situada no sistema de produção*" (Cf. A mulher na Sociedade de Classes: Mito e Realidade, Heleieth I.B.Saffioti, 2ª ed. Ed.Vozes, 1979, p.35). Mas a autora vai além: "(...) *o único feminismo radical do ponto de vista político é o feminismo socialista, pois ser radical significa tomar as coisas pela raiz. Ainda que se concorde com a afirmação de Marx, de que a raiz das coisas é o homem, leva-se o raciocínio da estratégia de luta proposta um pouco mais adiante. O ser humano é, efetivamente, a raiz de todas as coisas, mas a raiz das desigualdades presentes nas sociedades regidas pelo patriarcado-racismo-capitalismo reside exatamente na já referida simbiose. Há, pois, que atacar impiedosamente essa fusão*" (Heleieth I.B.Saffioti, O Poder do Macho, Ed.Moderna, 1987, p.115).

Como o presente artigo não tem a pretensão de elaborar um estudo histórico sobre as origens do feminismo e suas várias conotações, mas tão somente despertar a reflexão sobre a atual condição da mulher, é possível trabalharmos com a singela definição de que feminismo, ao contrário do que muitos parecem supor, não é antônimo de machismo, mas tão somente a luta pela igualdade de condições entre homens e mulheres. Por esse conceito despretensioso, já se percebe que a luta não deve ser só de uma categoria, mas de todos aqueles que acreditam na igualdade entre homens e mulheres perante a lei. Ao mesmo tempo, o termo traduz um processo de luta que tem suas raízes fincadas no passado, que se constrói diariamente, aperfeiçoando-se dia a dia, sem ter um ponto preciso de chegada. A história da mulher está marcada por milênios de opressão e submissão.

Relegada a funções subalternas, a mulher iniciou a luta contra a dominação do macho, procurando superar as formas tradicionais da organização familiar, marcada pela assimetria e autoritarismo. Porém, se esta

A IDEOLOGIA PATRIARCAL COMO FATOR DE REPRODUÇÃO DA VIOLÊNCIA

é uma luta vitoriosa, ainda está muito longe de ter terminado. A história brasileira registra momentos muito importantes nessa caminhada de libertação e, sem dúvida, alguns deles contribuíram para conferir maior seriedade ao movimento, despertando a consciência coletiva para o fato de que a questão de gênero transcende ao feminino e diz respeito à própria noção de cidadania e constituição de uma sociedade mais justa.

Como uma das conquistas mais importantes, dentre outras, podemos destacar o movimento sufragista, que conferiu à mulher o direito de voto, dando-lhe a condição de cidadã. A primeira cidade a instituir o voto feminino no país foi Mossoró, no Estado do Rio Grande do Norte, em 1928. Após essa progressista iniciativa, o Governo Getúlio Vargas, em 1931,concedeu o direito de voto às mulheres solteiras, viúvas com renda própria ou casadas com autorização do marido. Entretanto, o movimento feminista não arrefeceu e persistiu na luta pela igualdade, até que, no ano seguinte (1932), o Presidente assinou o Decreto nº 21.076, por meio do qual foram considerados eleitores todo cidadão com mais de 21 anos, sem distinção de sexo, desde que alistados na forma da lei. Sem dúvida, o exercício deste poderoso instrumento político contribuiu para que a mulher passasse a ser o sujeito de sua própria história e não mais o objeto escrito e definido pelos seus opressores.

Outro importante momento que, embora não tenha tido origem no Brasil, teve reflexos significativos no fortalecimento da luta pela igualdade de gênero, foi o advento da pílula anticoncepcional, que permitiu à mulher se libertar de seu inexorável e irrevogável destino de mera reprodutora e pudesse ter na sexualidade a plenitude do prazer associada à opção pela maternidade. Sobre o tema, com sua peculiar lucidez, Zuleika Alambert destacou: *"Vivemos, portanto, tempos novos. As mulheres hoje podem ser respeitadas e valorizadas não porque são boas parideiras, e sim por tudo aquilo de bom e belo, além de fazer filhos, podem dar à humanidade, seja no campo do trabalho, das pesquisas científicas, do ensino, dos esportes, da literatura ou das artes. Aquelas que realmente estão interessados em contribuir teórica e praticamente para o êxito pleno da luta libertadora da mulher não podem continuar ignorando as transformações que vão ocorrendo em sua condição"* (Feminismo: o ponto de vista marxista, São Paulo, Nobel, 1986, p.112). E mais recentemente, a ciência, com a descoberta do exame de DNA para o fim de identificar a paternidade, contribuiu inegavelmente para o enfraquecimento de uma

DIREITOS DAS MULHERES

das bases do patriarcado. Não há dúvida de que a incerteza da paternidade inquietou os homens ao longo da história, gerando-se a necessidade de criação de mecanismos invisíveis para opressão da mulher, com a finalidade de garantir que a transmissão do nome e do patrimônio seria atribuída ao filho verdadeiro.

Com estas vitórias substanciais, o movimento feminista assume contornos de grande relevo social e, no Brasil, atinge o seu ápice com a promulgação da Constituição de 1988, que acolheu em seu seio a igualdade jurídica entre homens e mulheres. Acolheu, é verdade, não por concessão, mas por força da luta, da intensa luta popular e dos movimentos de mulheres espalhados pelo Brasil inteiro que pressionaram incansavelmente os legisladores, de modo que, se nem todas as garantias e direitos advindos da condição feminina foram acolhidos na lei fundamental, não há como deixar de reconhecer o grande avanço de que ela se revestiu.

Mas está longe de ser exato que a mulher tenha atingido, na vida real, a igualdade concebida pela lei. Essa conclusão se extrai, sem muito esforço, de uma superficial análise da condição da mulher no mercado de trabalho que, embora exercendo as mesmas funções que o homem, percebe salário inferior; da dupla jornada de trabalho; da discriminação abusiva nas relações sociais e, sobretudo, da situação de subalternidade nas relações afetivas que a torna a vítima principal da violência, uma das maiores chagas que a sociedade contemporânea suporta.

A violência contra a mulher envolve relações de subordinação e dominação e, não raro, o episódio agudo de fúria integra uma situação crônica de humilhação cotidiana, que aos poucos desmonta a defesa da vítima privando-a com frequência até mesmo do ânimo para pedir ajuda. As agressões físicas e psicológicas têm um efeito devastador sobre a autoestima da mulher, gerando um sentimento de vergonha e impotência, que se associa ao receio de reencontrar o agressor e de passar por tudo de novo. Trata-se de uma das maiores feridas que a sociedade suporta, de custo social muito elevado, pois, como se sabe, crianças e adolescentes que convivem com o clima de agressão dentro do lar acabam por banalizar a violência, tornando-se indiferentes aos direitos fundamentais da pessoa humana, circunstâncias que, sem dúvida, constituem um dos fatores que geram violência social.

A IDEOLOGIA PATRIARCAL COMO FATOR DE REPRODUÇÃO DA VIOLÊNCIA

Registre-se que a primeira iniciativa importante visando ao combate deste deletério crime se deu no Estado de São Paulo, no inicio do Governo Montoro, quando foram criados o Conselho Estadual da Condição Feminina (1983) e as Delegacias da Mulher (1985 Decreto Nº 23.769/85.2), numa clara demonstração de que o combate à violência contra a mulher fazia parte da agenda do primeiro governo democrático eleito pelo povo após sombrios anos de ditadura. Mas, na época, a iniciativa não foi muito bem recepcionada, gerando a mais cruel das reações: o silêncio e a omissão. Sim, os distritos permaneceram longos anos sem estrutura e seus funcionários, dolosamente despreparados para tratar tão grave fenômeno –, encaravam a violência como decorrência natural da condição feminina. E essa situação ficou mais escancarada com a promulgação da Lei nº 9.099/95, que reduziu a violência doméstica à categoria de delito de menor potencial ofensivo, comparando o espancamento da mulher a uma briga de bar. Vários anos se passaram sem que nenhuma inovação nesse tema surgisse, até que, em agosto de 2004, foi promulgada a Lei nº 10.884, que definiu a violência doméstica como um tipo penal autônomo, introduzindo os parágrafos 9º e 10, ao artigo 129, do Código Penal que, no entanto, não corrigiu a distorção inicial, visto que referida lei, mesmo aumentando a pena mínima cominada à nova figura penal, não retirou do delito o seu caráter de menor potencial ofensivo, pois, tal qual a anterior, a pena imposta a este novo crime (seis meses a um ano de detenção) não alterou o tratamento punitivo até então dispensado, mantendo a violência doméstica, na qual se incluiu a exercida contra a mulher, no rol dos delitos de menor potencial ofensivo.

A despeito dessas alterações legais, as agressões e os homicídios contra mulher se repetiam numa escala alarmante, até que, no ano de 2006, mercê da luta incessante da farmacêutica Maria da Penha Maia Fernandes, vítima – por duas vezes –, de tentativa de homicídio praticada pelo marido, foi promulgada a Lei nº 11.340, criando mecanismos para coibir a violência doméstica e familiar contra a mulher, "nos termos do § 8o do art. 226 da Constituição Federal, da Convenção sobre a Eliminação de Todas as Formas de Discriminação contra as Mulheres e da Convenção Interamericana para Prevenir, Punir e Erradicar a Violência contra a Mulher; dispõe sobre a criação dos Juizados de Violência Doméstica e

DIREITOS DAS MULHERES

Familiar contra a Mulher; altera o Código de Processo Penal, o Código Penal e a Lei de Execução Penal".

Reconhecida pela ONU como uma das três melhores legislações do mundo no combate à violência doméstica, a Lei Maria da Penha trouxe nova visão sobre esse grave problema social e veio para ficar, para cuja eficácia é fundamental que os profissionais do direito, em especial Promotores de Justiça e Juízes de Direito, vençam seus próprios preconceitos e deixem de considerar a violência doméstica como um acontecimento privado e íntimo e, em nome da "estabilidade do lar" ou "reconciliação do casal", neguem vigência à lei em vigor. Certo. No início houve muita resistência à aplicação da lei Maria da Penha. Teorias jurídicas foram minunciosamente elaboradas para negar eficácia à lei, ou melhor, para manter a ideologia dominante que a lei buscava espancar, produzindo-se decisões tão conservadoras quanto à cultura patriarcal que inspira a sociedade contemporânea. Tratando como um episódio de natureza privada, o Superior Tribunal de Justiça chegou a ponto de exigir, da mulher, o exercício da representação (manifestação de vontade), para que seu agressor fosse processado. Tal orientação perdurou por tempo demasiado diante do grave conflito que supostamente procurava dirimir, até que, a mais alta Corte de Justiça do país – o Supremo tribunal Federal – decidiu que, tratando-se de violência doméstica no âmbito familiar, o crime é de ação penal pública e independe da vontade da mulher a persecução penal contra seu agressor.

Em outras palavras: a lei é editada exatamente para mudar certos comportamentos, notadamente quando descreva crimes e comine sanções. Mas, enquanto não houver o comprometimento claro do Poder Judiciário e do Ministério Público, a lei não atingirá a finalidade social para a qual foi editada. O Brasil tem uma longa história de convivência com a falta de efetividade de certas regras punitivas. Fala-se de leis que "pegam" e de leis que "não pegam". Este é um tema fecundo para a sociologia do direito. Mas espera-se dos sacerdotes da lei – que são juízes –, se não a fé, ao menos a fidelidade aos dogmas e a liturgia de seu ministério. Não tem o menor cabimento o Poder Judiciário dar sua própria cota a eventual omissão coletiva na repressão às condutas que a lei incrimina. E a mesma advertência vale para os membros do Ministério Público.

A IDEOLOGIA PATRIARCAL COMO FATOR DE REPRODUÇÃO DA VIOLÊNCIA

Mas, qual a razão de os aplicadores da lei não se sensibilizarem por esse grave problema social? Na realidade, juízes e promotores são integrantes de uma sociedade que, em verdade, tolera a violência contra mulher. Para percebê-lo, basta recordar que a nomeação de um ministro para compor a mais alta Corte de Justiça do Brasil, sobre cuja biografia recaía a acusação de ter agredido sua mulher, não mereceu nenhum tipo de reação da população ou das autoridades que tem por dever editar políticas públicas objetivando seu combate. Lamentavelmente, a agressão contra a mulher, qualquer que seja a circunstância em que tenha ocorrido, é um tipo de conduta aceita e introjetada pela sociedade brasileira, de tal modo que, ao divulgar matéria sobre o fato, um dos maiores jornais do país se referiu ao degradante episódio da seguinte maneira: "O único senão em relação a Barbosa Gomes é uma acusação de agressão a sua ex-mulher" (Folha de São Paulo, 2 de maio de 2003, p.A7). Ora, a violência doméstica e contra a mulher vai muito além de um "senão", porém, tal e qual os demais seguimentos sociais, a imprensa reflete a ideologia de dominação que permeia a sociedade brasileira.

No mesmo sentido, vale ressaltar que até mesmo a matéria jornalística positiva veiculada pela Revista "Isto É", de 29 de junho de 2004, na qual se buscou dar destaque ao novo diploma legal, (Lei nº 10.884/04), que criou a figura penal da violência contra a mulher, registrou como manchete de capa a seguinte frase: "BATER EM MULHER AGORA DÁ CADEIA", como se a proteção legal conferida às mulheres vítimas ou a justa punição atribuída ao agressor fossem fruto do exagero do legislador que buscou proteger bem jurídico de pouca importância social.

Pois bem. Se por um lado tivemos avanços sociais e legislativos de grande importância, por outro, a insistente indagação que se faz é saber por que no atual estágio da sociedade brasileira, a mulher, que rompeu o silêncio e passou a projetar suas reivindicações na esfera pública, ainda é vítima da endêmica e crescente violência, praticada quase sempre pelos atuais ou ex-companheiros. Também é de se perguntar por que a mesma sociedade que considera determinado fato social altamente reprovável e o transforma em crime, é tolerante com quem o pratica. É certo que a contestação feminina ao poder masculino desencadeia uma reação agressiva de contornos imprevisíveis, como, de resto, ocorre em todos

DIREITOS DAS MULHERES

os movimentos nos quais se questionam relações sociais assimétricas e autoritárias.

Parece-me, no entanto, que o fator que merece destaque na análise deste fenômeno social é a ideologia hegemônica da sociedade brasileira, que legitima a cultura de dominação, gerando como uma de suas consequências, indisfarçável tolerância aos atos agressivos do homem contra a mulher, chegando mesmo a exibir certa cumplicidade a esta forma de ofensa.

Na arquitetura do edifício social, pode-se distinguir a infraestrutura ou alicerce e a superestrutura, onde repousa a ideologia, instrumento invisível que solidifica as relações de dominação. A ideologia *"dá coesão aos indivíduos em seus papéis, em suas funções e em suas relações sociais. A ideologia impregna todas as atividades do homem, compreendendo entre elas a prática econômica e a prática política (...). Está presente nas atitudes e nos juízos políticos, no cinismo, na honestidade, na resignação e na rebelião. Governa os comportamentos familiares dos indivíduos e suas relações com os demais homens e com a natureza. Está presente em seus juízos acerca do 'sentido da vida' e assim por diante. A ideologia se acha a tal ponto presente em todos os atos e gestos dos indivíduos que chega a ser indiscernível de sua "experiência vivida" e, por isso, toda análise imediata do "vivido" está profundamente marcada pela ação da ideologia. Quando se pensa estar diante de uma percepção obscura e nua da realidade ou de uma prática pura, o que ocorre, na verdade, é que se está diante de uma percepção ou de uma prática "impura", marcada pelas estruturas invisíveis da ideologia. Como não se percebe sua ação, a tendência é para tomar a percepção das coisas e do mundo por percepções das "coisas mesmas", o que não ocorre sob a ação deformadora da ideologia"* (CF. Marta Harnecker, Os Conceitos Elementais do Materialismo Histórico, 6ª ed.1971, p.99/100).

Essa cultura de dominação que privilegia os homens no sistema social se faz presente, não só nas leis e decisões judiciais, como também nas manifestações artísticas, culturais, religiosas, anedotário, brinquedos infantis, nos ditos populares, etc, destacando-se canções nas quais a agressão física figura como uma vertente do amor, como se tapa e afeto fossem elementos indissociáveis no relacionamento entre um homem e uma mulher. São ações e comportamentos impulsionados pela ideologia dominante que, por ser invisível e insidiosa, são reproduzidos por homens e mulheres, sem nenhuma reflexão sobre seu significado, solidificando a assimetria social e, consequentemente, colocando a mulher num patamar de inferioridade, reforçando o conceito de que ela ainda figura como objeto a ser apropriado pelo homem. Como símbolo cultural de ação que reforça a situação de inferioridade social da mulher, podemos destacar a cerimônia do casamento religioso na igreja católica. É um ritual assustador: a jovem ingressa na igreja carregada pelo pai – símbolo da autoridade do homem – que, no altar, a entrega para seu novo dono: o marido. Evidentemente, cada qual tem o direito de escolher a sua religião e se submeter às suas respectivas regras. Entretanto, essa finalidade pode ser alcançada sem reforçar a superioridade do homem sobre a mulher. No muro das lamentações, por exemplo, aos homens é reservado um salão com ar condicionado, enquanto as mulheres permanecem sob o sol escaldante de Jerusalém. Noutras religiões ou crenças há locais separados para homens e mulheres, inclusive com a posição topográfica da mulher sempre atrás do homem.

Essa desigualdade é reforçada desde a infância, por meio dos brinquedos infantis, impregnados pela ideologia patriarcal, que identificam o papel social do homem e da mulher, já previamente definidos pela sociedade conservadora. A criança, desde a tenra idade, é forçada a fazer uma opção sobre o papel social que, no futuro, irá executar, cristalizando a diferença social entre homem e mulher. Meninos por exemplo, não brincam com bonecas, enquanto às meninas estão interditadas as bolas de futebol. Aliás, um interessante estudo realizado por Antônia Camila de Oliveira Nascimento, ressalta as diferenças de sexo como expressão da desigualdade social entre homem e mulher, numa clara intenção de reforçar a inferioridade da mulher em relação ao homem no contrato social, figurando como verdadeiro suporte ideológico para a solidificação do desequilíbrio social. Para a autora, os brinquedos *"não são simplesmente sinônimos de brincar, mas são também representações ideológicas de uma cultura que separa homens e mulheres" (...) "Educação sexista é entendida, aqui, não apenas como aquela que diferencia homens e mulheres, mas que transforma diferenças em desigualdades sociais naturalizadas como algo definido biologicamente pelos sexos. No tocante aos brinquedos, estes são assimilados aos papéis conservadores de gênero estabelecidos pelo patriarcado, como "casinhas", jogos de panela, pratos, vassouras e bonecas similares a bebês reais, que expressam atividades reprodutivas, exercidas majoritariamente por mulheres. Já os brinquedos para meninos, por sua vez, estão associados ao espaço público e não mantêm nenhuma relação com a paternidade, tampouco com as atividades domésticas. Nesse sentido, os brinquedos possuem uma carga ideológica patriarcal que assume, na socialização das crianças, um papel na reprodução das desigualdades nas relações sociais entre homens e mulheres"* (A Influência da Ideologia Patriarcal na Definição dos Brinquedos Infantis, Revista da Faculdade de Serviço Social da Universidade do Estado do Rio de Janeiro, 1º Semestre de 2016 – n. 37, v. 14, p. 296 – 318).

Em suma: desde a mais tenra infância, os papéis sociais futuros são definidos por meio dos brinquedos infantis, mecanismo invisível e perverso da preservação da ideologia dominante e assimétrica. E na música não é diferente. Displicentemente cantarolada por muitos sem a menor percepção de que estão reproduzindo a ideologia de dominação e incentivando a violência e o feminicídio, as canções vão se reproduzindo com sucesso e, ao mesmo tempo, impregnando a banalização da violência contra a mulher. Veja-se, por exemplo: "Mas se ela vacilar, vou dar um castigo nela. Vou lhe dar uma banda de frente. Quebrar cinco dentes e quatro costelas"...(Zeca Pagodinho) ""O cara que pega você pelo braço/ Esbarra em quem for que interrompa seus passos/ Está do seu lado pro que der e vier/ O herói esperado por toda mulher" (Roberto Carlos) ""Existem mulheres que são uma beleza / mas quando abrem a boca, hum, que tristeza/ (...) bundinha empinada pra mostrar que é bonita / e a cabeça parafinada pra ficar igual paquita / Loira burra, loira burra, loira burra, loira burra..." (Gabriel O Pensador) ""Às vezes passava fome ao meu lado / E achava bonito não ter o que comer / E quando me via contrariado / dizia meu filho o que se há de fazer / Amélia não tinha a menor vaidade / Amélia que era mulher de verdade". E na literatura "toda mulher gosta de apanhar, as neuróticas reagem" (Nelson Rodrigues).....

Esses são alguns poucos exemplos de como a ideologia de dominação, patriarcal e desigual vem se reproduzindo através dos tempos, sem que sobre ela haja a necessária reflexão. Sem a compreensão do papel da ideologia na reprodução e solidificação do predomínio do homem sobre a mulher, não será possível transformar essa realidade cruel, desigual e injusta.

Disso se conclui a imperiosa necessidade de compreendermos o papel da ideologia na reprodução de valores de supremacia do homem sobre a mulher e o poder público, além de adotar medidas destinadas a combater todas as formas de violência contra mulher, buscar novo paradigma cultural, a fim de despertar nesta sociedade tolerante e cúmplice da violência, a consciência de que as relações sociais de dominação estimulam a impunidade e somente propiciam a reprodução do binômio – violência/impunidade. E a necessidade do inesgotável combate ideológico é imprescindível não só para que não haja manifestações externas de dominação, mas, sobretudo, para a mulher romper e não permitir a si mesma a interiorização da ideologia do macho.

Não se ignora que em todo processo de luta transformadora, o pior e mais difícil momento é o do combate ideológico, porque o germe da dominação e da opressão se espalha silenciosa e sorrateiramente, por meio dos mais diferenciados instrumentos, mas é necessário o despertar para as causas da violência e não somente de suas consequências, exigindo, portanto, a necessária clareza de que a luta contra a opressão da mulher e o combate à violência doméstica não é somente um problema de gênero. A falta ao trabalho e a queda da produtividade no serviço, o declínio no rendimento escolar das crianças e adolescentes, os gastos com o tratamento e internação no âmbito da saúde pública, enfim, todos estes fatores demonstram que este não é um tema específico do gênero feminino, mas uma questão com significativo custo social que a todos deve envolver.

Igualdade não se faz por lei ou decreto. Conquista-se com a tenaz resistência à opressão e dominação, e somente se aperfeiçoa com a luta ideológica que deve ser travada em todas as instâncias, para que não haja estagnação ou retrocesso no processo de avanço social. Urge a obrigatoriedade da inserção nos currículos escolares, desde o ensino fundamental, da disciplina de direitos humanos na qual haja clara explicitação sobre violência doméstica e suas perversas consequências. Enfim, várias outras iniciativas com a mesma finalidade, na busca da efetiva igualdade de gêneros. Muito já se fez, mas há ainda um longo caminho a ser perseguido.

Daí a importância da incessante e incansável luta ideológica para a construção da identidade feminina, rompendo com os velhos modelos autoritários em busca de uma sociedade justa e igualitária, onde se garanta os direitos fundamentais da mulher.

4. Uma Visão Jurídica do Trabalho como Revolução Social e Transformação Pessoal da Mulher

TAÍS NADER MARTA

GABRIELA CRISTINA GAVIOLI PINTO

Introdução

O combate à exclusão de minorias e grupos vulneráveis, dentre os quais, as mulheres, é um direito fundamental que pode ser realizado por intermédio do trabalho, importante para eliminar a resistência às causas dos problemas de discriminação e preconceito, já que "é pelo trabalho que a mulher vem diminuindo a distância que a separava do homem, somente o trabalho poderá garantir-lhe uma independência concreta" (Simone de Bauvouir).

Ocorre que, a igualdade não se verifica de forma espontânea na sociedade, apesar da natureza comum dos seres humanos. O *caput* do art. 5º da Constituição Federal ecoou o enunciado do art. 1º da Declaração dos Direitos do Homem e do Cidadão de 1789, procedente da Revolução Francesa, para indicar que a igualdade paira para todos. Não apenas isso, todos os direitos e garantias fundamentais estão dispostos no texto constitucional para promover os valores supremos de uma sociedade pautada na fraternidade e no pluralismo, prestigiando a cláusula da isonomia na busca da justiça material.

No Brasil, desde a Constituição do Império, conferiu-se o direito à igualdade formal. Entretanto, esta se demonstrava insuficiente para resolver problemas concretos e cotidianos, ao ponto de tornar-se incompatível com o ideário do Estado Democrático de Direito. No intento de sanar esta lacuna, a Constituição de 1988 não se limitou a enunciar a igualdade perante a lei, mas elencou no artigo 3º os seus objetivos fundamentais: I – construir uma sociedade livre, justa e solidária; II – garantir o desenvolvimento nacional; III – erradicar a pobreza e a marginalização e reduzir as desigualdades sociais e regionais; IV – promover o bem de todos, sem preconceitos de origem, raça, sexo, cor, idade e quaisquer outras formas de discriminação.

Em continuidade a garantia dos direitos fundamentais da pessoa humana, a Constituição Federal de 1988, em seu art. 7º, dispôs sobre os "direitos dos trabalhadores urbanos e rurais", sem distinção de origem, raça, cor, sexo ou idade. Logo, conferiu as mulheres todo e qualquer direito social previstos no Capítulo II da Carta Magna.

Ainda que a Lei Fundamental assegure a igualdade, o princípio da isonomia não se vê satisfatoriamente contemplado.

Mesmo com uma leve queda na desigualdade salarial entre 2012 e 2018, as mulheres ainda ganham, em média, 20,5% menos que os homens no país, de acordo com um estudo especial feito pelo IBGE para o Dia Internacional da Mulher, com base na Pesquisa Nacional por Amostra de Domicílios Contínua (PNAD Contínua). Essas questões culturais e estruturais também afetam a participação das mulheres no mercado de trabalho de modo geral. De um total de 93 milhões de ocupados, apenas 43,8% (40,8 milhões) são mulheres, enquanto 56,2% (52,1 milhões) são homens. Na população acima de 14 anos, por exemplo, a proporção é bem diferente: 89,4 milhões (52,4%) são mulheres, enquanto 81,1 milhões (47,6%) são homens.[49]

A igualdade, impreterivelmente, supera a esfera do princípio jurídico meramente formal, de modo que esta necessita ser alcançada através de reivindicações e conquistas. Logo, o Direito se revela valiosa ferramenta.

O presente artigo ingressa no debate do direito à igualdade da mulher sob a perspectiva de aspectos trazidos no direito do trabalho como decorrência do princípio da dignidade da pessoa humana e igualdade, haja vista que propiciar e assegurar a qualidade de vida é desdobramento natural de uma sociedade inclusiva e, portanto, direito não apenas do grupo vulnerável das mulheres, mas sim da sociedade como um todo.

Nesse contexto, o trabalho da mulher surge como ferramenta de revolução social e transformação da mulher.

---

[49] Disponível em: https://agenciadenoticias.ibge.gov.br/agencia-noticias/2012-agencia-de-noticias/noticias/23924-diferenca-cai-em-sete-anos-mas-mulheres-ainda-ganham-20-5-menos-que-homens. Acesso em: 20/11/2019.

1. O tratamento desigual, princípio da dignidade da pessoa humana: proteção às minorias e grupos vulneráveis

O direito a igualdade está no rol dos direitos fundamentais, elencado no artigo 5º da Constituição Federal de 1988. Através da análise textual do artigo acima citado, transparece de modo único, que a igualdade abrange a todos, sem distinção de raça, credo, poder aquisitivo, orientação sexual, compleição física e quaisquer diferenças inerentes ao ser humano, ou seja, devendo estabelecer direito a tratamento equânime aos cidadãos (conteúdo político-ideológico absorvido pelo princípio da isonomia e juridicizado pelos textos constitucionais). Esta forma igualitária no trato com o ser humano é denominada de igualdade formal ou igualdade perante a lei.

O direito à igualdade vem disciplinado não mais como um dos direitos individuais e sim como princípio constitucional. Para aclarar sua abrangência, Celso Ribeiro Bastos[50] dimensiona o seu alcance no texto constitucional, explicitando que a função do aludido princípio é a de informar e acondicionar todo o restante do direito, de maneira que se assegura o direito de liberdade de expressão do pensamento, respeitada a igualdade de todos perante este direito. As discriminações são recebidas como compatíveis com a cláusula igualitária apenas e tão-somente quando existe um vínculo de correlação lógica entre a peculiaridade diferencial acolhida por residente no objeto, e a desigualdade do tratamento em função dela conferida[51].

Com isso, conclui-se que a igualdade não assegura nenhuma situação específica, mas garante o indivíduo contra má utilização que possa ser feita, no âmbito da ordem jurídica.

Hodiernamente, minorias são entendidas como um segmento social, cultural ou econômico vulnerável, incapaz de gerir e articular sua própria proteção e proteção de seus interesses, objeto de pré-conceituações e pré-qualificações de cunho moral em decorrência de seu distanciamento do padrão social e cultural hegemônico, vitimados de algum modo e em

---

[50] BASTOS, Celso Ribeiro; BRITO, Carlos Ayres de. *Interpretação e aplicabilidade das normas constitucionais*. São Paulo: Saraiva, 1982, *passim*.

[51] MELLO, Celso Antônio bandeira de. *Conteúdo Jurídico do Princípio da Igualdade*. 3. ed. São Paulo: Malheiros, 2007, p. 17.

graus variados de opressão social e, por tudo isso, necessitados e demandantes de especial proteção por parte do Estado.

Acerca da diferenciação existente entre minorias e grupos vulneráveis, infere-se que os grupos vulneráveis apresentam as seguintes características: apresenta-se, por vezes, em amplo contingente populacional, sendo exemplo disso, as mulheres, as crianças, idosos e pessoas com deficiência; são destituídos de poder político, ainda que providos de cidadania; não têm consciência de que estão sendo vítimas de discriminação e desrespeito; e desconhecem os seus direitos. Em face das gravíssimas violações aos direitos humanos, perpetradas pelos regimes totalitários na Europa, especialmente pelo nazismo na Alemanha e pelo fascismo na Itália, surgiu a necessidade de criação de mecanismos de garantia de direitos que fossem subtraídos do alcance das maiorias de ocasião.

Emergia a necessidade de uma ordem internacional protetiva dos direitos humanos, o que se concretizou em 1945, quando a Carta de São Francisco criou a Organização das Nações Unidas. Por isso, com o afinco de estimular o respeito aos direitos humanos, em 1948, formulou-se a Declaração Universal dos Direitos do Homem.

No período pós-guerra, os Estados condicionaram os seus interesses em detrimento dos direitos humanos, sob a salvaguarda do sistema internacional. Nesse contexto, as constituições passaram a ter força normativa, oportunizando a expansão da jurisdição constitucional. Tal fenômeno é denominado neoconstitucionalismo. No Brasil, a promulgação da Constituição Cidadã, em 1988, consolida a redemocratização e traz os direitos fundamentais ao cerne das normas legais.

No Estado Democrático de Direito, nenhuma maioria pode decidir a supressão (ou não decidir a proteção) de uma minoria. Nesta quadra, a Constituição é posta à condição de *lex superiori*, a prover a manutenção das estruturas que integram o Estado. No cenário das promessas constitucionais se emoldura o modelo estatal que impulsiona todo o ordenamento jurídico para a observância dos seus valores e princípios, notadamente a dignidade da pessoa humana.

Enquanto para a democracia importa discutir o fundamento e o exercício do poder pelo povo, o constitucionalismo contemporâneo preocupa-se com os limites do poder, seja ele exercido pelos representantes eleitos ou pelo próprio povo. Assim, toda lei ou ato normativo editado

UMA VISÃO JURÍDICA DO TRABALHO COMO REVOLUÇÃO SOCIAL...

fica condicionado à observância dos ditames constitucionais. Como bem apontado pelo Prof. Luiz Alberto David de Araujo:

Portanto, em um Estado Democrático de Direito, todos devem ser considerados e, mais do que isso, deve haver um cuidado especial com os setores fragilizados. No caso, a mulher pode se enquadrar perfeitamente nessa situação. Ao garantir o Estado Democrático de Direito, sob o império do juiz e da lei, falamos de uma lei justa. E a lei justa é aquela que contempla a todos, protegendo os que necessitam de ajuda diante de sua eventual vulnerabilidade.[52]

Em síntese, os Direitos Fundamentais constituem instrumentos de proteção das minorias e grupos vulneráveis, servindo, também, como mecanismos de inclusão social, com vistas a garantir-lhes igualdade de oportunidades, tal qual possui a maioria. Ademais, considerando que os Direitos Fundamentais são normas constitucionais, a jurisdição constitucional representa importante papel de garantir que minorias e grupos vulneráveis não tenham seus Direitos Fundamentais desrespeitados pelas maiorias e/ou detentores do poder estatal.

A proteção ao grupo vulnerável das mulheres decorre do respeito ao princípio da igualdade, dado que é preciso considerar as limitações e diferenças destas para que possam ser incluídas na sociedade, e isto requer uma atenção especial por parte do legislador. O princípio da igualdade, hoje, é norteador do Estado Democrático de Direito, por isso deve-se grande atenção a ele. No passado foi discutido por vários filósofos, destacando-se as ideias de Rousseau, que defendia que, embora todos tivessem diferenças de ordem natural (físicas) deveriam ser tratados como iguais na sociedade, e dentro da concepção contratualista, estabeleceu como atributo obrigatório para uma real garantia de uma instituição pública justa, a igualdade (além da liberdade).

A política de Direito Humanos, defendida pela Organização das Nações Unidas e corroborada pelo Brasil é de garantir também às mulheres tratamento igualitário, digno e sem preconceitos, procurando-lhes

---

[52] ARAUJO, Luiz Alberto David, *in*: FERRAZ, Carolina Valença; LEITE SALOMÃO, George; LEITE SALOMÃO, Glauber; Leite Salomão, Glauco. *Manual dos Direitos da Mulher*. São Paulo: Saraiva, 2013, p.25.

DIREITOS DAS MULHERES

assegurar direitos e a cidadania plena, sendo partícipes e integrantes do desenvolvimento da nossa sociedade. "É preciso ter claro que a conquista de direitos e a luta por uma situação de igualdade é um processo histórico contínuo que deve ser constantemente atualizado, e que as discriminações contra a mulher são um acontecimento histórico frequente".[53] Diante disso, cabe ao Estado coibir que se exclua camada tão importante da comunidade e que tanto contribui para o engrandecimento do país.

2. Evolução histórico-legislativa do trabalho da mulher

A partir da análise dos Princípios Constitucionais da Dignidade da Pessoa Humana e da Igualdade, traduzida pela Isonomia, verifica-se que não há melhor forma de sua garantia para as mulheres, senão através do trabalho, com iguais oportunidades, desde a igualdade salarial até a igualdade de promoções e conquistas de cargos de chefia dentro de uma empresa. Saliente-se que, a igualdade pretendida pelas mulheres, não se trata do que sempre é destacado por aqueles que não estudam a fundo a legislação vigente, como realizar o mesmo trabalho braçal que é realizado pelo sexo masculino, mesmo tendo uma estrutura biologicamente mais frágil. O que se pretende com a igualdade é aquela onde os iguais são tratados de forma igual e os desiguais são tratados de forma desigual a fim de se garantir a igualdade entre eles.

Com o advento da Consolidação das Leis Trabalhistas – CLT, em 1943, foram promulgadas normas de proteção à mulher trabalhadora, conferindo as mulheres, a possibilidade do exercício de atividade empregatícia devidamente protegida, já que no século XIX, durante a Revolução Industrial, as mulheres laboraram com péssimas condições de trabalho, recebendo salários inferiores aos que eram pagos para os homens, oportunidade em que sequer eram garantidas proteção, como por exemplo, a gestante ou a mulher que ainda estava em período de amamentação.

Diante do cenário decorrente da Revolução Industrial, o qual trouxe consequências ruins para as famílias e para a sociedade, iniciou-se a criação de legislações trabalhistas, primeiramente na Inglaterra, de proteção

---

[53] ALMEIDA, Guilherme Assis; ZAPATER, Maíra Cardoso, *in*: FERRAZ, Carolina Valença; LEITE SALOMÃO, George; LEITE SALOMÃO, Glauber; Leite Salomão, Glauco. *Manual dos Direitos da Mulher*. São Paulo: Saraiva, 2013, p. 102.

do trabalho realizado pelas mulheres. Conforme muito bem observado por Gustavo Filipe Barbosa Garcia, as mulheres passaram a deixar de serem contratadas em razão das garantias previstas na legislação:

> Após essa fase de formação da legislação protecionista ao trabalho da mulher, observou-se que, justamente em razão das referidas leis, as mulheres eram muitas vezes discriminadas no mercado de trabalho. Os empregadores preferiam não contratar o trabalho feminino, por serem as suas regras mais restritivas, com diversas proibições, gerando preferência pelo trabalho do homem.[54]

Ainda, no âmbito de Direito Internacional, a OIT – Organização Internacional do Trabalho verificou a necessidade de proteger o trabalho desenvolvido pela mulher, criando Convenções para que os direitos básicos das mulheres fossem respeitados dentro da relação de trabalho. Assim, apontado pelo Gustavo Filipe Barbosa Garcia:

> Isso é verificado desde 1919, com a Convenção 3 da OIT (sobre o trabalho antes e depois do parto), seguindo-se com a Convenção 4, do mesmo ano (proibindo o trabalho da mulher em indústria), Convenção 41, de 1934 (estabelecendo restrições ao trabalho noturno da mulher, Convenção 45, de 1935 (vedando o trabalho da mulher em subterrâneos e minas) e Convenção 89 de 1948 (com novas restrições ao trabalho noturno da mulher em indústrias)[55].

No ano seguinte a entrada em vigor da Consolidação das Leis Trabalhistas, em 1944, houve nova alteração legislativa, incluindo mais possibilidades de trabalho à mulher, desde que esta possuísse mais de 18 (dezoito) anos.

A CLT tem um capítulo todo destinado ao trabalho da mulher, com um único objetivo, a proteção da mulher, qual seja, Capítulo III – Da proteção do trabalho da mulher, disposto nas seguintes seções: I – Da dura-

---

[54] GARCIA, Gustavo Filipe Barbosa. *Curso de Direito do Trabalho*. 12. ed. Rio de Janeiro: Forense, 2018, p. 1063.
[55] GARCIA, Gustavo Filipe Barbosa. *Curso de Direito do Trabalho*. 12. ed. Rio de Janeiro: Forense, 2018, p. 1064.

DIREITOS DAS MULHERES

ção, condições do trabalho e da discriminação contra a mulher; II – Do trabalho noturno; III – Dos períodos de descanso; IV – Dos métodos e locais de trabalho; V – Da proteção à maternidade; VI – Das penalidades.

Com a promulgação da Constituição Federal de 1988 adveio um marco histórico-legislativo muito importante no tocante a proteção das mulheres trabalhadoras, garantindo direitos e proteções a elas, mas ainda assim não garantiu de forma efetiva, que não houvesse no ambiente de trabalho a discriminação de gênero, seja por ter desigualdade salarial, seja pelo simples fato de ser mulher. A fim de deixar um panorama mais preciso no que pertine a evolução legislativa do trabalho da mulher, abaixo segue um breve apontamento das legislações que foram, ao longo dos anos, sendo implementadas como forma de garantia dos direitos das mulheres que exercem atividade laboral:

a) Decreto 21.417-A, de 17/05/1932 – proibição do trabalho noturno às mulheres;

b) Constituição de 1934 – artigo 121, §1º, alínea *a*, proíbe a discriminação da mulher em relação ao salário; §1º, alínea *d* veda o trabalho em locais insalubres; §1º alínea *h*, garante o repouso antes e após o parto, com pagamento de salário e manutenção do emprego; §3º garante serviços de amparo à maternidade;

c) Constituição de 1937 – artigo 137, alínea *k*, veda o trabalho da mulher em indústrias insalubres; alínea *l* assegura assistência médica e higiênica à gestante;

d) Constituição de 1946 – artigo 157, inciso II, proíbe a diferença de salário decorrente da diferença de sexo; inciso IX proíbe o trabalho das mulheres em indústria insalubre; inciso X, garante o direito da gestante a descanso antes e depois do parto, sem prejuízo do emprego nem do salário; inciso XIV; assegura a assistência sanitária, inclusive hospitalar e médica preventiva, ao trabalhador e à gestante; inciso XVI, prevê a previdência social em favor da maternidade.

e) Constituição de 1967 – artigo 158, inciso III, proíbe diferença de salários e de critérios de admissões por motivo de sexo; inciso X veda o trabalho das mulheres em indústrias insalubres; inciso XI garante o descanso remunerado para as mulheres antes e depois

UMA VISÃO JURÍDICA DO TRABALHO COMO REVOLUÇÃO SOCIAL...

do parto, sem prejuízo do salário e emprego; inciso XVI garante previdência social em favor da maternidade;

f) Emenda Constitucional I, de 1969 – esta, em seu artigo 165, incisos III, X, XI, XVI, mantiveram os mesmos direitos já assegurados à mulher pela Constituição de 1967;

g) Constituição Federal de 1988 passou a permitir o trabalho insalubre para as mulheres, já que deixou de prever sua proibição, assegurando em seu artigo 7º, a licença maternidade, proteção ao mercado de trabalho da mulher, mediante incentivos específicos, nos termos da lei, além de proibir a "diferença salários, de exercício de funções e de critério de admissão por motivo de sexo, idade, cor ou estado civil" (inciso XXX).

Saliente-se que as normas contidas nos incisos do artigo 7º da Constituição Federal de 1988, acima descritos, nada mais são do que especificações da igualdade entre homens e mulheres prevista no inciso I, do artigo 5º da nossa Carta Magna, "homens e mulheres são iguais em direitos e obrigações, nos termos desta Constituição".

Ainda, há que se ressaltar o disposto no artigo 10, inciso II, alínea *b*, do Ato das Disposições Constitucionais Transitórias, o qual veda a dispensa imotivada da empregada gestante.

Ainda neste sentido, faz-se necessário, realizar um breve apontamento da evolução histórico-legislativa das leis trabalhistas infraconstitucionais que asseguram o trabalho da mulher:

a) Consolidação das Leis Trabalhistas de 1943, como acima exposto, possui o capítulo III, que trata tão somente dos direitos das mulheres;

b) Decreto-lei 6.353 de 20/03/1944, introduziu na CLT a permissão do trabalho noturno para as mulheres;

c) Decreto-lei 229 de 28/02/1967 – passou a permitir a compensação da jornada de trabalho para a mulher quando houver Acordo Coletivo de trabalho neste sentido (artigo 374, da CLT), além de assegurar, como por exemplo, a guarda dos filhos das mulheres na empresa e o descanso de 4 (quatro) semanas antes e 8 (oito) semanas depois do parto (artigos 398 e 392 da CLT);

DIREITOS DAS MULHERES

d) Decreto-lei 546, de 18/04/1969 – permite o trabalho da mulher na compensação bancária, no período noturno;

e) Lei 5.673, de 06/07/1971 – permite o trabalho noturno da mulher em serviços de processamento de dados (artigo 379, da CLT);

f) Lei 6.136, de 07/11/1974 – transfere a responsabilidade do pagamento da licença maternidade para a previdência social;

g) Lei 7.189, de 04/06/1984 – permite o trabalho noturno da mulher com mais de 18 (dezoito) anos, ressalvando as empresas ou atividade industriais (artigo 379, da CLT);

h) Lei 7.855, de 24/10/1989 – revoga os artigos 374, 375, 379, 380 e 387 da CLT, já que todos estes limitavam o exercício de atividade profissional pelas mulheres;

i) Lei 10.244/2001 – revoga o artigo 376 da CLT, já que este fazia restrições quanto a mulher prorrogar sua jornada de trabalho;

j) Lei 11.340/2006 – cria mecanismos para coibir e prevenir a violência doméstica e familiar contra a mulher, ressaltando, os artigos 2º, 3º e 4º desta lei, uma vez que estes dispositivos legais asseguram, dentre outras garantias fundamentais, condições para o exercício efetivo do direito á vida, à alimentação, à educação e ao trabalho;

k) Lei 13.467/2017 – revogou o artigo 384 e o parágrafo único do artigo 372 da CLT;

l) Lei Complementas 146/2014 – estendeu a licença maternidade prevista no artigo 10, inciso II, alínea b, do Ato das Disposições Constitucionais Transitórias se estendesse, nos casos de falecimento da trabalhadora gestante, a quem detiver a guarda do seu filho.

m) Nota-se, com esta construção da evolução legislativa que os direitos das mulheres advindos das relações de emprego fossem aperfeiçoados e que a cada ano, a cada realidade social, estas pudessem desenvolver suas atividades laborativas com maior proximidade de igualdade de direitos e obrigações que os homens.

n) É bem verdade, que esta a igualdade plena de direitos e obrigações no ambiente de trabalho estão aquém do que se espera, já que há previsões legais que asseguram a isonomia em referida relação, mas em contrapartida, os ganhos obtidos até os dias de hoje, como uma revolução social, demonstram cada vez mais a possibilidade

UMA VISÃO JURÍDICA DO TRABALHO COMO REVOLUÇÃO SOCIAL...

da mulher independente e empoderada, que através do seu trabalho consegue sua transformação pessoal e individual, para conquistar, profissionalmente, tudo o que almeja.

3. Inclusão da mulher no mercado de trabalho

As mulheres vêm buscando cada vez mais seu espaço no mercado de trabalho, como forma de realização pessoal e empoderamento feminino, pois nada mais gratificante do que poder ter a escolha e oportunidade de crescimento e reconhecimento profissional, já que há pouco tempo (menos de 100 anos), sequer era possível uma mulher desenvolver atividades profissionais, tampouco com garantias previstas na Constituição Federal e Leis Infraconstitucionais.

Segundo notícia publicada no dia 04/07/2019, no site Agência IBGE Notícias[56], no ano de 2018, as mulheres receberam, em média, 79,5% do rendimento o homem, ou seja, 20,5% a menos.

No entanto, em que pese ainda se fazer necessário extinguir toda e qualquer diferença salarial entre homens e mulheres, esta diferença vem diminuindo ano após ano, conforme se depreende do quadro abaixo, cujas informações foram retiradas do site de economia do UOL:[57]

ANO	% DIFERENÇA SALARIAL
2013	24,5
2015	23,2
2016	19,2
2017	21,7
2018	20,5

Essas diferenças tendem a diminuir, ainda que para alguns seja uma visão otimista, para as mulheres isto é um objetivo a ser alcançado, da

---

[56] Disponível em: https://agenciadenoticias.ibge.gov.br/agencia-sala-de-imprensa/2013-agencia-de-noticias/releases/23923-em-2018-mulher-recebia-79-5-do-rendimento-do-homem. Acesso em: 16/12/2019.

[57] Disponível em: https://economia.uol.com.br/noticias/redacao/2019/03/08/estudo-ibge-desigualdade-salarial-homens-mulheres.htm. Acesso em 16/12/2019.

DIREITOS DAS MULHERES

mesma forma que já ocorreu quando da conquista de direitos que jamais pensaram em ter, como por exemplo, o direito ao voto, o direito de frequentar uma escola, o direito de acesso à informação, o direito de trabalhar, o direito de escolher o caminho a ser trilhado.

A evolução das normas trabalhistas direcionadas a proteção da mulher retrata o resultado da revolução social conquistada em decorrência da sua transformação pessoal, que diante de novas necessidades buscou e conquistou melhorias em sua área de atuação profissional.

Conclusões

Nesse panorama, restou devidamente demonstrado, através da análise jurídica da evolução legislativa trabalhista em prol da mulher, conquistada ao longo dos anos, que o trabalho, a relação de emprego, a possibilidade do desenvolvimento de uma atividade profissional, não apenas assegura seu lugar no mercado de trabalho, mas também, o seu espaço na sociedade como mulher, como ser humano, como cidadã que tem igualdade de direitos e obrigações, dentro da sociedade brasileira.

A aplicação do princípio da isonomia é fundamental para a interpretação do disposto no artigo 5º, inciso I, da Constituição Federal, já que a única forma de garantir a igualdade preconizada em referido dispositivo legal é através do tratamento desigual para os desiguais. A conquista do mercado de trabalho pelas mulheres só foi e é possível em razão da sua transformação pessoal, que vem ocorrendo ao longo de todos esses anos, pois elas saíram da condição de dona de casa, esposa e mãe para profissional, parceira do seu marido e mãe.

Através da transformação pessoal da mulher através de seu trabalho, esta provocou uma revolução social, pois conquistou e ainda está conquistando espaço no mercado de trabalho, cargo de chefia, cargos executivos em grandes empresas, estimulando, cada vez mais, o fim do preconceito e da discriminação de gênero no âmbito do direito do trabalho.

Referências

BASTOS, Celso Ribeiro; BRITO, Carlos Ayres de. **Interpretação e aplicabilidade das normas constitucionais.** São Paulo: Saraiva, 1982.

FERRAZ, Carolina Valença; LEITE SALOMÃO, George; LEITE SALOMÃO, Glauber; Leite Salomão, Glauco. **Manual dos Direitos da Mulher**. São Paulo: Saraiva, 2013.

GARCIA, Gustavo Filipe Barbosa. **Curso de Direito do Trabalho**. 12. ed. Rio de Janeiro: Forense, 2018.

MELLO, Celso Antônio bandeira de. **Conteúdo Jurídico do Princípio da Igualdade**. 3. ed. São Paulo: Malheiros, 2007.

5. A Luta Histórica das Mulheres e as Dificuldades Encontradas nas Esferas Políticas de Poder para Alcançar a Igualdade de Gênero

ALESSANDRA CALIGIURI CALABRESI PINTO

"Nós todos não podemos ser bem sucedidos quando metade de nós é retida."

MALALA YOUSAFZAI, ativista paquistanesa

Introdução

Precisamos voltar um pouco na história mundial para entender o machismo milenar como uma cultura patriarcal que perdura até os dias de hoje na nossa sociedade, impedindo que nós mulheres possamos chegar a cargos de poder da estrutura estatal, exercer liderança partidária e ter aceso ao parlamento. Não obstante nós mulheres tenhamos total competência para exercer essas funções que ainda são reservadas aos homens, somos compelidas, para além da dupla jornada de trabalho, a comprovar incessantemente nossas habilidades, de modo a nos atribuírem 'legitimidade" para ocupar espaços ainda considerados masculinos. Daí a importância do acesso ao parlamento, com a perspectiva de criar leis e políticas públicas para crianças, meninas e mulheres e, assim, realmente alcançarmos uma sociedade mais justa e igualitária.

Vale ressaltar que na Grécia antiga a mulher era considerada propriedade do homem, o que infelizmente se perpetua até hoje em nossa sociedade representando um padrão cultural, passado de pai para filho, evidenciando a ideia de submissão, autorizando-o a se impor sobre ela. Trata-se de uma relação de poder estabelecida há séculos, que muito embora em processo de transformação, caminha, ainda, a passos lentos, demandando uma profunda mudança nos padrões culturais vigentes.

DIREITOS DAS MULHERES

1. Evolução histórica pela luta dos direitos igualitários entre homens e mulheres

Destaca-se que, nesse processo de construção histórica das desigualdades impostas às mulheres, até a Revolução Francesa, elas nem sequer haviam sido pensadas como sujeito de direitos. Isso significa dizer, que até o advento do Estado Moderno, a ideia de que mulheres e homens eram iguais não existia, de modo que não fazia o menor sentido questionar o conceito de desigualdade.

Aliás, devemos as francesas as boas práticas feministas, com debates à respeito da igualdade de oportunidades entre homens e mulheres, pois em 1789 "Mary Wolistone Craft", foi um marco das que começaram a preconizar o termo do feminismo, ou seja, igualdade entre homens e mulheres, nem mais nem menos. A filósofa Wolistone produziu registros históricos da Revolução Francesa, um século antes de Beauvoir, e elaborou os primeiros pensamentos sobre a opressão estrutural das mulheres e suas raízes. Publicou comentários políticos que respondiam a pensadores homens, escreveu romances e livros infantis que questionavam a ordem sexual e de gênero, além de defender os direitos das mulheres à educação e à igualdade no casamento.

O termo "feminismo" foi cunhado no início do século XIX, como um movimento social e político, creditado a Charles Fourier, um socialista utópico e filósofo francês. Feministas e acadêmicos dividem a história do movimento em três "ondas". A primeira delas se refere principalmente ao sufrágio feminino. Mulheres de classe média, classe média alta e intelectuais, se envolveram na luta pelo voto feminino, que ganhou força no século XIX e início do XX. A segunda onda se refere às ideias e ações associadas com os movimentos de liberação feminina, iniciados na década de 1960 e 1970, que lutavam pela igualdade legal e social para as mulheres. A terceira onda seria uma continuação iniciada na década de 1990, relacionada às especificidades da mulher.

Simone de Beauvoir, explica que somente com o desenvolvimento industrial do século XVIII e com a necessidade de trabalho fabril feminino, tornou-se inevitável rever a subordinação feminina no âmbito formal, surgindo assim espaço para a formação da igualdade política e jurídica que na época eram as principais pautas reivindicadas pelo movimento feminista liberal da primeira onda. Não foi uma conscientização

A LUTA HISTÓRICA DAS MULHERES E AS DIFICULDADES ENCONTRADAS...

sobre se as mulheres mereciam esses direitos, mas sim, uma necessidade estrutural do capitalismo que exigia mão de obra barata, para ocupar os espaços de produção.

É verdade que antes disso algumas mulheres se destacaram, como a cientista Marie Curie, que foi eleita a mulher mais influente da história, a primeira a ganhar dois prêmios Nobel: um de física em 1903, e outro de Química, em 1911. Curie também estudou o raio-x e foi uma das que descobriu a radioatividade. Segundo a revista BBC History classificaram Curie no topo de uma lista de 100 mulheres mais influentes da historia.[58] É curioso observar que as mulheres à época eram proibidas de estudarem. E Marie Curie só se notabilizou porque foi estudar secretamente numa escola que era chamada "Universidade Flutuante com a ajuda de seus pais, ambos professores, pois por ser polonesa tinha que continuar se movendo para que os russos não a encontrassem. Nesse período em que lá esteve ensinou as crianças pobres a ler, porque acreditava que todas elas tinham o direito de acesso à educação.

No final dadécada de 40, mais especificamente em 1949 a renomada professora de filosofia Simone de Beauvoir, lançou sua obra "O Segundo Sexo", referência no movimento feminista mundial, na qual já relatava inteligentemente a questão relacionada a gênero. Em uma brilhante passagem, ela diz: "que todos os homens e mulheres, o que quer que sejamos, devemos ser considerados seres humanos". Sem dúvida a mulher é como o homem." A autora ainda destaca que nas mais primitivas sociedades, nas mais antigas mitologias, assim como hoje, na nossa sociedade, existe um tipo humano absoluto, que é o masculino e ela, a mulher, é o outro. Ou seja: há nas atitudes dos homens uma duplicidade que cria na mulher um dilaceramento doloroso; eles aceitam em grande medida que a mulher seja um semelhante, uma igual; e no entanto, continuam a exigir que ela permaneça como secundária, insignificante.

Conforme descreve Beauvoir, novamente em sua obra "O Segundo Sexo", "o que é certo é que hoje em dia é muito difícil às mulheres assumirem concomitantemente sua condição de individuo autônomo e seu destino feminino; ai está a fonte dessas inépcias, dessas incompreensões

[58] https://www.bbc.com/portuguese/topics/875e94b8-021d-4411-93f4-a8d5e09d6adb

DIREITOS DAS MULHERES

que as levam, por vezes, a se considerar como um "sexo perdido". E, provavelmente, é mais confortável suportar uma escravidão cega que trabalhar para se libertar".

É preciso nessa busca encontrar o equilíbrio humano com deveres e compromissos iguais, possibilitando às mulheres que caminhem de forma autônoma e independente, podendo viver por elas e para elas. Podemos dizer que as mulheres de hoje começam a afirmar concretamente a sua independência, mas temos uma longa jornada a ser percorrida porque ainda lutamos para sermos ouvidas, seja em casa, seja nas ruas, seja na política e nos inexpressivos cargos que ocupamos. A evolução econômica da mulher tem trazido profundas modificações aos relacionamentos afetivos, caracterizando-se, hoje, como um vínculo consentido por duas individualidades autônomas, com obrigações recíprocas e pessoais, deixando a mulher de ser confinada na sua função reprodutora, não aceitando mais o seu caráter de servidão.

Contudo, o momento em que vivemos ainda do ponto de vista feminista, é um momento de transição, pois uma pequena parte das mulheres participa dessa ainda prematura evolução, e mesmo essa parte pertence a uma sociedade em que antigas estruturas e valores machistas sobrevivem. A mulher moderna deve pensar, agir e trabalhar nas mesmas condições que o homem, pois a independência econômica gera liberdade financeira, social, psicológica e intelectual. Muito Interessante ressaltar a fala de Beauvoir que "homens e mulheres não nascem livres e sim, tornam-se livres". Simone de Beauvoir registrou em sua obra "A força das coisas", um dos volumes de sua memória, uma rigorosa pesquisa acadêmica, lançando teses inovadoras e atacando violentamente a ordem sexual dominante. Pregou, ta liberalização do aborto; reabilitou a homossexualidade feminina; denunciou a violência das relações entre gêneros, e desmontou os mitos do instinto materno, da feminilidade e da maternidade. Foi a primeira vez que uma mulher reivindicou seus direitos através de um livro dessa forma.[59]

---

[59] BEAUVOIR, SIMONE – O segundo sexo, volume 1 – fatos e mitos. Pg. 11,12,13, 281, 338, 339. 5ªedição. Editora Nova Fronteira.
BEAUVOIR, SIMONE – O segundo sexo, volume 2 – A experiência vivida. Pg.15, 16, 120, 185, 186, 187, 439, 503, 505, 506, 539, 544, 545, 556, 557 .5ªedição. Editora Nova Fronteira.

Sigamos esse legado deixado por ela, para que possamos ter uma mudança efetiva nos direitos e garantias da mulher. Não podemos ser minoria nas casas legislativas. Precisamos de mulheres que representem essa mudança e sejam voz para votarmos e criarmos leis para os nossos interesses, pois não é possível que os homens continuem decidindo sobre direitos do nosso próprio corpo e nem tão pouco sobre as políticas públicas para combater a violência contra as mulheres.

A Finlândia é o país em que há maior igualdade entre homens e mulheres e lá se encontra a menor taxa de violência de gênero existente. Outro país que cabe citar é a Austrália que possui as melhores políticas públicas em relação as mulheres, investe em educação e possui representatividade feminina efetiva.

A Austrália é acessível e está ao alcance, inclusive das instituições de ensino superior interessadas em estabelecer processos de cooperação internacionais. Em seu território, há 43 universidades, sendo 40 públicas e três privadas. As políticas públicas educacionais na Austrália, são definidas em conjunto com Ministérios de outras áreas, como indústria, comércio, ciência e tecnologia junto ao Ministério da Educação e com especialistas do setor educacional, que juntos compõem um comitê formado para este fim. Nesse contexto, eles desenvolveram um plano, para transformar a Austrália em um país inovador, engajado globalmente, competitivo na produção científica e detentor de universidades capazes de dar respostas aos desafios da sociedade.

A educação na Austrália funciona como um dos motores da economia e o plano de educação ou as políticas públicas nascem de uma ampla perspectiva de diversos setores, e não apenas dos olhares dos agentes públicos. Estas são questões essenciais para o bom desenvolvimento do país e do setor e precisam ser implantadas como medidas de urgência no Brasil. A Austrália foi considerada pelo segundo ano como o país mais seguro para mulheres em todo mundo, segundo relatório do New World Wealth. A pesquisa considerou crimes como estupro, escravidão e tráfico de mulheres e abusos em geral.[60]

---

[60] https://e.issuu.com/anonymous-embed.html?u=newworldwealth&d=gwmr_2019

DIREITOS DAS MULHERES

A Tasmânia tornou-se o primeiro estado na história australiana a eleger uma maioria de deputadas femininas na mais recente legislatura, abrindo caminho para uma maior representatividade parlamentar, atingindo em um total de 25 lugares, treze mulheres e doze homens eleitos para a Câmara dos Deputados. A ilha australiana corresponde ao estado menor do país. Isso demonstra que países que investem em educação, realizando treinamento e capacitação de seus professores, bem como concedendo salários compatíveis com a grandeza da função que exercem, os torna mais preparados para os desafios do mundo moderno e adaptados às novas pedagogias, formando, em consequência, pessoas mais capacitadas e competentes para o mercado de trabalho.

Os países que possuem maior riqueza e os menores índices de violência são os que seguem essa linha voltada a investimentos efetivos na educação, mas infelizmente a maior parte dos políticos brasileiros, preferem que as pessoas permaneçam sem cultura, pois assim fica mais fácil de manipularem seus eleitores, com promessas banais, muitas vezes sendo oferecidas algumas vantagens para que recebam aquele voto, pois a ignorância aceita qualquer esmola para sua sobrevivência.

Nosso país somente será uma nação quando existirem governantes dispostos a fazer a diferença, investindo em educação com efetividade, vislumbrando que para que haja um futuro promissor precisa-se estar intimamente ligado a uma educação digna e de qualidade. Isso demonstra que países que investem em educação, realizando treinamento e capacitação de seus professores, bem como, salários coerentes com a função que exercem, os torna mais preparados para os desafios do mundo moderno e adaptados às novas pedagogias, formando, em consequência, pessoas mais capacitadas e competentes para o mercado de trabalho.

Os países que possuem maior riqueza e os menores índices de violência são os que seguem essa linha voltada a investimentos efetivos na educação, mas infelizmente a maior parte dos políticos brasileiros prefere que as pessoas permaneçam sem cultura, pois assim fica mais fácil de manipularem seus eleitores, com promessas banais, muitas vezes sendo oferecidas algumas vantagens para que recebam aquele voto, pois a ignorância aceita qualquer esmola para sua sobrevivência. Nosso país somente será uma nação quando existirem governantes dispostos a fazer a diferença, investindo em educação com efetividade, vislumbrando que para que haja um futuro promissor precisa-se estar intimamente ligado a uma educação digna e de qualidade.

1.1. História das conquistas de gênero em convenções, tratados e leis

Para entendermos um pouco dos tratados e convenções internacionais, é preciso esclarecer que a consolidação do Direito Internacional dos Direitos Humanos, surgiu com o fenômeno do pós-guerra, como resposta às violações de direitos humanos da era Hitler. Desse momento é que se edificou um sistema de proteção internacional capaz de prevenir outras atrocidades como a do holocausto.

De modo bem colocada por Flávia Piovesan, "no momento em que seres humanos se tornam supérfluos e descartáveis, no momento em que vige a lógica da destruição, em que cruelmente se abole o valor da pessoa humana, torna-se necessária a reconstrução dos direitos humanos, como paradigma ético capaz de restaurar a lógica do razoável".[61]

Relembrado de um modo muito interessante por Silvia Chakian, o Tribunal de Nuremberg, teve um papel fundamental, sedimentando-se de forma, que os direitos humanos não poderiam mais ser tratados pelos Estados como uma questão doméstica, devendo ser incorporado ao posto de maior relevância internacional.

Nesse processo de evolução, "A Carta das Nações Unidas de 1945" teve importância ímpar no que diz respeito à consolidação da internacionalização dos direitos humanos, trazendo dentre de seus objetivos a promoção dos direitos humanos em âmbito universal.. Após três anos, em 10 de dezembro de 1948, com a concordância de quarenta e oito Estados, foi aprovada a Declaração Universal dos Direitos humanos.[62]

Infelizmente, os direitos humanos elencados na carta no tocante às mulheres não são respeitados e concretizados da mesma forma em relação aos direitos humanos dos homens. Em 1966, o Pacto Internacional sobre Direitos Civis e Políticos também passa a repudiar a discriminação entre homens e mulheres e estabelece a responsabilidade dos Estados-

---

[61] PIOVESAN, Flavia. Direitos humanos e o direito constitucional internacional. 16. Ed. Ver. Ampl. E atual. São Paulo. Saraiva, 2016, p.202, 203.
[62] CHARKIAN, SILVIA. A Construção dos Direitos das Mulheres. São Paulo. Ed. J. Lumen Juris Direito, 2019, p.165, 190, 194,195197,200, 203, 207.

DIREITOS DAS MULHERES

-Partes em assegurar a igualdade entre eles no gozo dos direitos civis e políticos.

A partir de 1975, através da Conferência Mundial das Mulheres, realizada na cidade do México, se intensificaram os esforços para a elaboração da convenção para eliminação de todas as formas de Discriminação contra a Mulher. Em 1979, a ONU aprovou a Convenção sobre a Eliminação de Todas as Formas de Discriminação contra a Mulher (CEDAW), sendo o primeiro documento internacional sobre violência contra a mulher, com uma definição importante em seu art. 1º – "violência é qualquer ato baseado no gênero que resulta dano, sofrimento moral, sexual, físico, psicológico que ocorra na vida pública ou privada." Ratificada pelo Brasil desde 1984, mas com reservas estabelecidas também na parte do direito de família, sendo eliminadas tais reservas pelo governo somente em 1994, promulgando-a sem ressalvas em 2002. Em 1993, a Conferência Mundial sobre Direitos Humanos, Declaração e Programa da Ação de Viena, afirmou que os direitos das mulheres, são direitos humanos.

"(...) que a promoção e a proteção dos Direitos Humanos constituem questões prioritárias para a comunidade internacional, e que a Conferência proporciona uma oportunidade única de efetuar uma análise global do sistema internacional de Direitos Humanos e dos mecanismos de proteção destes direitos, por forma a incentivar e assim promover o seu maior respeito, de uma forma justa e equilibrada, reconhecendo e afirmando que todos os Direitos Humanos decorrem da dignidade e do valor inerentes à pessoa humana, que a pessoa humana é o sujeito central dos Direitos Humanos e das liberdades fundamentais, e que, consequentemente, deve ser o seu principal beneficiário e participar ativamente na realização desses direitos e liberdades, reafirmando o seu compromisso para com os fins e princípios consagrados na Carta das Nações Unidas e na Declaração Universal dos Direitos do Homem, reafirmando o compromisso assumido no artigo 56º da Carta da Nações Unidas de empreender ações coletivas e individuais, atribuindo a devida importância ao desenvolvimento de uma cooperação internacional efetiva com vista à realização dos objetivos estabelecidos no artigo 55º, incluindo o respeito e a observância universais pelos Direitos Humanos e pelas liberdades fundamentais para todos, realçando a responsabilidade de todos os Estados,

A LUTA HISTÓRICA DAS MULHERES E AS DIFICULDADES ENCONTRADAS...

em conformidade com a Carta das Nações Unidas, de desenvolver e encorajar o respeito pelos Direitos Humanos e pelas liberdades fundamentais de todos, sem distinção quanto à raça, sexo, língua ou religião."[63]

Em 1994, a Convenção Internacional de Belém do Para, para prevenir, punir e erradicar a violência contra a mulher definiu o que seria a violência contra as mulheres e estabeleceu que se trataria de uma violação dos direitos humanos e liberdades fundamentais das mulheres. Foi o primeiro documento internacional a utilizar o termo "gênero" (vida sem violência e políticas dos estados). Antes a violência era vista como uma questão familiar.

Em 1995, foi realizada a 4ª Conferência Mundial sobre a Mulher, conhecida como Conferência de Pequim, a qual mostrou o maior nível de pobreza entre as mulheres, violência e sua exclusão das esferas de poder. Resultante dessa Conferência, uma série de recomendações aos governos signatários para a adoção de políticas nacionais para a promoção da equidade entre homens e mulheres.[64]

No Brasil, o caso Maria da Penha Fernandes foi emblemático, e com fundamento nos artigos 44 e 46 da Convenção Americana Dos Direitos Humanos e no artigo 12 da Convenção de Belém do Pará, Maria da Penha, juntamente com o Centro pela Justiça e pelo Direito Internacional (CEJIL) e o Comitê Latino Americano de Defesa dos direitos das Mulheres (CLADEM) apresentaram denúncia perante a Comissão Interamericana de Direitos Humanos, em 20 de agosto de 1998, relatando a grave tolerância e leniência estatal no Brasil em relação a violência contra a mulher, constatada no processo que apurava a responsabilidade de Marco Antônio Heredia Viveiros, pela violência extrema praticada contra a sua então esposa, em 20 de maio de 1983.

Em virtude da denúncia, a Convenção elaborou o Relatório nº 54-2001 concluindo que ocorreu violação pelo Estado Brasileiro, às garantias

[63] https://www.oas.org/dil/port/1993%20Declara%C3%A7%C3%A3o%20e%20 Programa%20de%20Ac%C3%A7%C3%A3o%20adoptado%20pela%20Confer% C3%AAncia%20Mundial%20de%20Viena%20sobre%20Direitos%20Humanos%20 em%20junho%20de%201993.pdf

[64] https://agenciapatriciagalvao.org.br/docs-referenciais/cedaw-onu-1979/

DIREITOS DAS MULHERES

previstas nos artigos 8º e 25 da Comissão Interamericana De Direitos Humanos, nos artigos 2ª e 17º da Convenção Interamericana para Prevenir Punir e Erradicar a Violência contra a Mulher, e em seu artigo 7º, da Convenção de Belém do Pará.

Desde então o Brasil encaminha relatórios periódicos a OEA (Organização dos Estados Americanos) das medidas que adota para enfrentar a violência doméstica contra a mulher.[65] A recomendação 33, do CEDAW (Comitê para a Eliminação de todas as Formas de Discriminação contra a Mulher), estabelece que a cada quatro anos o país deve apresentar um relatório de como evoluiu a questão de discriminação e violência contra as mulheres em seu país. É analisado pelo Comitê, o qual faz críticas e questiona qual a conduta que o Estado está tomando para proporcionar a igualdade de gênero, e seguir as recomendações dadas pelo Comitê.

A conquista da Lei Maria da Penha, 11.340/2006, que é considerada umas das três melhores leis do mundo, (Brasil, Mongólia e Espanha), veio para que haja a erradicação da violência contra mulher, sendo uma das formas de violação dos direitos humanos, conforme descrito em seu artigo 6º. Direitos Humanos significa dizer que o Estado tem o dever de atuar, e caso não seja feito, responder por isso. Para que haja efetividade nas leis, o Estado deve fomentar políticas públicas relacionadas aos assuntos em pauta, como por exemplo, a violência contra a mulher, que só cresce, vez que a Lei não é cumprida.

Os Estados-Partes têm a obrigação de tornar visíveis e remover as barreiras sociais e culturais subjacentes, incluído os estereótipos de gênero, que impedem as mulheres de exercer e reivindicar seus direitos e acesso à remédios efetivos.

Ademais, a discriminação contra as mulheres se vê agravada por fatores raciais, econômicos e sociais interseccionalidade, em graus ou modos diferentes. Após o regime militar que durou de 1964 até 1985, a Constituição Federal de 1988 nasce como um marco, finalmente regularizando o regime político democrático no Brasil, ocorrendo assim um evidente avanço na consolidação das leis, das garantias e direitos fundamentais.

---

[65] http://www.unfpa.org.br/Arquivos/relatorio-cairo.pdf

A LUTA HISTÓRICA DAS MULHERES E AS DIFICULDADES ENCONTRADAS...

Desde então, o sistema jurídico nacional se abre para o internacional, principalmente no que diz respeito às normas de direitos humanos ratificadas pelo Brasil, passando assim a ter status de lei federal. A Constituição Federal, em seu artigo 5º, marco contra a discriminação de todos os gêneros, define os direitos humanos como fundamentais, e menciona em seu inciso I, que "homens e mulheres são iguais em direitos e obrigações nos termos desta Constituição" perante a lei. Mais adiante:

Art. 226 da CF: A família, base da sociedade, tem especial proteção do Estado.

§ 8º O Estado assegurará a assistência à família na pessoa de cada um dos que a integram, criando mecanismos para coibir a violência no âmbito de suas relações.

Art 227 da CF: "É dever da família, da sociedade e do Estado assegurar à criança, ao adolescente e ao jovem, com absoluta prioridade, o direito à vida, à saúde, à alimentação, à educação, ao lazer, à profissionalização, à cultura, à dignidade, ao respeito, à liberdade e à convivência familiar e comunitária, além de colocá-los a salvo de toda forma de negligência, discriminação, exploração, violência, crueldade e opressão."

2. A insignificante evolução política das mulheres nos aspectos da igualdade de gênero no Brasil ligada principalmente nos comandos politicos arcaicos e machistas

O Brasil é o 95º em desigualdade de gênero dentre 149 países. Em dois anos perdemos quinze posições, segundo o Fórum Econômico Mundial[66]. Segundo pesquisas, pelo ritmo que estamos seguindo, a desigualdade salarial só ocorrerá em 2049. O Brasil esperará 95 anos para chegar a igualdade de gênero, pelas pesquisas mais otimistas, pois pelas mais pessimistas iremos demorar dois séculos.[67] Infelizmente estamos mais atrasados em relação à questão de gênero, a legalização do aborto, equi-

---

[66] https://g1.globo.com/economia/noticia/2018/12/18/forum-economico-mundial-ve-2-seculos-para-fim-de-desigualdades-de-genero-no-mercado-de-trabalho.ghtml
[67] https://oxfam.org.br/um-retrato-das-desigualdades-brasileiras/pesquisa-nos-e-as-desigualdades/

DIREITOS DAS MULHERES

paração salarial, manutenção da miséria na educação, contribuindo cada vez mais para uma cultura empobrecida.

Precisamos trabalhar a favor da democracia, da cultura e liberdade de existir. Para se ter ideia, dos cinquenta Estados Americanos, mais de quarenta são a favor da legalização do aborto desde 1973, de 24 semanas até 28 semanas de gestação. Conforme citado por Hillary Clinton, "o aborto deve ser legal, raro e seguro", pois, é bem verdade, que a mulher quando quer abortar procura clínicas clandestinas que por muitas vezes à leva a morte. Ninguém se sente bem abortando, por isso deve ser legalizado, para que seja realizado de forma segura. Não se pode discutir a questão filosófica, pois cada um tem a sua, mas sim a segurança da mulher em vários aspectos.

Todas essas questões que envolvem violação dos direitos fundamentais relacionados às mulheres, devem ser discutidos, analisados, avaliados, aperfeiçoados, para que haja uma mudança evolutiva nas legislações, bem como na criação de políticas públicas, cabendo ser votados, criados e aplicados por quem tem a maior sensibilidade para debater o assunto : o gênero feminino, pois a discussão é relacionada aos direitos e deveres das mulheres.

A representação política das mulheres no Brasil ultrapassa um pouco mais de 10%, e nas carreiras profissionais esse número ainda é mais baixo relacionado aos homens, além de muitas vezes exercerem a mesma função, recebendo de 20% a 30% menos de salário do que os homens. Quando se trata de terras para reforma agrária, por exemplo, são dadas muito mais terras aos homens do que às mulheres. E quando se olha para as mulheres negras a conquista torna-se ainda mais difícil.

Para se ter uma ideia do quanto a nossa sociedade é machista, em março de 2014, foi realizada uma pesquisa pelo IPEA – INSTITUTO DE PESQUISA ECONÔMICA APLICADA, a qual revelou que 58,5% dos homens entrevistados disseram que "*se* as mulheres soubessem se comportar, não seriam estupradas e 65% disseram que mulheres que são agredidas e continuam com os parceiros é porque gostam de apanhar".[68]

---

[68] http://www.ipea.gov.br/portal/

A LUTA HISTÓRICA DAS MULHERES E AS DIFICULDADES ENCONTRADAS...

Outro dado que merece grande destaque é a questão do feminicídio no Brasil, publicado pelo IPEA – INSTITUTO DE PESQUISA ECONÔMICA APLICADA em parceria com o Fórum Brasileiro de Segurança Pública, que teve crescimento de 17% em cinco anos, pelo Atlas da Violência 2019 e aponta para uma provável escalada do crime de feminicídio entre 2012 e 2017. A Lei do Feminicídio, Lei n. 13.104/2015, a Lei alterou o Código Penal Brasileiro e incluiu o feminicídio como uma das formas qualificadas do homicídio, assim compreendida quando a morte de uma mulher decorre de violência doméstica e familiar ou quando provocada por menosprezo ou discriminação da condição do sexo feminino. Não podendo assim ignorar que a maior parte dos homicídios de mulheres ocorre em ataques no espaço doméstico, cometido por seus parceiros íntimos ou conhecidos.

Em muitos países, representantes dos movimentos de mulheres têm exigido respostas mais eficazes dos governos para enfrentar as diferentes formas de violência contra as mulheres. E que infelizmente ainda carece de ações e políticas mais eficazes para seu enfrentamento, precisamos de Governantes com verdadeira vontade de estimular a adoção de políticas de prevenção à violência baseada no gênero.

"Ainda que não haja uma correspondência exata entre feminicídio e morte em casa, este local da morte é um indicativo de feminicídio se considerarmos a premissa básica de que a casa é o lugar mais perigoso para as mulheres, que morrem mais nas mãos dos parceiros afetivos do que de quaisquer outras pessoas"

Explica a socióloga Wânia Pasinato, especialista em violência de gênero contra as mulheres. Segundo ela, o aumento discrepante das mortes de mulheres em casa por arma de fogo (cuja taxa aumentou 30% em dez anos) em relação ao dado global de mulheres (21% no mesmo período) é a primeira evidência empírica das consequências da forte redução orçamentária das políticas públicas para mulheres ocorrido a partir de 2015, bem como uma maior independência financeira das mulheres, podendô conduzir assim a própria vida, pois o segundo maior problema que mantém as mulheres em situação de violência é a questão financeira.[69]

---

[69] http://www.onumulheres.org.br/wp-content/uploads/2016/04/diretrizes_feminicidio.pdf

DIREITOS DAS MULHERES

Segundo Wânia Pasinato, entre 2014 e 2016, a dotação orçamentária da Política para as Mulheres teve redução de 40%, segundo dados do Instituto de Estudos Socioeconômicos (INESC). Em 2017, essa verba sofreu nova redução da ordem de 52%. Vale ressaltar, que as mulheres negras são as que mais sofrem com a violência. Para termos uma ideia, enquanto a taxa delas é de 5,6 mortes por 100 mil habitantes, o índice das mulheres não negras (brancas, amarelas e indígenas) é de 3,2. As mortes de pardas e pretas também aumentam em maior velocidade: cresceram 30% entre 2007 e 2017, diante de uma alta seis vezes menor entre as não negras.

Já foram constatados até o primeiro semestre de 2019 pelo G1 e pela GloboNews, o aumento de 44% nos casos de feminicídio no Estado de São Paulo se comparados ao mesmo período do ano anterior, conclui-se que 82 mulheres foram vítimas de feminicídio este semestre, comparado com o mesmo período em 2018 foram 57 casos.[70] De acordo com estudo da Comissão Econômica para a América Latina e o Caribe (CEPAL), vinculada à Organização das Nações Unidas (ONU), a cada dez feminicídios registrados em 23 países da região em 2017, quatro ocorreram no Brasil. Naquele ano, pelo menos 2.795 mulheres foram assassinadas, das quais 1.133 no Brasil.[71]

Já o Atlas da Violência 2018, publicado pelo Instituto de Pesquisa Econômica Aplicada (IPEA) e o Fórum Brasileiro de Segurança Pública, apontou uma possível relação entre machismo e racismo: a taxa de assassinatos de mulheres negras cresceu 15,4% na década encerrada em 2016. Ao todo, a média nacional, no período, foi de 4,5 assassinatos a cada 100 mil mulheres, sendo que a de mulheres negras foi de 5,3 e a de mulheres não negras foi de 3,1. A publicação do Atlas da violência de 2019, já no recorte de 2012 a 2017 mostra um aumento mais significativo ainda, de 20,7% na taxa nacional de homicídios de mulheres, quando a mesma passou de 3,9 para 4,7 mulheres assassinadas por grupo de 100 mil mulheres, observamos assim um aumento de 1,7% na taxa nacional e um aumento

[70] https://g1.globo.com/sp/sao-paulo/noticia/2019/08/07/casos-de-feminicidio-aumentam-44percent-no-1o-semestre-de-2019-em-sp.ghtml
[71] https://pt.wikipedia.org/wiki/Comiss%C3%A3o_Econ%C3%B4mica_para_a_Am%C3%A9rica_Latina_e_o_Caribe

A LUTA HISTÓRICA DAS MULHERES E AS DIFICULDADES ENCONTRADAS...

maior ainda de 5,4% no último ano, período em que se verificam taxas ascendentes em 17 unidades da federação em relação a 2016.

Conclui-se assim, que houve um crescimento dos homicídios femininos no Brasil, alcançando o maior índice registrado desde 2007, com cerca de 13 assassinatos por dia. Ao todo, 4.936 mulheres foram mortas.[72] A coordenadora do Comitê Latino-Americano e do Caribe para a Defesa dos Direitos da Mulher (CLADEM), Soraia Mendes, "destacou a relevância dos dados e das investigações sobre as mortes de mulheres na elaboração de Políticas Públicas efetivas. Ela também chamou atenção para as universidades, enquanto produtoras de conhecimento, e para o que considera responsabilidade da imprensa nessa discussão. Para a especialista, o assunto envolve "uma masculinidade tóxica, em um país violento".[73]

Infelizmente, a triste realidade é que estamos em quinto lugar no ranking dos países que mais matam mulheres, segundo o Alto Comissariado das Nações Unidas pra os Direitos Humanos (ACNUDH). O país só perde para El Salvador, Colômbia, Guatemala e Rússia em número de casos de assassinato de mulheres, se compararmos com países desenvolvidos. Aqui se mata 48 vezes mais mulheres que no Reino Unido, 24 vezes mais que a Dinamarca.

Conforme relatado em vários capítulos do livro sobre Políticas Públicas de prevenção à violência contra a mulher, que tem como uma das coordenadoras Wânia Pasinato, que além de citar diversos projetos bem estruturados como Pró Paz Mulher (PPM), e vários outros oferecendo um serviço especializado de atendimento integral, qualificado e humanizado, traz respostas para as pessoas mais necessitadas que sofrem de sérios problemas de exclusão social, através de integração social e inserção nas comunidades, gerando inclusive qualificação e trabalho. Conclui-se, assim, que a prevenção é um viés fundamental no enfrentamento de

---

[72] file:///C:/Users/user/Documents/Ale/livro%202019/190605_atlas_da_violencia_2019.pdf

[73] http://www.justificando.com/2019/06/13/a-defesa-dos-direitos-das-mulheres-pela-rede-cladem/

DIREITOS DAS MULHERES

qualquer problema, principalmente os que estão bem enraizados em nossa sociedade, exigindo ações concretas além do viés punitivo.[74]

Feita uma análise, pode-se enxergar que existem diversas iniciativas para que se tenham políticas públicas e que sejam bem aplicadas, gerando resultados concretos, assim erradicando esse mal que assola o nosso país. Falta luta e vontade dos nossos governantes para que se invista nesse sentido, e em consequência disso chegamos a uma triste conclusão: a cada 6.3 segundos uma mulher é vítima de ameaça de violência no Brasil; a cada 7,2 segundos uma mulher é vítima de violência física no Brasil; a cada 16,6 segundos uma mulher é vítima de ameaça com faca ou arma de fogo no Brasil; a cada 22,5 segundos, uma mulher é vítima de espancamento ou tentativa de estrangulamento no Brasil; a cada 2 minutos uma mulher é vítima de arma de fogo no Brasil; a cada 1,4 segundos uma mulher é vítima de assédio no Brasil; a cada 2 segundos uma mulher é vítima de violência física ou verbal no Brasil; a cada 6.9 segundos uma mulher é vítima de perseguição no Brasil, e nós precisamos ter elementos e estratégias para mudar essa realidade no nosso país, implementando Políticas Públicas consistentes para reduzir este enorme problema que nos causa uma gigantesca preocupação.

Somente a nossa união poderá mudar essa história que vem aterrorizando mulheres em nosso país. Juntas somos fortes. Sozinhas não mudamos uma nação. Somos maioria e podemos mudar essa triste realidade. Existe uma frase muito bem colocada por Malala Yousafzai : "Levanto a minha voz. Não para que eu possa gritar. Mas para que aqueles sem voz possam ser ouvidos". É fato que os nossos governantes atuais não querem ter mulheres na discussão desses assuntos. Basta considerar que ocupamos a posição de 131º entre 191 países no aspecto na representação de mulheres no parlamento. Hoje no Brasil há 22 ministérios, sendo 20 ocupados por homens e apenas dois por mulheres. Essa questão envolve vários aspectos, começando pelos líderes de partidos, denominados "caciques", pois perduram nas Diretorias e Lideranças de partidos por quase toda a sua vida, cabendo a eles as tomadas de decisões e distribui-

---

[74] PASINATO, WÂNIA. MACHADO, AMARAL BRUNO. ÁVILA, TIAGO PIEROBOMBOM. Direito, transdisciplinariedade e Pesquisas Sociojurídicas – Vol. 6 – Fundação Escola – Brasília – DF. Marcial Pons. Paginas, 14,15, 230, 231,232.

A LUTA HISTÓRICA DAS MULHERES E AS DIFICULDADES ENCONTRADAS...

ções das verbas partidárias para candidatas da forma que bem entendem, cabendo assim a eles o domínio de quem serão eleitos e, por óbvio que o machismo perpetuado nessa esfera impede a eleição de mais mulheres, cabendo a eles as decisões relacionadas a nós, mulheres. Cabe aqui também ressaltar no que concerne ao gênero, que implica divisão do trabalho fora e dentro de casa, e esse sistema de preconceito converge com os privilégios masculinos.

Nesse sentido, os homens acabam ficando com o monopólio da representação, na lógica da dominação masculina imposta pelo domínio patriarcal, considerando as mulheres uma espécie subalterna para os temas públicos, com uma mentalidade de que uma mulher a mais ocupando um cargo político seria um homem a menos neste papel, tornando-se assim os homens como adversários, unidos por uma relação essencial de igualdade e honra, transformada em uma dominação do poder masculino.

Não vislumbramos mudanças nesse quadro, mesmo hoje em dia, sendo as mulheres mais escolarizadas e participando do mercado de trabalho, continuam com enormes dificuldades para ascender aos cargos de poder político. Por existir questões estruturais até mesmo em relação a corrupção, pelo espaço do poder ocupado e grandes esquemas entre eles que poderiam ser atrapalhados com as novas ideologias e visões, estabelecendo novas regras e liberdades, haja vista que é da própria natureza da mulher possuir uma maior sensibilidade, sendo de fato mais difícil de ser corrompida.

Há pesquisas que demonstram que a representatividade feminina na política e em cargos de comando dos Estados nos Países Europeus, são menos corruptos. No atual mandato parlamentar dos 14 vice-presidentes, cinco são mulheres e em 11 dos 23 presidentes de comissões parlamentares são mulheres, e esse número cresce a cada eleição no parlamento Europeu. A representação das mulheres nas eleições para deputadas apresenta os seguintes percentuais de representatividade feminina: Finlândia 76,9%, Croácia e Irlanda 54,5%, sendo os países com maior percentagem de representatividade feminina.[75]

[75] https://www.europarl.europa.eu/news/pt/headlines/society/20190226STO28804/mulheres-no-parlamento-europeu-infografia

DIREITOS DAS MULHERES

Não há como se discordar da ideia de que elas ocupem os espaços políticos, é necessária uma mudança, pois as mulheres representam metade da população, devendo-se levar em conta que um grupo potencialmente representa melhor as suas próprias demandas, constituindo assim agendas específicas. Essa questão da representatividade de mais mulheres nos parlamentos vai muito além de uma questão de justiça e igualdade desprovida de significado. É estruturante da própria ideia de democracia e origem de uma agenda política que pode beneficiar não só as mulheres, como toda a sociedade.

O Brasil é um dos países campeões mundiais em baixa representatividade feminina nas estruturas de poder, estando também entre os países com uma renda mais baixa, perdendo apenas para o Haiti. Não se pode negar, que a ocupação de mulheres em cargos eletivos é um efeito da desigualdade existente na sociedade.

No Brasil, desde que as mulheres obtiveram o direito ao voto em 1932, em 1934 apenas uma mulher foi escolhida pelo voto, a Sra. Carlota Pereira de Queiroz, Deputada por São Paulo, autora do primeiro projeto para criação dos serviços sociais; além dela, a feminista Berta Lutz, eleita suplente, ocupou o cargo por um breve período. Percebe-se, que de 1934 até 2014 o Brasil avançou de 1% da representatividade feminina para apenas 10%, contudo mais de 80 anos após a permissão legal da mulher para votar e ser votada, estando o poder legislativo totalmente nas mãos dos homens, sendo eles capazes de decidirem por temas que envolvem diretamente a vida das mulheres.[76] Desde que vieram as questões das cotas, com a Lei n. 12.034/2009, que determinou que o Brasil deve reservar 30% das cotas para candidaturas femininas, e os partidos destinarem pelo menos 5% do fundo partidário para programas da promoção de participação política das mulheres e 10% de tempo de TV, vem sendo sentido este avanço de forma muito tímida no Brasil.

Na prática, as candidaturas não tem apoio dos partidos, ainda muitas das candidatas atuam como "laranjas", conforme apontam os dados do TSE – TRIBUNAL SUPERIOR ELEITORAL nas eleições de 2016, sendo identificado que 16.131 candidatos não obtiveram nenhum voto, e 14.417

---

[76] MELO, HILDETE PEREIRA. THOMÉ, DEBORA. Mulheres e o Poder – Histórias, ideias e indicadores. Ed. FGV. pag. 127,128, 129, 130, 131, 134, 135, 142, 145, 146.

desses candidatos eram mulheres, representando assim 89,3% deles, sendo seus nomes incluídos pelos partidos apenas para cumprirem cotas. Esses mecanismos de cotas são usados em diversos países, mas muitos de formas diferentes e outros tentando implantar formas que efetivamente apliquem os mesmos direitos e mecanismos de competitividade de campanhas entre homens e mulheres, sendo eles: igualdade de direitos, igualdade de representação e principalmente igualdade de recursos.

Temos mulheres capazes e exercemos responsabilidades sociais, mas não temos poder, existindo uma falha nesse sistema a ser ajustada. Merly Kenny, estudiosa cientista especialista em gênero e política da Universidade de Edimburgo, que tem investigado o impacto das medidas de correção das disparidades entre gêneros, falou na reunião interparlamentar da Comissão dos Direitos da Mulher e Igualdade de Gênero (FEMM) realizada em Bruxelas, que no final das contas quem impede o acesso das mulheres aos lugares de poder são os próprios partidos.

Isso demonstra que, enquanto apenas homens liderarem os cargos de poder e tomada de decisões dos partidos políticos, nunca seremos colocadas em posições favoráveis e jamais seremos financiadas com igualdade, para assim alcançarmos esse fim, de forma justa e digna. Devem ser aplicados os patamares mínimos, em conjunto com outras medidas, tais como a capacitação das mulheres, programas de mentorias e o próprio combate às atitudes sexistas que prevalecem no campo político.

Infelizmente demonstra-se que os limites mínimos fixados pela Lei das Cotas são ultrapassados e devem ser implementados, sendo totalmente necessária a permanência desta Lei, com o seu aperfeiçoamento. Por fim, é nítido que os partidos abracem a igualdade de gênero como um valor fundamental, reconhecendo que existem desigualdades estruturais que colocam as mulheres numa posição subalterna e que devem ser combatidas, sendo preciso o comprometimento de candidatos homens e mulheres, com a promoção de igualdade.

6. O Poder Feminino da Independência à Influência

MARLENE OLIVEIRA CAMPOS MACHADO

Há décadas tornou-se possível – e até comum – que as mulheres não apenas passassem a ser responsáveis pelo rumo da própria vida, como também iniciassem uma grande jornada como lideranças, valendo-se, muitas vezes, da própria figura pública, para influenciar a sociedade, deixar legados e a inspirar homens e mulheres mundo afora, sobre como transformar para melhor a vida de diversas pessoas. O aumento da participação da mulher nos espaços de poder é consequência de lutas históricas e de uma evolução da própria sociedade e se prova, a cada dia, que ele não é efêmero e que o céu é o limite de suas conquistas.

1. A sobrevivência

Não faz muito tempo. No século XIX, as mulheres não tinham direito a definir escolhas individuais básicas, como definir com quem e quando iriam casar-se ou cursar uma universidade até em países cuja liberdade não é um problema. Nos Estados Unidos, por exemplo, o Ato de Comstock, Lei de 1873, tornava crime a venda anticoncepcionais. As mulheres não detinham o direito de escolher o melhor momento de suas vidas para gestar uma criança, pois eram punidas criminalmente caso resolvessem se prevenir da gravidez com contraceptivos. Nesta época, trabalhar, então, só como donas de casa ou em fábricas. E essa liberdade era muitas vezes tolhida dentro da casa pela própria família. Praticamente, as figuras sociais que se observavam eram as da mulher doméstica e a do homem provedor.

Mas, de lá para cá, as sociedades vêm mudando. As liberdades civis vêm sendo ampliadas e as formas de produtividade do trabalho passaram a não depender mais da força física apenas, de modo que o capital intelectual passou a ter maior importância para geração de riqueza. Esse contexto é importante para participação das mulheres nos espaços de poder, uma vez que ele abriu caminho para conquista de direitos sociais femininos, do mesmo modo em que coloca as mulheres em pé de igualdade em termos de contribuição para desenvolvimento econômico. Hoje as mulheres não só "dão as cartas da própria vida" como começam a deixar legados e inspiram homens e mulheres mundo afora em como transformar para melhor a vida de diversas pessoas.

2. A Influência

O estágio de influência inclui quatro eixos: o econômico, educacional, a liderança em empresas e atuação política. As mulheres já são melhor qualificadas profissionalmente do que os homens e com maior instrução escolar que indivíduos do sexo masculino, conforme aponta o relatório Gendle Research da Organização Internacional do Trabalho (OIT).

2.1. Renda

No mundo as mulheres já administram cerca U$14 tri em ativos financeiros, montante equivalente a 7 vezes o valor do PIB brasileiro e quase a totalidade do PIB dos Estados Unidos. As mulheres controlam 40% da renda até em países sem muitas liberdades civis como Arábia Saudita, Kuwait, Quatar e Emirados Árabes Unidos. Muitos locais, por exemplo, em que elas não podem sair às ruas sozinhas. Na Arábia Saudita, por exemplo, as mulheres passaram de ter autorização para ter carta de motorista apenas em janeiro de 2018. Antes disso, elas eram proibidas de dirigir.

No mercado de trabalho, se a maior propensão a cuidar da família pode representar um desafio para superar a diferença salarial entre gêneros no Brasil, a resposta de muitas delas para isso já pode ser medida em números bem significativos: 8 milhões empreendedoras e são donas de 51,5% das novas empresas brasileiras, de acordo com o SEBRAE. No Brasil as pessoas do sexo feminino representam 52% da população em idade de trabalho (166 milhões de pessoas) e já são 43% dentre as pessoas que têm emprego (PNAD/IBGE,2017). É uma evolução significativa para quem há algumas décadas não tinha o direito nem mesmo de trabalhar fora. Em termos de renda é preciso entender que o aumento do poder aquisitivo das mulheres está melhorando a vida das famílias e, também,

O PODER FEMININO DA INDEPENDÊNCIA À INFLUÊNCIA

influenciando toda a economia, simplesmente porque homens e mulheres são diferentes.

2.2. Liderança: empresas, família e Poder Judiciário

Em 2000, dentre as pessoas que ganhavam mais que U$ 75 mil por mês apenas 2,8% eram mulheres, em 2016 elas já representavam 5%. Percentual pequeno, mas cujo crescimento para o período é significativo: 78%. Cada vez mais, grandes empresas têm mulheres em altos cargos como CEO ou em sua diretoria, até mesmo em profissões predominantemente masculinas. Mary Barra, preside a General Motors, do setor automobilístico, por exemplo. Ginni Rometty preside outra grande companhia: IBM, do setor de softwares, uma das empresas pioneiras no desenvolvimento de técnicas de Inteligência Artificial. Recentemente, a executiva indiana Indra Nooyi tornou-se a primeira mulher a presidir a PepsiCo.

Em órgãos supranacionais de poderio mundial não é diferente, como é o caso da advogada Cristine Lagarde, atual diretora-chefe do Fundo Monetário Internacional (FMI) e a economista Janet Yellen, que presidiu entre 2013 e 2014 o Federal Reserve, Banco Central estado-unidense. A renomada Universidade Harvard teve, recentemente, a historiadora Drew Faust ocupando a posição de reitora. A 28ª pessoa a ocupar o cargo na instituição, sendo a primeira do sexo feminino.

Em termos de liderança feminina no Brasil, tivemos Cláudia Sender, que ascendeu a presidência da companhia área Latam. Ainda que a velocidade dessas mudanças seja questionável, do ponto de vista de mentalidade podemos enxergar ganhos que impulsionaram lideranças femininas a ocupar cada vez mais seus espaços. Um exemplo interessante é o ocorrido no Supremo Tribunal Federal. Que entre 1890 e o ano 2000, nenhuma mulher havia ocupado a cadeira de ministro da mais alta corte. Hoje elas são 18% das ministras e, de lá para cá, nos últimos dezenove anos duas mulheres já foram presidentes do Supremo Tribunal Federal. Outra questão interessante de liderança no Brasil, é que as pessoas do sexo feminino são chefes de 40% das famílias (IPEA), um crescimento de 100% em relação ao ano de 2002. Se pensarmos que há pouco mais de 100 anos, tempo curto em termos históricos, seria muito difícil encontrar uma mulher exercendo essa posição familiar, quem poderia imaginar que elas chefiariam quase metade das famílias do país. Enfim, uma nação só

DIREITOS DAS MULHERES

tem a ganhar com a valorização da mulher na sociedade, já que as mulheres representam 52% da população no caso do Brasil.

2.3. Educação

Os avanços nesse setor também são amplos também. No EUA, por exemplo, as mulheres representam 57% dos diplomas universitários, 61% dos de mestrado e 49% dos de doutorado. Há cerca de 100 anos, as mulheres de lá eram proibidas de fazer até mesmo um curso superior. A Organização Internacional do Trabalho já destaca que as mulheres detêm maior qualificação profissional, em termos de formação, do que os homens. Apesar de terem, em média, salários menores.

No Brasil, a ONU aponta que não existe desigualdade educacional entre homens e mulheres, uma vez que elas são 60% dentre os concluintes de cursos superior e são também a maioria em termos de frequência escolar no ensino médio e também no ensino superior em todas as regiões do país.

3. A política

Já no meio político, o sufrágio universal, outro direito recente em termos históricos, virou discussão do passado. O tema em questão atualmente é a representatividade feminina nas casas legislativas, já que o direito a participar da escolha é uma realidade. Até os Emirados Árabes Unidos (que só aceitaram o voto feminino em 2010) e Angola acham correto destinar 30% das vagas na política para o sexo feminino.

No último século, o decreto 21.076/1932 deu o direito à mulher de votar e ser votada. No mesmo modo que atual Constituição Federal deu direitos e obrigações iguais perante a Lei para homens e mulheres. Esse pano de fundo deu substância à luta feminina por mais espaços na política. Por exemplo a aprovação de Leis exigem que um partido político tenha no mínimo de 30% e o máximo de 70% de cada sexo e que destine, no mínimo, 30% dos recursos do Fundo Partidário para programas de promoção da participação política das mulheres.

3.1. Candidaturas

De acordo com dados do Ranking de Presença Feminina dos Poder Legislativo e com o Ranking de Presença Feminina do Poder Executivo,

O PODER FEMININO DA INDEPENDÊNCIA À INFLUÊNCIA

do Projeto Mulheres Inspiradoras (PMI), houve: aumento de 79% nas candidaturas femininas ao legislativo (deputadas e senadoras) de 2018 em comparação a 2010. E aumento de 74,1% nas candidaturas femininas ao legislativo municipal em 2016 em relação ao ano de 2008.

O aumento de candidaturas vai ao encontro dos números do Tribunal Superior Eleitoral, que apontam um vertiginoso aumento de candidaturas femininas. Em 2014, foram registradas 6.245 candidaturas femininas, um aumento de 71% em relação ao ano de 2010. Esse resultado pode ser atribuído, em partes, a obrigatoriedade por lei, desde 2009, de que se haja, no máximo, 70% e, no mínimo, 30% de candidatos de cada sexo por partido.

3.2. Eleitas
Até 2014, de um total de 1.627 candidatos eleitos, somente 175 mulheres conseguiram se eleger (TSE). Já em 2018, houve crescimento de 48% na presença feminina: dentre 1654 eleitos, 246 (14,8%) foram mulheres. Ou seja, apesar das cotas de candidaturas, entre 2010 e 2014 houve uma queda de eleitas entre 2010 para 2014, de 190 para 175 eleitas (queda de 7,8%). E em 2018 o Brasil elegeu apenas uma governadora.

3.3. Brasil em relação ao mundo
O Ranking de Presença Feminina do Poder Legislativo do Projeto Mulheres Inspiradoras, fez análises de outros 137 países, além do Brasil. O país está mal colocado em termos de mulheres no legislativo, figurando em 115º lugar de 138 países. De modo que a participação feminina do Brasil na Câmara federal está mais próxima à média de participação feminina de países do Oriente Médio e do norte da África. Até 2016 o Brasil ainda não havia conseguido chegar à média mundial de mulheres no parlamento de 1990. Apesar da participação de mulheres na política no Brasil ter crescido acima da média mundial – 87% entre janeiro de 1990 e dezembro 2016 – 6% mais do que a média do crescimento mundial no período. Ou seja, crescemos muito nesse quesito, mas ainda de forma insuficiente para tirar o atraso em termos de representatividade feminina.

E o crescimento médio da participação da mulher no parlamento de 2,7% ao ano entre 1997 e 2017, permitirá que o Brasil atinja a igualdade de gênero no Parlamento Federal só no ano de 2080. A edição pós-eleições

DIREITOS DAS MULHERES

de 2018 do ranking não foi lançada, mas já é sabido, de acordo com os dados do TSE, que houve crescimento de 40% na participação feminina, chegando a 14% das cadeiras de deputados federal, com 77 deputadas.

Ainda que tenha havido aumento, a participação ainda é baixa. Em 2018 o Brasil conseguiu superar a média mundial de 2001. E esses resultados ocorrem apesar das mulheres serem a maioria do eleitorado: 74,5 milhões de eleitoras. Outro problema grave, apontando pelo ranking, é que quase 50% das mulheres que se candidataram ao legislativo municipal nos Estados da Bahia, Ceará Paraíba e Alagoas tiveram menos 10 votos nominais cada. E que 20,38% ou 7813 candidatas a vereadoras na Região Nordeste tiveram 0 votos. Em média de 95% das mulheres que se candidataram a vereadoras não foram eleitas e 32,4% delas tiveram até 10 votos válidos, das quais 38% tiveram 0 votos.

Cargo	Sexo	Votos Nominais	Votos Válidos	% Válidos	Candidatos	Eleito	2º Turno	Não Eleito
Prefeito	Feminino	1.996.364	1.996.364	9,28	254	70	1	183
	Masculino	19.527.709	19.527.709	90,72	1.918	559	25	1.334
Subtotal		21.524.073	21.524.073		2.172	629	26	1.517
Subtotal		21.524.073	21.524.073		2.172	629	26	1.517
Vereador	Feminino	3.114.236	3.114.236	14,27	25.874	855	0	25.019
	Masculino	16.647.090	16.647.090	76,26	53.532	6.121	0	47.411
		0	2.068.029	9,47	0	0	0	0
Subtotal		19.761.326	21.829.355		79.406	6.976	0	72.430
Subtotal		19.761.326	21.829.355		79.406	6.976	0	72.430
Total Geral		41.285.399	43.353.428		81.578	7.605	26	73.947

3.4. Estado de São Paulo

Dentre os eleitos no Estado (homens e mulheres) as eleitas representam 12,26% das cadeiras. Porém dentre as candidatas, 96,7% das mulheres se candidataram a vereança no Estado de São Paulo não foram eleitas (25.019 mulheres) e 25,26% das candidaturas femininas à vereança não foram eleitas no Estado tiveram até 10 votos nominais (6659 mulheres), das quais 34% tiveram 0 votos (23.03 mulheres).

O PODER FEMININO DA INDEPENDÊNCIA À INFLUÊNCIA

Um fato curioso, conforme apontado, é que embora houvesse mais candidatas do que em 2010, o número de eleitas diminuiu de 193 para 178 em 2014, representando no Parlamento Federal 51 das 513 cadeiras da Câmara e apenas 13 das 81 cadeiras do Senado. O fato é que muitas mulheres têm receio de participar falta de experiência, um mito, já que a política é um aprendizado prático. Até porque se esse tabu não for quebrado e cada vez mais mulheres iniciarem sua vida partidária ou política, dificilmente resultará em bons frutos e nem sempre essa entrada no meio político é planejada. Uma das alternativas para preencher essa lacuna da desigualdade de gêneros na política em voga é a reserva de vagas no Parlamento, proposta através da Proposta de Emenda Constitucional 98/2015, iniciativa da Campanha Nacional por Mais Mulheres na Política, iniciativa da, então, Senadora Marta Suplicy e que participei como uma das coordenadoras da articulação política desta PEC. Alguns defensores do projeto, já aprovado em primeira instância no Senado Federal, alegam que a quota partidária para candidaturas não deu conta de quebrar o tabu da baixa participação feminina na política.

As cotas podem ser um paliativo e o aumento da participação feminina exige uma mudança de paradigma cultural de um ambiente político ainda muito masculino e permeado de preconceitos. Uma alternativa para o aumento da representatividade feminina é o trabalho de base e o apoio e incentivo de lideranças partidárias. Nesse processo a confiança das mulheres na própria capacidade é fundamental para que elas ocupem um espaço que seja condizente com o trabalho realizado. Isso tudo faz a diferença para as nossas lideranças. Um dos maiores desafios que as mulheres enfrentam quando têm interesse de participar da política é justamente nas legendas, é a falta de espaço. Não só temos uma presidente nacional, bem como uma grande líder cuja última cadeira partidária ocupada foi a do departamento feminino do partido. Ela está diretamente ligada às questões da valorização da mulher na sociedade, o que dá fôlego ao trabalho de base

Conclusões

De status de coadjuvantes à posição de proximidade ao poderia se chamar de personagens principais no âmbito social, hoje, as mulheres são chefes de família, sustentando a casa, lideram grandes empresas e estão

DIREITOS DAS MULHERES

passando por um incremento de atuação no meio político. Tudo isso evidencia que a independência e a possibilidade de participar das escolhas de seus representantes já figuram na história como conquistas do passado. O que dá o tom agora é: o poder da mulher de crer em seu próprio potencial e mostrar a sociedade que é capaz de representar, de serem representantes.

A ampliação das liberdades individuais e a independência feminina têm evidenciado características específicas das mulheres, que fazem o destaque delas como liderança nos espaços de poder são processos naturais. Isso porque a sensibilidade social é intrínseca ao perfil feminino. Em geral, é a mulher que melhor cuida e avalia da educação dos filhos, da saúde do marido e gere as finanças de casa priorizando o necessário para família. Portanto, é natural que, com esse dom, elas se destaquem e façam a diferença em atividades desempenhadas fora do lar, quer seja ao lograr bons resultados nos negócios, ou em ter maior facilidade na comunicação interpessoal, algo fundamental para uma boa atuação no meio político.

Apesar da ascensão feminina há desafios a serem enfrentados, não só no meio político. O meio empresarial ainda detém diferenças abissais entre os gêneros. Depois que geração de riqueza passou a não depender mais da força física e sim do intelecto, não há qualquer explicação para o gênero ser motivo de diferença salarial. Até porque não existe vantagem ou desvantagem em termos de capacidade atreladas ao gênero. Homens e mulheres são igualmente capazes para desempenhar as mais diversas tarefas, o que importa é a garra, esforço, dedicação, qualificação e foco em fazer um trabalho produtivo. Enfim, é evidente que sempre há no que avançar, até porque, além de determos, em geral, salários menores, as mulheres representam 70% do 1,1 bilhão de pessoas que sobrevivem no mundo com menos de US$ 1(ONU).

Mas o fato é que o espaço ocupado pelas mulheres nas sociedades mudou – e para melhor. Como consequência, mudam também completamente as instituições, simplesmente porque passam a aceitar que elas e eles façam escolhas diferentes ou decidam investir de forma diferente, tornando o processo gerencial mais amplo e fascinante, possibilitando que a tomada de decisão passe a ser complementar. Tudo isso porque homens e mulheres fazem escolhas diferentes, investem seu tempo e seu dinheiro de forma diferente. E, portanto, mulheres e homens governam de forma diferente.

Mas temos que nos lembrar que empoderar a mulher é empoderar a família: são centenas de anos cuidando das crianças, dos idosos, dos doentes. A sensibilidade humana feminina de fato parece ser um grande diferencial, que normalmente se observa no sexo feminino. Mas justamente pelo fato dessas diferenças serem complementares não faz mais sentido hoje a defesa por mais mulheres nos espaços de poder pregue a narrativa de guerra entre os sexos. Mais do que o gênero, o ativismo pela inserção da mulher na política deve centrar-se na produção de informações e para motivar a qualificação, a competência e a vocação. Isso porque a ascensão feminina faz com que todos saiam ganhando, Elas e Eles, pois a valorização das mulheres na sociedade é uma inequívoca conquista da liberdade e dos direitos humanos e uma vantagem também para os homens, que ganham uma forte e criativa.

Referências

BANCO MUNDIAL. Disponível em < https://www.worldbank.org/pt/country/brazil>

BRASILEIRO DE GEOGRAFIA E ESTATÍSTICA – IBGE. Disponível em <https://www.ibge.gov.br/>

MACHADO, Marlene Oliveira de Campos Machado. **Ranking de Presença Feminina no Parlamento**, 2017.

ORGANIZAÇÃO DAS NAÇÕES UNIDAS – ONU. Disponível em <https://nacoesunidas.org/>

ORGANIZAÇÃO INTERNACIONAL DO TRABALHO – OIT. Disponível em <http://www.ilo.org/brasilia/lang--pt/index.htm >

SERVIÇO BRASILEIRO DE APOIO ÀS MICRO E PEQUENAS EMPRESAS – SEBRAE. Disponível em < https://www.sebrae.com.br/sites/PortalSebrae>

TRIBUNAL SUPERIOR ELEITORAL – TSE. Disponível em < http://www.tse.jus.br/

7. A Resiliência é Mais Forte que a Violência: a Mulher no Jogo Político

LIGIA PAULA PIRES PINTO

1. Sub-representação, opressão e violência

É visível e conhecido que a presença de mulheres nos espaços políticos formais como partidos políticos e cargos públicos eletivos (do legislativo e do executivo) é baixa e inadequada na maioria dos países do mundo. No Brasil isso não é diferente. Segundo os dados da União Interparlamentar, em parceria com a ONU, o Brasil ocupa a vergonhosa posição 154ª no ranking, atrás de diversos países sul-americanos vizinhos como a Bolívia, a Argentina, o Peru, o Chile, o Uruguai e a Colômbia. Aliás, ao avaliarmos o Brasil no contexto da América Latina, entre os 33 países latino-americanos e caribenhos, o Brasil fica com a 32ª posição, à frente apenas de Belize.

Nas eleições de 2016, levando em consideração os mandatos municipais, vimos que o percentual de prefeitas eleitas foi de 10,9% do total e de vereadoras 13,5%. Nas eleições de 2018, o número de mulheres eleitas cresceu 52,6%. Para a Câmara dos deputados foram eleitas 77 parlamentares (51% a mais), nas assembleias legislativas foram eleitas 161 representantes (um crescimento de 41,2% em relação a 2014) e para o Senado Federal foram eleitas 7 mulheres (equivalente a 13% dos parlamentares da casa). As mulheres compõem 77 milhões de eleitoras em todo o Brasil, o que representa 52, 5% do total. Causa espanto pensarmos que apenas 9.204 concorreram a cargo eletivo e apenas 290 foram eleitas.

Muitos são os motivos pelos quais esse grupo social numericamente majoritário é tão sub-representado. Assim, muito se fala sobre a criação de políticas afirmativas para aumento deste número. Foi promulgada uma legislação de cotas para determinar o mínimo de 30% de candidaturas de mulheres, e, neste primeiro momento, foi prevista a reserva de 5% de fundos para financiamento dessas campanhas. No Brasil, a política de

DIREITOS DAS MULHERES

cotas para candidaturas não foi suficiente. Tentou-se passar, e ainda está em tramite a PEC 134 para reserva de assentos, embora o número que resta previsto na PEC seja inadequado e quase desnecessário.

Após decisão do STF na Ação Direta de inconstitucionalidade (ADI 5617 /DF), o TSE foi provocado por um grupo de deputadas e senadoras apoiadas por entidades de representação de mulheres da sociedade civil a se manifestar, antes das eleições de 2018, pela equiparação dos percentuais de mínimo de candidatas e distribuição de recursos do Fundo Especial de Financiamento de Campanha, o chamado Fundo Eleitoral, criado pela minirreforma eleitoral de 2017. O TSE acolheu a moção e entendeu que 30% dos recursos do Fundo Especial de Financiamento de Campanha deveria ser destinado às candidaturas femininas, bem como 30% do tempo de propaganda eleitoral (Resolução TSE no. 23.553/2017). Por unanimidade, a corte também afirmou que, em caso de maior número de mulheres candidatas, a divisão dos recursos e do tempo de propaganda deve ser proporcional.

Há muitas razões para se estimular a participação feminina na política. Existem pessoas com potencial de exercer suas capacidades e talento de todas as raças e gêneros, mas o nosso Congresso—que deveria ser um exemplo de representatividade—é formado majoritariamente por homens brancos com mais de 50 anos. Por que será que isso acontece se o número de mulheres e número de filiadas (44,27% dos filiados a partidos) e de líderes comunitárias denotam que estas querem ocupar o espaço da política institucional? Primeiro porque não há estímulo suficiente às candidaturas políticas de mulheres. Não, não se trata de postura ideológica, ativismo, ou a justificativa das mazelas de um grupo social colocando "a culpa" em outro. Mesmo com os partidos sendo obrigados a lançar 30% de nomes de mulheres às disputas pelas eleições e destinar o mesmo percentual de verbas para essas campanhas, criou-se alternativas para burlar e fraudar o sistema por meio da nomeação de vices sem papel efetivo e imposição de repasse de parte das verbas para os homens ou a constituição de "dobradinhas" com homens para utilização desse valor também com candidatos homens.

Um acompanhamento feito pelo Grupo Mulheres do Brasil nas últimas eleições municipais em SP – a iniciativa Appartidarias – mostrou que, das 374 candidatas mulheres à Câmara de Vereadores, 76 eram invi-

A RESILIÊNCIA É MAIS FORTE QUE A VIOLÊNCIA: A MULHER NO JOGO POLÍTICO

síveis. Não tinham mídias sociais, não se comunicavam por e-mail, não responderam às tentativas de contato e não recebiam qualquer apoio ou orientação do partido. Este contingente, que representava 20% das candidaturas femininas, não chegou a fazer campanha. Destas, 7% não tiveram nenhum voto: pasmem, nem sequer elas votaram em si próprias (PINTO, BUCCI e BIANQUINI, 2020). Campanhas invisíveis e não financiadas, na verdade, não são campanhas, mas apenas registros que os partidos fazem para cumprirem as cotas nas eleições.

Diversas outras análises e estudos retratam que a violência contra a mulher nos próprios partidos políticos em que atuam muitas vezes é silenciosa. Há falta de apoio financeiro e logístico nas campanhas, impedimento de manifestação verbal nos encontros partidários, ausência de convites para a participação em reuniões, escolha de candidatos homens em substituição de mulheres com perspectiva de eleição, utilização de candidatas "laranja" e outras condutas que colocam a mulher "em segundo plano" nos partidos. Ainda no mesmo sentido, Elizete Lanozni Alves em seu artigo "Empoderamento feminino como instrumento de combate à violência política", deixa claro:

> "A violência política se concretiza em forma de ameaças, assédio, críticas ao comportamento, até mesmo à forma de se vestir das mulheres. Estendem-se para as restrições de voz, de sua atuação dentro e fora do partido, além, da velha prática em relação aos recursos econômicos para as campanhas políticas cujos menores valores são destinados à mulher ou até valor nenhum. A percepção é a de que a violência contra a mulher, principalmente a institucional partidária é, em realidade, uma reação à ascensão e maior participação feminina na política."

Mesmo diante de tantas evidências de boicote partidário e uso de candidaturas-laranjas, nos deparamos com pessoas certas de que representatividade é bobagem. Que o importante é votar em um candidato sério e honesto, não importa o sexo e nem a ascendência étnica. Com muito cuidado, e digo que compreendo que esta possa parecer uma meia verdade, eis que nem sempre a presença de uma mulher eleita garante a representação das pautas das mulheres brasileiras e a referida representação

DIREITOS DAS MULHERES

pode se dar pela sua substância, exercida a pedido por representante de gênero diverso do feminino.

De fato, há diferença entre a representatividade material (deputados e deputadas que representam pautas e demandas trazidas pelas mulheres do país) e a representatividade numérica, que está estritamente ligada a possibilidade de se exercer a representatividade no sentido mais estrito do conceito: mais mulheres naquele ambiente geraria aumento do poder de voz e barganha de representantes de um grupo social que representa 52% dos brasileiros: as mulheres. Com a representatividade sendo de fato exercida, mulheres poderiam trazer ao espaço legislativo a visão da mulher brasileira sobre o modo como nosso país está sendo conduzido pelos homens brancos de 50 ou mais anos. Sim, porque são eles quase que exclusivamente que estão propondo soluções para as mazelas e problemas brasileiros, e, diga-se de passagem, não estão sendo muito bem-sucedidos em boa parte de suas proposições. As questões que devem ser debatidas são, dentre outras:

Será que um homem branco deputado conhece as dores de quem deixa de trabalhar por não ter creches públicas suficientes para deixar seus filhos em tempo integral? Ou será que daria à questão o mesmo peso que aquelas que deixaram as crianças com vizinhas de bairro, em redes de apoio sem qualquer acompanhamento pedagógico oficial? Um jovem senhor se movimentaria com conhecimento de causa para legislar sobre transporte público seguro e de qualidade, lembrando que o Brasil é um dos países campeões nos rankings mundiais de violência sexual contra a mulher, com uma média de um estupro a cada 11 minutos? Talvez esse deputado homem pudesse falar pelas mulheres, mas precisamos ter em conta que ele estaria se apropriando de um local de fala que é das mulheres brasileiras.

É fundamental garantir que todas as vozes sejam ouvidas. Quando falamos de representatividade, trazemos à pauta a redução da desigualdade, que afeta a vida de todos os brasileiros. Será que alguma mulher precisa estar lá para provocar esta discussão, assim como muitas outras com as quais podem colaborar? Não dá mais para adiar esta discussão. A desigualdade, em todas as suas formas, são a base de quase todos os problemas do país. Daí a importância da avaliação da representação substantiva, não só a numérica.

Embora seus efeitos para sociedade e para economia sejam nefastos, a desigualdade entre homens e mulheres é apenas uma das tantas. Para isso existe a luta das mulheres feministas. Feminismo é a defesa da equivalência de *oportunidades* para homens e mulheres. Isso não significa dizer que homens e mulheres são iguais ou que buscamos que sejam sempre iguais. Boaventura de Souza Santos bem ensinou que devemos "lutar pela igualdade sempre que as diferenças nos discriminem e lutar pelas diferenças sempre que a igualdade nos descaracterize.". Apenas as oportunidades e o tratamento devem ser potencialmente iguais.

Isso porque, se a igualdade de oportunidades não ocorre nos espaços políticos e de poder, dificilmente ocorrerá nas empresas, nas escolas, nas comunidades. Durante muitos anos ainda teremos que enfrentar a violência contra a mulher, os abismos salariais (mesmo quando nas mesmas funções), o zelo com os filhos sendo outorgado quase inteiramente a mulher e a falta de perspectiva de crescimento na carreira das que conseguem se colocar no mercado de trabalho.

A sub-representação de mulheres não afronta apenas a igualdade de oportunidades entre homens e mulheres, mas é um atentado à própria democracia representativa. Para Robert Dahl para uma democracia ideal, que consiste em cinco critérios, considera-se a inclusão das mulheres na esfera política como um requisito para a democracia. A participação da mulher na política acaba por ser um indicador de qualidade da democracia (Moisés e Sanchez, 2014).

A sub-representação de mulheres nos ambientes institucionais políticos é apenas o resultado de opressão, métodos partidários de perpetuação dos homens no poder, machismo estrutural e estereótipos. Nesse contexto, perpetua-se então a ideia de que à mulher é reservado o espaço doméstico e de zelo com a família e os empregos que não os de altos cargos, enquanto aos homens reserva-se a esfera pública e privada do poder. Devido a tudo isso é que se vê que, ainda que o número de candidaturas aumente, não crescem o número de candidaturas viáveis, apoiadas e financiadas, e pouco aumenta o numero de eleitas, conforme se vê nos gráficos a seguir:

GRÁFICO 1 – Número total de candidaturas, por ano e por gênero, para os cargos de deputados federal, estadual e distrital.

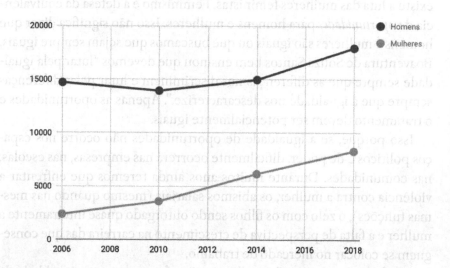

Fonte: TSE, elaboração própria.

Vê-se que mais mulheres foram candidatas, mas até o ano de 2014, o número de eleitas se mantém. Em que pesem as últimas eleições terem melhorado um pouco esses números, a sub-representação numérica (e consequentemente a substancial) continua, eis que o dobro de um número baixíssimo tornou a composição apenas baixa:

A RESILIÊNCIA É MAIS FORTE QUE A VIOLÊNCIA: A MULHER NO JOGO POLÍTICO

GRÁFICO 2 – Número total de candidatos eleitos, por ano e por gênero, para os cargos de deputados federal, estadual e distrital.

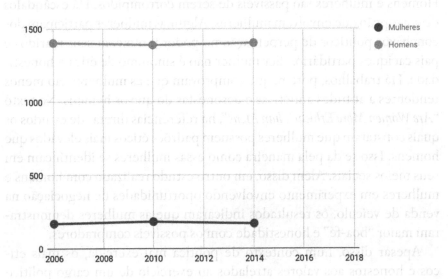

Fonte: TSE, elaboração própria

O conceito de violência, segundo o relatório mundial sobre violência e saúde publicado em 2014 pela Organização Mundial da Saúde, violência é "o uso intencional de força física *ou poder*, ameaçados ou reais, contra si mesmo, contra outra pessoa *ou contra um grupo ou comunidade*, que resultem ou tenham probabilidade de resultar em ferimento, morte, dano psicológico, *mau desenvolvimento ou privação*" (grifo nosso). E ainda estabelece três categorias: a autodirigida, a interpessoal e a coletiva.

Sendo violência, portanto, oprimir e causar dano ao grupo social das mulheres, pode-se dizer que estamos diante de um tipo de violência coletiva, que é cunhada de violência política. Assim, reservar os espaços de poder aos homens, subestimar e subjugar as candidatas, relegar ao espaço doméstico com o fim de calar são violências cometidas, e esta é apenas o primeiro tipo de violência política que este texto aponta. Há outros e sobre estes discorreremos ao longo do texto.

2. Num país de políticos corruptos, a inovação na política não é bem-vinda

Homens e mulheres são passíveis de serem corrompidos. Há escândalos de corrupção que envolvem mulheres. Algumas mulheres participam dos conchavos políticos de perpetuação no poder junto com seus maridos e pais caciques partidários. Ser mulher não é sinônimo de ética e honestidade. Há trabalhos, porém, que comprovam que as mulheres são menos tendentes a atitudes antiéticas e desonestas do que os homens. No texto *"Are Women More Ethical Than Men?"*, há referências diretas de estudos os quais constatam que mulheres possuem padrões éticos mais elevados que homens. Isso se dá pela maneira como essas mulheres se identificam em seus meios sociais. Além disso, em outro estudo realizado com homens e mulheres em experimento envolvendo oportunidades de negociação na venda de veículo, os resultados indicaram que as mulheres demonstraram maior "boa-fé" e honestidade com os possíveis compradores.

Apesar disso, num contexto de política mal exercida, os mais éticos e honestos aos valores atrelados ao exercício de um cargo político público eletivo acabam sendo mal recebidos no Parlamento. Além disso, as mulheres estão em baixo número na política e o parco crescimento nesta representação trouxe pessoas que nunca haviam participado do jogo político institucional. A presença delas inova ao menos porque são novas em tal jogo e trazem novas experiências ao ambiente de deliberação, além de não terem sido corrompidas pelos maus hábitos da política mal exercida. Algumas inovam ainda pelas ideias e pautas que trazem, próprias e peculiares às suas gerações e gênero.

Este sangue novo não é bem-vindo pelos mal intencionados que desejam que o sistema de trocas espúrias e corrupção se mantenham na política, eis que estes são instrumentos de perpetuação no poder e enriquecimento ilícito. Não se pretende aqui criticar as trocas de ideias e barganhas para atingimento de boas decisões ou consensos. Isso é fazer política democrática – majoritária ou consensual. Mas a manutenção das estruturas partidárias e de suas lideranças como estão, com o intuito de manutenção do poder é uma violência à democracia e aos grupos sociais que se pretendem representados em suas demandas e necessidades, dentre eles, as mulheres. Nesse sentido, muitas candidatas se sentem excluídas do processo democrático, pois muitas vezes são obstaculizadas a demonstrarem suas pautas e opiniões. Creuza Oliveira, integrante do Grupo Assessor da Sociedade Civil Brasil da ONU Mulheres, relata como foi sua visão como candidata durante sete eleições:

"Violência é não ter igualdade de oportunidades para disputar com as demais candidatas e candidatos. É também violência quando não somos ouvidas para poder expressar e apresentar o nosso projeto e as nossas propostas. A gente não poder participar dos programas eleitorais, dos meios de comunicação. Isso é uma violência com uma candidatura que não tem as mesmas condições que a de outras candidatas e candidatos. Violência é tudo isso. É a falta de respeito. É a disputa desigual. É um monte de coisas que acontecem no processo eleitoral e dentro do próprio partido".

E esta violência coletiva caracterizada pela opressão e proteção do poder não é fácil de ser sanada ou evitada por diversas razões, dentre elas questões históricas, jurídicas e sociais. É enorme o número de partidos que disputaram as eleições desde o início da redemocratização, em 1985, até hoje: 102 partidos, com registros provisórios ou definitivos. Hoje no Brasil há 33 partidos políticos ativos, embora nem todos tenham a mesma visibilidade perante a população e 75 partidos estão em processo legal de formação. Há países como a Índia que chegam a ter mais de 1000 ou a Argentina que tem cerca de 600, mas esses atuam de forma regional e não nacional como os brasileiros. Comparando o Brasil a países com representação partidária apenas nacional, constata-se que o nosso contexto partidário é extremamente fragmentado (PINTO e BIANQUINI, 2019).

Na prática a maioria dos partidos é formada por forças externas a eles, não em função da representação de interesses específicos, nem pela defesa de um conteúdo programático consistente, mas por motivos meramente eleitoreiros (como garantia de base e de resultados eleitorais) ou como instrumentos de acesso e ampliação do poder. Em outras palavras, os partidos usualmente não surgem por cisões ideológicas ou pela criação de novas pautas políticas, ou pela necessidade de se representar setores até então não presentes na política, "e sim como forma de manipulação do sistema político para fins especificamente ligados ao acesso ou à manutenção do poder. Isto não é proibido, e faz parte das regras do jogo.

DIREITOS DAS MULHERES

Mas a consequência disso é que temos, de acordo com muitos cientistas políticos, partidos fracos na arena representativa e fortes na arena legislativa" (PINTO e BIANQUINI, 2019). Nesse sentido, atualmente, muitos dos novos pedidos de criação de partidos são instrumentos deste sistema violento e opressor.

O sistema político-partidário adotado no Brasil é o presidencialismo multipartidário, também conhecido como presidencialismo de coalizão. Trata-se de um arranjo bastante adotado por países latino-americanos, e que se caracteriza pelo papel proeminente do presidente na articulação política, pois é quase impossível que este detenha a maioria num Parlamento com mais de dois partidos. Assim, nesse sistema político, são necessárias alianças entre aqueles que estão nesse ambiente para que se tornem leis as diretrizes do Governo e as demandas levadas pelos parlamentares.

Boa parte das barganhas realizadas para a tal governabilidade são práticas fisiologistas da política tradicional: "A impressão é de que nossos parlamentares buscam o poder pelo poder, ao invés de avançar pautas essenciais para o desenvolvimento do país. Ou que, pior ainda, usam seus cargos como meios para a prática da corrupção. No fim das contas, o que se deseja são partidos fortes na representação de interesses. Daí, por exemplo, o encolhimento do antigo PMDB" (PINTO e BIANQUINI, 2019). Em função do formato do sistema político e da necessidade de número e alianças, aqueles que conseguem adentrar no ambiente da política formal institucional pela eleição, mas se veem novos e sem aliados, não querem utilizar os instrumentos da corrupção, compra de votos e barganhas fisiológicas, acabam sendo alijados de realizar seu trabalho de representação.

Essa é outra forma de violência política coletiva, cometida usualmente contra minorias no Parlamento, em especial àquelas que se contrapõe aos maus políticos e a antiga política realizada por aqueles que se perpetuam por muitos mandatos no poder e, por vezes, poucos projetos de lei aprovam, mas certamente realizam feitos marqueteiros e populistas para garantir seus fins eleitoreiros.

3. Violência individual contra a mulher nos locais de exercício da política

A violência conforme descrita pela OMS como "o uso intencional de força física *ou poder*, ameaçados ou reais, contra si mesmo, contra outra pessoa *ou* contra um grupo ou comunidade, que resultem ou tenham probabilidade de resultar em ferimento, morte, dano psicológico, mau desenvolvimento ou privação" estabelece três categorias: a autodirigida, a interpessoal e a coletiva. Este texto trouxe até então a violência política cometida coletivamente e contra uma comunhão de pessoas. Neste item, optamos por selecionar casos públicos de violência contra a mulher cometidos no ambiente político e em função dele, para demonstrar que a referida violência política contra a mulher também ocorre no âmbito individual.

Não se trata de percepção pessoal da autora a ocorrência deste tipo de violência política e os casos poderão comprovar. O diretor-executivo da Secretaria de Participação, Interação e Mídias Digitais (Semid) da Câmara, Jorge Paulo, conta que é "imensurável" a quantidade de ofensas que chegam todos os dias pelos canais virtuais da instituição e são dirigidas a deputadas. Tantos são os inúmeros insultos e agressões verbais ocorridas em especial contra mulheres, que a Liderança da Minoria, em parceria com a Secretaria da Mulher e a Primeira-Secretaria da Câmara criou uma campanha denominada "Uma letra muda todo o contexto". O Projeto tinha o objetivo de registrar e publicizar casos de constrangimento ou punição impostos a mulheres durante sua atuação política. O recebimento das denúncias já começou e hoje é permanente. Sobre a campanha realizada pela Câmara, a fala de uma deputada denota o que deve ser o sentimento de várias:

"Essa não é uma campanha partidária, de frente ou bancada. É uma campanha da Câmara dos Deputados, que vai permanecer nas redes de comunicação da Casa. Essa violência alcança todas as mulheres que buscam protagonizar o espaço político e, no ano que vem, que é um ano eleitoral, pode alcançar ainda mais mulheres que querem se colocar nas disputas. Nós sofremos nas candidaturas e, se nos elegemos, sofremos ainda mais. Precisamos reagir a isso".

DIREITOS DAS MULHERES

Um estudo realizado pela União Interparlamentar (UIP) e recentemente noticiado pela Revista Exame demonstrou que o fenômeno é mundial e as mulheres parlamentares sofrem com episódios de sexismo, assédio e violência que alcançam um nível "preocupante". O estudo feito mediante entrevistas com 55 deputadas de 39 países de cinco regiões do mundo mostra que existe "um nível preocupante de violência psicológica, física e sexual" contra políticas nos Parlamentos.

Segundo os números, 81,8% das indagadas experimentaram alguma forma de violência psicológica e 44,4% delas asseguram ter recebido ameaças de morte, estupro, surras ou de sequestro durante seus mandatos parlamentares e relataram que também são frequentes os insultos sexistas, dado que 65,5% das parlamentares indagadas declararam ter sido alvo de comentários humilhantes em repetidas ocasiões. Por fim, aproximadamente 7% disseram alguém tentou obrigá-las a manter relações sexuais. Por outro lado, os níveis de violência física "também são consideráveis", indica a UIP, que usa como exemplo que 20% das indagadas afirmam ter sido espancadas ou empurradas com algum objeto que poderia ter provocado lesões. De acordo com o mesmo relatório atualizado no ano de 2018, os números se mantém alarmantes: 85,2% das membras do parlamento passaram por alguma forma de violência psicológica e o número de mulheres que sofreram ameaças de morte, estrupo ou de agressão física aumentou para 46,9%. Ainda, 24,7% relataram ter sofrido violência sexual, envolvendo assédio e tentativas de estupro.

Em março do mesmo ano de publicação desta atualização, o Brasil viu e sofreu com o ápice da violência política individual contra mulheres, o feminicídio político de Marielle Franco. Categorizar, denominar e qualificar tipos penais traz luz aos fatos, daí a relevância disto: "aquilo que não se denomina não existe (...) E o assassinato de lideranças femininas à frente da política é algo real em nossa sociedade e, em especial, no Brasil, mas pouco visibilizado e problematizado na mídia". "Ao 'erguer a voz', uma expressão de nossa transição de objeto para sujeito, de acordo com Bell Hooks, conclui-se que Marielle desafiou os poderes políticos e econômicos dos homens da elite branca brasileira" e, ao fazê-lo, foi sumariamente executada.

Em outro caso emblemático, ocorrido na Câmara dos Deputados, o ex-deputado Jair Bolsonaro, atual Presidente da República, disse à Maria do Rosário que "não a estupraria porque ela não merecia". O deputado acabou sendo condenado pelo TFR a pagar 10 mil reais de danos morais. Pela lógica do agressor, pasmem, uma mulher ter relações sexuais com ele, mesmo que por meio de um estupro, seria tamanho privilégio que só caberia às dignas do ato. Outro caso que pode explicitar a violência de gênero dentro da política ocorreu quando a Deputada Jandira foi agredida fisicamente por Roberto Freire, e verbalmente por Alberto Fraga.

Em estudo que pretendia analisar a violência política de gênero na Câmara, foram enviados questionários para todos os deputados. Infelizmente somente oito responderam, sendo esse um fator a se considerar como resultado (SANTOS, BARCELOS e GRESTA, 2019). Uma dessas respondentes foi a própria Deputada Jandira, vítima do episódio acima relatado, que descreveu o sexismo, machismo, perpetuação de estereótipos para manutenção do poder e ameaça explícita que sofreu: "ao explicar os ataques verbais e físicos por ela sofridos, afirmou que a declaração de Alberto Fraga foi clara e pode ser assim traduzida: 'Se as mulheres se atrevem a entrar na política e defender com veemência suas opiniões, estão assumindo um comportamento que é próprio dos homens e, portanto, devem ser tratadas como ele julga normal tratar outro homem, na violência'".

O estudo termina constatando como é assustador como agressores saem impunes de atos de violência em espaços políticos e públicos. Em verdade, o Congresso e o Senado só reproduzem o comportamento do homem em diversos outros espaços de poder da sociedade. Enfrentar a cultura patriarcal, ampliar a consciência de que a violência não pode mais acontecer e conscientizar homens e mulheres que não é natural que a mulher seja oprimida pela força, é algo que precisa acontecer. Todavia, esse será uma tarefa longa e árdua da sociedade, em especial do movimento feminista. O que as mulheres devem fazer por agora no curto e médio prazo é ocupar parte dos espaços de poder, incluindo os políticos, demonstrando o papel que pretende ter na sociedade e tomando decisões que impactem positivamente o problema. No mesmo sentido:

"A reação à violência de gênero ocorrida no Parlamento é representativa do papel atribuído à mulher na sociedade brasileira, que precisa urgentemente ser repensado. Com isso em mente, o aumento de participação feminina na política aparece mais uma vez como fator essencial: à medida que a sociedade se acostuma a ver mulheres em posições de poder, isso não somente impacta o modo pelo qual estas são percebidas e tratadas, como também permite que estas tomem decisões no espaço político – como, por exemplo, no Conselho de Ética" (SANTOS, BARCELOS e GRESTA, 2019).

O envolvimento da mulher na política, além de representar uma das formas de combate às desigualdades de gênero e de violência, tem como finalidade o enfrentamento do grande desafio de fortalecer e ampliar a participação feminina nos espaços de poder e decisão. Essa também não será tarefa fácil, uma vez que "Os homens não abrirão cordialmente as portas para as mulheres entrarem". Não se pode negar o crescimento e a evolução das condições da participação feminina na política, porém, as desigualdades estruturais ainda são reais e medidas jurídicas, transformações culturais e mudanças na estrutura da sociedade podem e devem acelerar esse processo estão longe do ideal. A conclusão mais importante, desta forma, é a necessidade urgente do combate a todas as formas de violência e a evolução da tutela jurídica acerca destas, bem como a apropriação de todos os espaços que queira ocupar pela própria mulher (para que ela possa desenvolver de forma plena e livre todas as suas capacidades).

Referências

ACKERMAN, Bruce. **The new separation of powers**. Harvard Law Review, v. 113, p. 633-729, 2000.

ABRANCHES, Sérgio Henrique Hudson de. **"Bolsonaro representa a velhíssima política", diz Sérgio Abranches**. Entrevista. Revista Época. 2019. Disponível em: < https://epoca.globo.com/bolsonaro-representa-velhissima-politica-diz-sergio-abranches-23563976?utm_source=meio&utm_medium=email>, acesso em 01.04.2019.

ABRANCHES, Sérgio Henrique Hudson de. **Presidencialismo de coalizão**: o dilema institucional brasileiro. Dados – Revista de Ciências Sociais, v. 31, n. 1, p. 5-34, 1988.

ALVES, Elizete Lanozni. **EMPODERAMENTO FEMININO COMO INSTRUMENTO DE COMBATE À VIOLÊNCIA POLÍTICA**. Resenha Eleitoral:

Tribunal Regional Eleitoral de Santa Catarina Tribunal Regional Eleitoral de Santa Catarina. v. 23, n. 1 (2019) -. Florianópolis: TRE, 2019.

DAHL. Robert. **A democracia e seus críticos**. Trad. Patrícia de Freitas Ribeiro. São Paulo: Editora WMF Martins Fontes, 2012

FRANCO, Afonso Arinos de Melo. Parecer do relator da Comissão Especial da Câmara dos Deputados, deputado Afonso Arinos de Melo Franco, sobre a Emenda Parlamentarista n. 4, de 29 de março de 1949. *In*: FRANCO, A. A. de M.; PILA, R. **Presidencialismo ou parlamentarismo**. Brasília: Senado Federal, Conselho Editorial, 1999.

GASMAN, Nadine e BIROLI, Flavia. **Violência política atinge mulheres candidatas e eleitas e vulnerabiliza a democracia, dizem pesquisadoras**. Publicado em http://www.onumulheres.org.br/noticias/violencia-politica-atinge-mulheres-candidatas-e-eleitas-e-vulnerabiliza-a-democracia--dizem-pesquisadoras/. Acessado em 26.01.2020

GREGORIO, Rafael. **Porcentagem de filiadas supera a de candidatas nos partidos**, Folha de São Paulo, publicada em 16.02.2018 em folha.uol.com.br e acessado em 27.01.2020

KRAY, Laura; KENNEDY, Jessica; KU, Gillian. **Are Women More Ethical Than Men?** Disponível em: <https://greatergood.berkeley.edu/article/item/are_women_more_ethical_than_men>. Acesso em: 11 fev. 2020

MELO, Marcus André; PEREIRA, Carlos. **Making Brazil work**: checking the president in a multiparty system. New York: Palgrave MacMillan, 2013.

MOISÉS, José Alvaro; SANCHEZ, Beatriz Rodrigues. Representação política das mulheres e qualidade da democracia: o caso do Brasil. In: **O Congresso Nacional, os partidos políticos e o sistema de integridade**: representação, participação e controle institucional no Brasil contemporâneo[S.l: s.n.], 2014.

NICOLAU, Jairo. **Representantes de quem?** Os (des)caminhos do seu voto da urna à Câmara dos Deputados. Rio de Janeiro, Zahar, 2017.

PEREIRA, Carlos; MUELLER, Bernardo. **Partidos fracos na arena eleitoral e partidos fortes na arena legislativa**: a conexão eleitoral no Brasil. Dados, v. 46, n. 4, p. 735-771, 2003.

SALLES, Nara Oliveira. **Identidade e polarização partidária**: competição e alianças entre PT e PSDB em Minas Gerais. In: 38º Encontro Anual da ANPOCS, 2014, Caxambu.

SANTOS, B. S. **A construção multicultural da igualdade e da diferença**. Coimbra: Centro de Estudos Sociais, 1999.

SANTOS, Polianna Pereira; BARCELOS, Júlia Rocha e GRESTA, Roberta Maia. **Debates sobre a participação feminina no parlamento brasileiro**: sub-representação, violência e assédio in TRE-SC Resenha Eleitoral – Florianópolis vol. 23, n. 1 2019. Link http://www.tce.sc.gov.br/sites/default/files/Livro%20Resenha%2023%20n%201_24092019_final_site.pdf#page=22

PINTO, Ligia; BUCCI, Fabiana e BIANQUINI, Heloisa. **As pautas das mulheres nas eleições de 2018**. Apresentado na ANPOCS, cedido pelas autoras e submetido à publicação, 2020.

UNION, Inter-parliamentary. **Sexism, harassment and violence against women parliamentarians**. Geneva: 2016. Disponível em: <https://www.ipu.org/resources/publications/issue-briefs/2016-10/sexism-harassment-and-violence-against-women-parliamentarians>. Acesso em: 11 fev. 2020.

UPI. **Classificação Mundial baseada na quantidade e mulheres parlamentares**, disponível em http://archive.ipu.org/wmn-e/classif.htm e acessado em 10.12.2019.

UPI. **Sexism, harassment and violence against women in parliaments** – União InterParlamentar. Relatório de 2016 disponível em https://www.ipu.org/resources/publications/reports/2016-10/sexism-harassment-and-violence-against-women-parliamentarians e acessado em 10.12.2019.

UPI. **Sexism, harassment and violence against women in parliaments** – União InterParlamentar. Relatório de 2018 disponível em https://www.ipu.org/resources/publications/reports/2018-10/sexism-harassment-and-violence-against-women-in-parliaments-in-europe e acessado em 10.12.2019.

8. Feminicídio: Questões de Gênero e Relações Homoafetivas

LUCIANA ANDRÉ JORDÃO DIAS

Introdução

A Lei 13.104, de 2015, introduziu no Código Penal o homicídio praticado contra a mulher, em razão do sexo feminino, instituindo o feminicídio. De acordo com ele, "considera-se que há razões de condição do sexo feminino quando o crime envolve: I – violência doméstica e familiar; ou II – menosprezo ou discriminação à condição de mulher". Questão que se coloca na interpretação legislativa é se o crime de homicídio será qualificado quando a relação de violência doméstica ocorrer no âmbito de relação homoafetiva e nos casos em que a vítima for mulher transgênero. Para abordar a questão, nos aprofundaremos acerca dos sujeitos ativo e passivo na relação, em cada uma das situações acima.

1. O feminicídio nas relações homoafetivas

Determina o Código Penal que o crime de feminicídio ocorre nas hipóteses de violência doméstica e familiar ou por menosprezo à condição de mulher. No âmbito da violência doméstica, observamos, de plano, que já é pacífico, em nosso ordenamento, que as relações homoafetivas constituem núcleos familiares. Embora a Constituição Federal já contemplasse núcleos familiares diversos (pela união estável, casamento e monoparental), foi em 05 de maio 2011, nos julgamentos da ADI 4.277/DF e ADPF 132/RJ, sobre a aceitação da união estável entre casais homoafetivos, que o E. Supremo Tribunal Federal reconheceu a união homoafetiva como entidade familiar, ocorrendo, em 2015, a regulamentação do casamento entre pessoas do mesmo sexo.

Por referidos acórdãos, o Supremo Tribunal Federal Reconheceu que a "Constituição Federal não empresta ao substantivo 'família' nenhum significado ortodoxo ou da própria técnica jurídica". Assim, concluiu que o art. 226, da Constituição Federal confere proteção à família, "pouco importando se formal ou informalmente constituída, ou se integrada por casais heteroafetivos" e dando interpretação conforme ao art. 1723, do Código Civil, para "excluir do dispositivo em causa qualquer significado que impeça o reconhecimento da união contínua, pública e duradoura entre pessoas do mesmo sexo como família". (ADI 4.277/DF e ADPF 132/RJ), consolidando, assim, o entendimento de que o núcleo formado por casais heteroafetivos constitui família, nos termos da Constituição Federal.

A Resolução n. 175, de 14 de maio de 2013, aprovada durante a 169ª Sessão Plenária do Conselho Nacional de Justiça (CNJ), por seu turno, ao proibir a recusa na realização de casamentos civis de casais do mesmo sexo ou da conversão de união estável homoafetiva em casamento, espancou qualquer dúvida que pudesse ter permanecido sobre o assunto. Portanto, é pacífico que o conceito de família inclui as relações homoafetivas.

Assim, é verdadeiro afirmar que a violência familiar ocorre mesmo quando os envolvidos são casais do mesmo sexo, sendo dois homens ou duas mulheres em relação homoafetiva. A questão, todavia, apresenta novos contornos ao buscarmos o objetivo da lei que introduziu o feminicídio no Código Penal. Da leitura do inciso introduzido evidencia-se o desejo do legislador em proteger a mulher, pessoa do sexo feminino, apontando que a qualificadora se aplica ao homicídio "em razão de condição do sexo feminino".

Portanto, o sujeito passivo do crime de feminicídio deve ser, necessariamente, mulher. A proteção específica é justificada pelas diferenças existentes entre homem e mulher e a situação de vulnerabilidade social a que a mulher está exposta. Desta forma, não há que se falar em desigualdade na proteção específica da mulher, uma vez que a razão da discriminação decorre da própria necessidade de proteção específica a fim de se chegar à igualdade. Excluída, pois, a qualificadora, quando autor e vítima forem homens, ainda que em relação homoafetiva.

No entanto, a prática é perfeitamente possível pela companheira mulher, na relação homoafetiva, pois aqui o sujeito passivo é do sexo feminino, cumprindo com a exigência legal. Também cumprido o requisito do âmbito familiar, diante do conceito de família já estruturado em

FEMINICÍDIO: QUESTÕES DE GÊNERO E RELAÇÕES HOMOAFETIVAS

nosso ordenamento jurídico, nos termos do art. 121, § 2º, II, CP, configurando a situação de violência doméstica.

Assim, ao conceituarmos a violência doméstica como *a agressão contra mulher, num determinado ambiente doméstico, familiar ou de intimidade, aproveitando-se de sua hipossuficiência* e ao admitirmos o vínculo de afinidade entre duas mulheres, já reconhecido pelo Supremo Tribunal Federal, apenas podemos concluir pela possibilidade de que a cônjuge ou companheira, na relação homoafetiva, pratique o crime de feminicídio. Aliás, quanto às relações domésticas formadas por núcleo homoafetivo, o art. 5º, parágrafo único, da Lei Maria da Penha, afasta qualquer dúvida que pudesse haver a respeito. Segundo o dispositivo, "as relações pessoais enunciadas neste artigo independem de orientação sexual", ou seja, a violência contra mulher pode ser praticada por uma parceira, do mesmo sexo, configurando violência doméstica.

O mencionado conteúdo do art. 5º, parágrafo único, da Lei Maria da Penha, apenas reconhece o que já está posto pelo ordenamento jurídico e reconhecido pela jurisprudência já pacificada no Supremo Tribunal Federal, fortalecendo a conclusão da possibilidade do feminicídio entre casais de lésbicas. Assim, como o feminicídio faz referência direta à violência doméstica e familiar, o sujeito ativo e passivo do crime, nas hipóteses descritas no parágrafo 2º. A, do art. 121, do Código Penal, podem ser mulheres, independente da orientação sexual. Ademais, o crime de feminicídio não é um crime próprio, tampouco de mão própria. Assim, a mulher pode, naturalmente, ser sujeito ativo do crime de feminicídio.

2. A mulher transgênero como vítima de feminicídio
Outra questão que se coloca é a da mulher transgênero como vítima de feminicídio. Ao abordar o conceito de transgênero, Cezar Bittencourt faz as seguintes considerações:

"Assim, por exemplo, pelo critério de natureza psicológica, isto é, alguém mesmo sendo do sexo masculino acredita pertencer ao sexo feminino, ou, em outros termos, mesmo tendo nascido biologicamente como homem, acredita, psicologicamente, ser do sexo feminino, como, sabidamente, acontece com os denominados transexuais. Há, na realidade, uma espécie de negação ao sexo de origem, levando o indivíduo a perseguir uma reversão

DIREITOS DAS MULHERES

genital, para assumir o gênero desejado. De um modo geral, não apresentam deficiência ou deformação em seu órgão genital de origem, apenas, psicologicamente, não se aceitam, não se conformando enquanto não conseguem, cirurgicamente, a transformação sexual, isto é, transformando-se em mulher. Segundo Genival Veloso de França, 'As características clínicas do transexualismo se reforçam com a evidência de uma convicção de pertencer ao sexo oposto, o que lhe faz contestar e valer essa determinação até de forma violenta e desesperada'.

A situação, ainda não discutida amplamente por nossos Tribunais, já foi levada ao E. Superior Tribunal de Justiça por meio do *HABEAS CORPUS* nº 541.237 – originário Distrito Federal, em que foi indeferida a liminar, por decisão proferida em 23 de outubro de 2019. O *Mandamus* foi impetrado contra decisão proferida no julgamento do Recurso em Sentido Estrito 20180710019530/ 0001842-95.2018.8.07.0007 – DF, nos seguintes termos:

"DIREITO PENAL E PROCESSUAL PENAL. RECURSO EM SENTIDO ESTRITO. PRONÚNCIA. FEMINICÍDIO TENTADO. VÍTIMA MULHER TRANSGÊNERO. MENOSPREZO OU DISCRIMINAÇÃO À CONDIÇÃO DE MULHER. MATERIALIDADE E INDÍCIOS DE AUTORIA PRESENTES. PEDIDO DE DESCLASSIFICAÇÃO. IMPROCEDENTE. TESES A SEREM APRECIADAS PELOS JURADOS. PRINCÍPIO IN DUBIO PRO SOCIETATE. EXCLUSÃO DA QUALIFICADORA. IMPROCEDENTE. RECURSOS CONHECIDOS E DESPROVIDOS.

1. A decisão de pronúncia dispensa a certeza jurídica necessária para uma condenação, bastando o convencimento do Juiz acerca da materialidade do fato e da existência de indícios suficientes de autoria, prevalecendo, nessa fase, o in dubio pro societate. 2. No âmbito do Tribunal do Júri, as possibilidades de desclassificação, absolvição sumária e impronúncia são limitadas, sendo admitidas apenas quando a prova for inequívoca e convincente, no sentido de demonstrar que o réu não praticou crime doloso contra a vida, pois mínima que seja a hesitação, impõe-se a pronúncia, para que a questão seja submetida ao júri, ex vi do art. 5º, inciso XXXVIII, da Constituição Federal c/c art. 74, § 1º, do Código de Processo Penal. 3. Somente as qualificadoras manifestamente improcedentes e sem qualquer apoio na prova dos autos podem ser afastadas. 4. Recursos conhecidos e desprovidos." (TJDF – Recurso em Sentido Estrito 20180710019530/

0001842-95.2018.8.07.0007 – 3ª. Turma Criminal – Relator: Desembargador WALDIR LEÔNCIO LOPES JÚNIOR – d.j. 04/07/2019)

Para dirimir qualquer dúvida a respeito, precisamos buscar o conceito jurídico de mulher, para verificar quem pode figurar no polo passivo do crime. Para a conceituação de mulher, o texto do acórdão mencionado, originário do E. Tribunal de Justiça do Distrito Federal, traz os seguintes esclarecimentos:

"A abrangência da conceituação histórico-social do gênero é superior à do sexo biológico, pois trata de características psicológicas e comportamentais do indivíduo, a depender de seu fenótipo, se masculino ou feminino. 'Na perspectiva de gênero, essas características são produto de uma situação histórico-cultural e política; as diferenças são produto de uma construção social. Portanto, não existe naturalmente o gênero masculino e feminino. Ou seja, **a definição de gênero reclama o padrão histórico e cultural de opressão machista e de objetar a mulher.'** (Acórdão n. 1089057, **20171610076127RSE, Relator: GEORGE LOPES 1ª TURMA CRIMINAL, Data de Julgamento: 05/04/2018, Publicado no DJE: 20/04/2018. Pág.: 119/125).** A respeito da questão de gênero tratada, mutatis mutandis, este Tribunal de Justiça (Acórdão n. 1089057, 20171610076127RSE, Relator: GEORGE LOPES 1ª TURMA CRIMINAL, Data deJulgamento: 05/04/2018, Publicado no DJE: 20/04/2018. Pág.: 119/125), já admitiu proteção extensiva da Lei Maria da Penha à transexual feminina, ainda que não submetida à cirurgia de transgenitalização e sem a alteração definitiva do registro civil, com fundamento nos seguintes argumentos: '(...) **O gênero feminino decorre da liberdade de autodeterminação individual, sendo apresentado socialmente pelo nome que adota, pela forma como se comporta, se veste e se identifica como pessoa.** A alteração do registro de identidade ou a cirurgia de transgenitalização são apenas opções disponíveis para que exerça de forma plena e sem constrangimentos essa liberdade de escolha. Não se trata de condicionantes para que seja considerada mulher. 3 *Não há analogia in malam partem ao se considerar mulher a vítima transexual feminina, considerando que o gênero é um construto primordialmente social e não apenas biológico. Identificando-se e sendo identificada como mulher, a vítima passa a carregar consigo estereótipos seculares de submissão e vulnerabilidade,*

DIREITOS DAS MULHERES

os quais sobressaem no relacionamento com seu agressor e justificam a aplicação da Lei Maria da Penha à hipótese'. A propósito, a Comissão de Comissão e Justiça do Senado Federal, em 22 de maio de 2019, aprovou, em caráter terminativo, o Projeto de Lei do Senado 191, de 2017, que inclui as mulheres transgêneras e as transexuais sob a proteção da Lei Maria da Penha. De acordo com a ementa da proposição legislativa, a alteração da Lei 11.340/2006 visa **"assegurar à mulher as oportunidades e facilidades para viver sem violência, independentemente da sua identidade de gênero."** (...). Por outro lado, não se pode deixar de considerar a situação de dupla vulnerabilidade a que as pessoas transgêneros femininas, grupo ao qual pertence a ofendida, são expostas 'por um lado, em virtude da discriminação existente em relação ao gênero feminino, e de outro, pelo preconceito de parte da sociedade ao buscarem o reconhecimento de sua identidade de gênero'. (grifos no original)

Ainda na busca da consolidação do conceito do termo "mulher", há proposição no Senado Federal, conforme citado no acórdão acima transcrito, para a alteração da Lei Maria da Penha, a fim de incluir, no art. 2º, a expressão "toda mulher, independente de (...) identidade de gênero". O Supremo Tribunal Federal, por seu turno, já enfrentou a questão da conceituação do gênero homem / mulher ao julgar a Ação Direta de Inconstitucionalidade 4275/DF, em que foi reconhecida a possibilidade de alteração de nome e sexo, no registro civil, independente de cirurgia de transgenitalização:

"DIREITO CONSTITUCIONAL E REGISTRAL. PESSOA TRANSGÊNERO. ALTERAÇÃO DO PRENOME E DO SEXO NO REGISTRO CIVIL. POSSIBILIDADE. DIREITO AO NOME, AO RECONHECIMENTO DA PERSONALIDADE JURÍDICA, À LIBERDADE PESSOAL, À HONRA E À DIGNIDADE. INEXIGIBILIDADE DE CIRURGIA DE TRANSGENITALIZAÇÃO OU DA REALIZAÇÃO DE TRATAMENTOS HORMONAIS OU PATOLOGIZANTES.
1. O direito à igualdade sem discriminações abrange a identidade ou expressão de gênero.
2. A identidade de gênero é manifestação da própria personalidade da pessoa humana e, como tal, cabe ao Estado apenas o papel de reconhecê-la, nunca de constituí-la.

3. A pessoa transgênero que comprove sua identidade de gênero dissonante daquela que lhe foi designada ao nascer por autoidentificação firmada em declaração escrita desta sua vontade dispõe do direito fundamental subjetivo à alteração do prenome e da classificação de gênero no registro civil pela via administrativa ou judicial, independentemente de procedimento cirúrgico e laudos de terceiros, por se tratar de tema relativo ao direito fundamental ao livre desenvolvimento da personalidade.

4. Ação direta julgada procedente."

Referido acórdão reconhece, portanto, que a mulher transgênero, independente de ter se submetida à cirurgia de transgenitalização, deve ser considerada mulher perante o ordenamento jurídico, possibilitando, assim, a mudança de sexo em seus registros. Ainda a este respeito, a Eminente Relatora Min. Nancy Andrighi, anotou, no acórdão proferido no Recurso Especial 1.008.398, DJe 18.11.2009, que o reconhecimento da alteração do sexo do transexual tem o "sentido de salvaguardar o bem supremo e foco principal do Direito: o ser humano em sua integridade física, psicológica, socioambiental e ético-espiritual" e, ainda, deve "refletir a verdade real por ele vivenciada e que se reflete na sociedade".

Portanto, nossos Tribunais Superiores vêm defendendo a interpretação normativa no sentido da prevalência da identidade psicossocial em relação à biológica, para o conceito de gênero (*v.g.* Resp 1626739, Min. Rel. Luís Felipe Salomão, 09.05.2017). Logo, o conceito jurídico de mulher, adotado hoje, não é o biológico, mas o psicossocial, sendo perfeitamente possível que a mulher transgênero figure como sujeito passivo do crime de feminicídio. Aliás, nos parece que essa seja a única conclusão concorde com o Princípio Constitucional da Dignidade Humana, que orienta todo ordenamento jurídico brasileiro, e única capaz de garantir a proteção da integridade física e psíquica da mulher transgênero.

Acerca do tema, aliás, o CNMP lançou o "Manual de Atuação das Promotoras e dos Promotores de Justiça em casos de feminicídio", que inclui, expressamente, a classificação de feminicídio Transfóbico, como "a morte de uma mulher transgênero ou transexual, na qual o ou os agressores matam-na por sua condição ou identidade de gênero transexual, por ódio ou rejeição da mesma". De fato, não é a adequação física,

DIREITOS DAS MULHERES

cirúrgica ou registral que determinará a identidade de gênero das mulheres transgênero.

Assim, entendemos perfeitamente possível que a mulher transgênero figure como sujeito passivo do crime de feminicídio, independente da alteração do registro civil ou cirurgia de transgenitalização. Logo, a identidade de gênero da mulher pode ser trazida como questão de prova no processo-crime, mas não para o afastamento da qualificadora. No caso em que já houver alteração do registro civil, bastará a apresentação do documento civil apontando o gênero feminino (certidão do registro de nascimento, identidade civil ou passaporte); na ausência do documento já regularizado, a prova poderá ser feita por outros meios.

Conclusões

Por todo exposto, entendemos que a opção sexual da mulher é irrelevante para que ela figure como sujeito ativo ou passivo do crime de feminicídio, até mesmo em razão de expresso reconhecimento legal. O mesmo não ocorre entre casais de homens, ainda que um deles assuma funções consideradas femininas, já que o objetivo da qualificadora é a maior proteção à mulher, em razão da vulnerabilidade decorrente de questões de gênero.

No mais, diante da prevalência do conceito psicológico de gênero em nosso ordenamento jurídico, as mulheres transgênero podem, perfeitamente, figurar como sujeito passivo do crime de feminicídio, independente da alteração do registro civil, sendo, nesse caso, necessária a prova inequívoca da identidade de gênero.

Referências

BITTENCOURT, Cezar Roberto. **Tratado de direito penal**: parte especial 2: crimes contra a pessoa – 18ª Ed. – São Paulo: Saraiva, 2018.

BITTENCOURT, Cezar Roberto. **Qualificadora do feminicídio pode ser aplicada a transexual**. Revista Consultor Jurídico, 15 de novembro de 2017, disponível em https://www.conjur.com.br/2017-nov-15/cezar-bitencourt-feminicidio-aplicado-transexual

Cunha, Rogério Sanches, Pinto, Ronaldo Batista. **Violência Doméstica** – Lei Maria da Penha (lei 11.340/2006) comentada artigo por artigo. São Paulo: Revista dos Tribunais, 2007.

Resolução n. 2.265, de 20 de setembro de 2019, publicado no DOU de 09/01/2020.

Tannuri, Cláudia Aoun; Hudler, Daniel Jacomeli. **Lei Maria da Penha também é aplicável às transexuais femininas.** Revista Consultor Jurídico, 2 de outubro de 2015, disponível em https://www.conjur.com.br/2015-out-02/lei-maria-penha-tambem-aplicavel-transexuais-femininas#top data de acesso: 14/01/2020

9. Violência Obstétrica como Violação aos Direitos Humanos das Mulheres

FABIANA DAL'MAS ROCHA PAES

1. Violência contra as mulheres no Brasil e no mundo

A violência contra as mulheres é um problema global muito complexo. Mulheres de todo o mundo sofrem distintas formas de violência pelo simples fato de serem mulheres. O controle informal, a ideologia e a posição social da mulher na sociedade são relevantes quando se fala em violência contra a mulher, que produz inúmeras vítimas também na América Latina e Caribe. Não é novidade que a mulher seja responsável pelo cuidado da casa, do marido e dos filhos, além de parentes negligenciados, o que limita significativamente a liberdade e capacidade de agir, resultando em um fator de maior exposição e vulnerabilidade a situações de violência.

A limitação social da liberdade da mulher, sua condição particular na sociedade e o poder patriarcal estão presentes como molas propulsoras da violência contra a mulher. O poder masculino, aliado à subordinação feminina, constituem as origens das relações de gênero e os ingredientes necessários para que a mulher sofra violência.

Não é incomum a confusão entre os termos violência de gênero e violência contra a mulher. A violência de gênero abrange tanto a violência de homens contra mulheres quanto a violência de mulheres contra homens. Além disso, estudos de gênero desenvolvem as questões de forma mais ampla, não como um parâmetro exclusivamente "heteronormativo", isto é, relacionado apenas aos heterossexuais, e sim adotando uma abordagem que inclua os homossexuais, os bissexuais, os transgêneros, etc. Neste sentido, a renomada jurista costa-riquenha Alda Facio define gênero nos seguintes termos:

DIREITOS DAS MULHERES

"O conceito de gênero se refere tanto ao conjunto de características e comportamentos, quanto aos papéis, funções e avaliações ditados dicotomicamente a cada sexo, por meio de processos de socialização, mantidos e reforçados pela ideologia das instituições patriarcais. Esse conceito, no entanto, não é abstrato, nem universal, desde que seja concretizado em cada sociedade de acordo com contextos especiais e temporais, enquanto se redefine constantemente à luz de outras realidades, como classe, etnia, nacionalidade, habilidade. etc."

Violência contra a mulher é um conceito que abrange diferentes formas de violência, como a mutilação genital, prostituição, pornografia, exploração sexual de meninas, crimes sexuais nas zonas de guerra e imigração, violência psicológica, violência na mídia, na comunicação ou através da propaganda de certas marcas com a exposição sexual da imagem da mulher. A internet também surge como um novo espaço para a prática de violência virtual contra as mulheres e meninas. Cumpre sublinhar a violência nos meios universitários e os assédios sexual e moral nos transportes públicos e no ambiente laboral.

Adicionam-se a estas formas de violência a chamada violência doméstica que é usada como sinônimo de violência familiar e não raramente de violência de gênero. A violência doméstica é mais específica. De acordo com a Lei Maria da Penha, entende-se por violência doméstica e familiar contra a mulher qualquer ação ou omissão baseada no gênero que lhe cause morte, lesão, sofrimento físico, sexual, psicológico, sexual ou patrimonial.

A Organização Mundial de Saúde elaborou um estudo, em 2006, que chegou à constatação de que uma a cada três mulheres brasileiras que moram na zona rural já sofreu violência do parceiro íntimo. Este estudo também verificou que quanto mais a mulher está no Brasil rural, mais afastada dos grandes centros, mais ela sofre com a violência doméstica do parceiro. O mesmo estudo mostra que cerca de 61% das mulheres do Peru relataram algum episódio de violência física e 47% de violência sexual. No Brasil rural, o estudo demonstra que a violência física atinge 34% das mulheres, e violência sexual alcança 14% delas. Na Etiópia, os números também são altos: 59% das mulheres relataram terem sofrido violência sexual e 49% delas, violência física. No Brasil urbano, cerca de

27% das mulheres relataram ter sofrido violência física e 10% delas, a violência sexual. Diversamente no Japão onde 13% das mulheres relataram violência física e 6% delas, violência sexual.

Outra forma de violência contra a mulher consiste na violência estatal. Esta pode se expressar de distintas maneiras como na violação de direitos humanos das mulheres encarceradas, no atendimento violento ou vexatório à mulher durante a gravidez, parto ou puerpério; na negativa de concessão à menina e a mulher vítima de violência sexual do direito ao aborto seguro e gratuito.

Embora o problema da violência contra as mulheres seja mundial, observamos com particular atenção a realidade do Brasil e da América Latina, em razão dos elevados números registrados. Um importante estudo de 2019 do *Global Americans Report* afirma que o Brasil é o pior país em termos de violência de gênero na América Latina, mas sequer foi incluído no estudo do Eclacs em razão da *falta de confiabilidade das estatísticas*. O Brasil também foi considerado o 5º país que mais mata mulheres no mundo, num universo de 83 países.

Na verdade, todas essas formas de violência têm relação com a construção da sociedade patriarcal nas nações latino-americanas, incluindo o Brasil, com a subordinação da mulher ao poder dos homens, sendo que os níveis de violência foram potencializados pelo fácil acesso às armas de fogo. A questão, muito além dos aspectos jurídico normativos, diz respeito aos aspectos socioculturais de uma sociedade patriarcal e de origem escravocrata. A violência no momento do parto, pré-parto e puerpério, não é marcadamente diferente às outras formas de violência. Ela constitui-se em uma forma de violência contra a mulher que ainda vem sendo pouco estudada no Brasil. Por isso, neste artigo abordaremos esta forma de violência, pois se caracteriza como uma grave violação aos Direitos Humanos das Mulheres.

Como bem ressalta Susan Hodges: "O abuso no parto hospitalar pode não parecer o mesmo que abuso e violência doméstica, mas não é menos prejudicial. O abuso verbal inclui comportamentos tais como ameaçar, repreender, ridicularizar, envergonhar, coagir, gritar, punir, mentir, manipular, zombar, enganar e recusar-se a reconhecer comportamentos que prejudicam a autoestima do destinatário enquanto aumentam o senso de poder do agressor, típico do *bullying*"

DIREITOS DAS MULHERES

2. Breve histórico da assistência ao parto

Na década de 1950, registraram-se casos nos Estados Unidos de violência no parto, quebrando, assim, uma longa tradição de silêncio a respeito do tema. Nesse contexto, cumpre lembrar a publicação da revista *Ladies Home Journal*, que trazia uma matéria chamada "Crueldade nas Maternidades". A reportagem descrevia o tratamento violento, às vezes incluindo tortura, que era frequentemente dado às parturientes, sendo que algumas delas eram submetidas ao sono crepuscular (*twilight sleep*, uma combinação de morfina e escopolamina), que causava uma sedação profunda, não excepcionalmente com sintomas de agitação psicomotora e alucinações.

Hece Goer descreve que: "as histórias incluíam mulheres sendo amarradas por horas na posição de litotomia, uma mulher com as pernas amarradas para impedir o parto enquanto seu obstetra jantava; mulheres sendo atingidas e ameaçadas com a possibilidade de dar à luz um bebê morto ou com lesão cerebral por chorar; mulheres com dor, e um médico cortando e suturando episiotomias sem anestesia (ele quase perdera uma paciente devido a uma overdose) enquanto a enfermeira abafava os gritos da mulher com uma máscara."

Como muito bem descreve Adriene Rich: "nós damos à luz em hospitais, cercadas de profissionais de saúde do sexo masculino, muitas vezes sedadas e estremecida contra a sua vontade, nossos bebês são tirados de nós por estranhos, que irão determinar com que frequência devemos amamenta-los e quando poderemos segurá-los nos braços."

Levantando questões sobre esses abusos no parto, é importante ressaltar nessa trajetória, a fundação da Rede pela Humanização do Parto e do Nascimento (Rehuna), em 1993, que contém centenas de participantes pessoas físicas e jurídicas. Lembra Simone Diniz que: "a Carta de Campinas, documento fundador da Rehuna, denuncia as circunstâncias de violência e constrangimento em que se dá a assistência, especialmente as condições pouco humanas a que são submetidas mulheres e crianças no momento do nascimento. Considera que, no parto vaginal a violência da imposição de rotinas, da posição de parto e das interferências obstétricas desnecessárias perturbam e inibem o desencadeamento natural dos mecanismos fisiológicos do parto, que passa a ser sinônimo de patologia e de intervenção médica, transformando-se em uma experiência de terror, impotência, alienação e dor. Desta forma, não surpreende que as mulhe-

VIOLÊNCIA OBSTÉTRICA COMO VIOLAÇÃO AOS DIREITOS HUMANOS DAS MULHERES

res introjetem a cesárea como melhor forma de dar à luz, sem medo, sem risco e sem dor."

Nesse contexto, cumpre destacar que: "em 1998, o Centro Latino--americano dos Direitos da Mulher[20] publicou o relatório *Silencio y Complicidad: Violencia contra la Mujer en los Servicios Públicos de Salud no Peru*, com extensa documentação das violações dos direitos humanos da mulher durante o parto, que se aplica a todo o continente." No ano 2014 iniciam-se com mais intensidade os debates a respeito do termo violência obstétrica: "desde 2014, foram criados cinco Observatórios de Violência Obstétrica liderados por grupos da sociedade civil no Chile, Espanha, Argentina, Colômbia e França, e em março de 2016 divulgaram uma declaração comum declarando que a violência obstétrica tem sido uma das formas mais invisíveis e naturalizadas violência contra as mulheres e que constitui uma grave violação dos direitos humanos."

Na América Latina o debate sobre violência obstétrica tem sido intensivo por impulso de grupos da sociedade civil tais como aqueles existentes na Argentina, que fizeram empenho para a promulgação da lei de proteção integral às mulheres, e também em algumas partes do México. Outros países do mundo também enquadraram a violência obstétrica dentro das legislações mais amplas sobre desigualdades de gênero e violência, enfatizando a posição desigual das mulheres – e mulheres grávidas em particular – no sistema de saúde e na sociedade.

Portanto, na América Latina, países como a Argentina e o México já possuem legislação tipificando a conduta da violência obstétrica. O sistema jurídico brasileiro, porém, possui apenas uma legislação genérica e protetiva para tratar da violência obstétrica; portanto, não há uma lei específica. Com efeito, existe o Projeto de Lei nº 7.633/2014, em trâmite no Congresso Nacional, que dispõe sobre as diretrizes e dos princípios inerentes aos direitos da mulher durante a gestação, pré-parto e puerpério e da erradicação da violência obstétrica.

3. Violência obstétrica no Brasil

A violência obstétrica está presente no Brasil e atinge diversas mulheres em todos os estados do país. Entende-se por violência obstétrica toda ação ou omissão direcionada à mulher durante o pré-natal, parto ou puerpério, que cause dor, dano ou sofrimento desnecessário à mulher,

DIREITOS DAS MULHERES

praticada sem o seu consentimento explícito, ou em desrespeito à sua autonomia, integridade física e mental, e aos seus sentimentos e preferências. A expressão engloba condutas praticadas por todos os prestadores de serviço da área de saúde, não apenas os médicos. É fundamental compreendermos esta forma de violência como um problema estrutural e não apenas de alguns profissionais de saúde abusivos e agressivos ou de algumas gestantes.

Infelizmente, inúmeras mulheres são vítimas de violência obstétrica no Brasil. Estima-se que uma em cada quatro mulheres já foi vítima de violência obstétrica, conforme o estudo *Mulheres Brasileiras e Gênero nos Espaços Público e Privado*, produzido pelo Sesc e a Fundação Perseu Abramo (2010). Além das mulheres, também os seus bebês podem estar sujeitos à violência obstétrica.

Como muito bem expressa o projeto "Sentido do Nascer": "a violência no parto com o excesso de intervenções disseminou a cultura do medo e do sofrimento, tendo como pano de fundo a hipermedicalização do processo e as relações desiguais de gênero, com o deslocamento do protagonismo feminino neste momento, desinformação e manipulação. A assistência ao parto é altamente invasiva e agressiva, com procedimentos frequentes e sem embasamento científico, como a episiotomia, a ocitocina para acelerar o parto, manobras dolorosas para empurrar o bebê, transformando o cenário do parto e nascimento em um momento de sofrimento e de horror, reforçando representações sociais do nascimento como uma doença."

Pode-se definir também violência obstétrica como qualquer ato ou intervenção direcionada à mulher grávida, parturiente ou puérpera (que recentemente deu à luz), ou ao seu bebê, praticado sem o seu consentimento explícito ou informado, e em desrespeito à sua autonomia, integridade física e mental, aos seus sentimentos e preferências. O desenvolvimento do conceito de violência obstétrica caracteriza-se por chamar atenção as críticas à medicalização dos ambientes de assistência à maternidade e à violação dos direitos à saúde sexual e reprodutiva. Destacam-se três características da violência obstétrica: violação da autonomia, violação aos direitos humanos e violação aos direitos sexuais e reprodutivos. A mortalidade materna é especialmente problemática entre mulheres de baixa renda, negras, e indígenas, bem como mulheres que vivem em áreas rurais e nas regiões Norte e Nordeste do Brasil.

São características da assistência ao parto, que conduzem a uma elevada mortalidade materna: "a supermedicalização do parto (quase 50% dos bebês são partidos por cesariana), mortes maternas causadas por abortos ilegais e uma alta frequência de partos prematuros." No que tange a mortalidade infantil, o quadro é um pouco distinto, estudos demonstram que nas últimas três décadas houve mudanças, com alguns progressos na queda de números de mortalidade infantil. Assim: "nas últimas três décadas, as taxas de mortalidade infantil reduziram-se substancialmente, diminuindo 5,5% ao ano nas décadas de 1980 e 1990 e 4,4% ao ano desde 2000, atingindo 20 mortes por 1.000 nascidos vivos em 2008. As mortes neonatais são responsáveis por para 68% das mortes infantis. A prevalência de nanismo entre crianças menores de 5 anos diminuiu de 37% em 1974-75 para 7% em 2006-07. As diferenças regionais em nanismo e mortalidade infantil também diminuíram."

Constituem compromissos do Estado Brasileiro: reduzir a mortalidade na infância e melhorar a saúde materna. O Brasil não atingiu os objetivos do Milênio de reduzir as mortes maternas para 35 por 100.000. Em 2015, novos objetivos foram propostos para serem atingidos até 2030, nomeados Objetivos de Desenvolvimento Sustentável (ODS). A nova meta brasileira relacionada à mortalidade materna é de 30 mortes maternas a cada 100 mil nascidos vivos, até o ano de 2030.

Em que pese os importantes compromissos internacionais assinados e ratificados pelo Estado brasileiro, portanto gerando obrigações juridicamente vinculantes, muitas dessas obrigações não estão sendo cumpridas a contento. Um exemplo de descumprimento diz respeito à garantia ao atendimento integral e eficiente na área da saúde, em especial no momento do parto. Esta lei é fundamental porque garante a presença do acompanhante desde o trabalho de parto até o pós-parto. A presença de um acompanhante durante o parto é muito importante. A mulher fica fragilizada, numa situação vulnerável. Existe uma desculpa utilizada por alguns estabelecimentos de que essa lei não teria eficácia. Por qual motivo argumentam desta forma? Porque a lei não prevê expressamente uma pena. Além da má interpretação da lei, existe também um problema estrutural: várias maternidades ainda não têm um espaço físico adequado.

DIREITOS DAS MULHERES

Há ainda um terceiro aspecto, que é um problema cultural: o desrespeito à autonomia da mulher. Interpreta-se o parto como um ato médico e que deve permanecer sem a participação.

A violência obstétrica pode ainda caracterizar-se de distintas formas: recusa à admissão ao hospital (Lei nº 11.634/2007); impedimento de entrada de acompanhante (Lei nº 11.108/2005); violência psicológica (tratamento agressivo, grosseiro, zombeteiro, inclusive em razão de sua cor, etnia, raça, religião, estado civil, orientação sexual, número de filhos ou inferiorizado); impedimento de contato com o bebê; o impedimento ao aleitamento materno e a cesariana desnecessária e sem consentimento. Constituem formas de violência obstétrica: realização de episiotomia de modo indiscriminado, o uso de ocitocina sem consentimento da mulher, a manobra de Kristeller (pressão sobre a barriga da gestante para empurrar o bebê), a proibição da mulher se alimentar ou de se hidratar e obrigar a mulher a permanecer deitada.

A pesquisa "Nascer no Brasil" verificou o elevado número de cesáreas, que se encontra em torno de 52% no setor público, podendo chegar a 88% no setor privado, contrariando as recomendações da OMS. Desde 1985, a comunidade médica internacional considera que a taxa ideal de cesárea seria entre 10% e 15%. É evidente que a cesárea bem indicada é um recurso importante na medicina; no entanto, a cesárea não deve ser utilizada por conveniência, vez que é mais rápida, exigindo um tempo menor de participação dos profissionais de saúde; tampouco pode ser utilizada por questões econômicas, ou seja, visando manter por menos tempo ocupado um leito de hospital.

4. A violência obstétrica e o ODS 5.6

O combate à violência obstétrica ajudará a assegurar o cumprimento do quinto objetivo de desenvolvimento do milênio, vale dizer, a igualdade de gênero, em especial no seu aspecto de acesso universal à saúde sexual e reprodutiva (ODS 5.6). O objetivo de desenvolvimento do milênio 5.6 encontra-se a seguir transcrito: "assegurar o acesso universal à saúde sexual e reprodutiva e os direitos reprodutivos, como acordado em conformidade com o Programa de Ação da Conferência Internacional sobre População e Desenvolvimento e com a Plataforma de Ação de Pequim e os documentos resultantes de suas conferências de revisão".

Conforme se depreende da análise deste objetivo, a prevenção à violência obstétrica será importante para garantir o acesso universal à saúde sexual e reprodutiva e os direitos reprodutivos. Anote-se que a Organização Mundial de Saúde (OMS) convoca os governos a uma "maior ação, diálogo, pesquisa e mobilização sobre este importante tema de saúde pública e direitos humanos".

5. Marco jurídico internacional

O Brasil é signatário dos principais tratados internacionais que protegem as mulheres das violações de seus Direitos Humanos, portanto assumiu compromissos perante a comunidade internacional no sentido de proteção à saúde materna e da prevenção de todas as formas de violência contra a mulher.

A Convenção CEDAW, por exemplo, é um instrumento que determina a proteção à saúde da mulher. É importante destacar o artigo 12, da Convenção CEDAW dispõe o seguinte: "Os Estados-Partes garantirão à mulher assistência apropriada em relação à gravidez, ao parto e ao período posterior ao parto, proporcionando assistência gratuita quando assim for necessário, e lhe assegurarão uma nutrição adequada durante a gravidez e a lactância".

Periodicamente, a cada 4 (quatro) anos, os países signatários da CEDAW necessitam apresentar um relatório periódico, submetendo-se as observações do Comitê CEDAW. O Comitê, por sua vez, elabora observações conclusivas ou recomendações. Em fevereiro de 2012, o Brasil apresentou seus resultados em Genebra, na 51ª Reunião do Comitê. Nessa ocasião foi determinado que o país apresentasse, em 2014, informações sobre dois temas específicos: a saúde e o tráfico de mulheres. Essa recomendação foi dada devido à gravidade destes problemas. Em fevereiro de 2014, o governo brasileiro apresentou seu relatório que foi analisado em outubro/novembro de 2014. As recomendações do Comitê colocam o Brasil numa situação delicada quanto à saúde da mulher, em especial quanto à atenção ao parto. Lamentavelmente, ainda nos mantivemos entre os países que violam os direitos das mulheres. Lamentavelmente, houve uma queda na posição do Brasil no IDH de gênero. Os direitos sexuais e reprodutivos ainda não são plenos e a atenção à saúde da mulher é muito insuficiente. Na verdade, essa posição do país no índice

DIREITOS DAS MULHERES

internacional não nos surpreende, mas ainda é muito difícil conversar e discutir sobre a violência obstétrica.

Outro instrumento internacional relevante consiste na Convenção Belém do Pará, que define como violência contra a mulher aquela praticada por agentes de saúde, em serviços de saúde, assim de acordo com o artigo 2.º, da referida Convenção: "entende-se que a violência contra a mulher abrange a violência física, sexual e psicológica: ocorrida na comunidade e cometida por qualquer pessoa, incluindo, entre outras formas, o estupro, abuso sexual, tortura, tráfico de mulheres, prostituição forçada, sequestro e assédio sexual no local de trabalho, bem como em instituições educacionais, serviços de saúde ou qualquer outro local".

Analisando os compromissos firmados pelo Estado brasileiro e com fundamento neste marco jurídico internacional, entendemos que é dever do Estado brasileiro prevenir e combater todas as formas de violência contra a mulher, inclusive a obstétrica. Assim, preceitua o artigo 7.º da Convenção Belém do Pará: "os Estados Partes condenam todas as formas de violência contra a mulher e convêm em adotar, por todos os meios apropriados e sem demora, políticas destinadas a prevenir, punir e erradicar tal violência e a empenhar-se em: abster-se de qualquer ato ou prática de violência contra a mulher e velar para que as autoridades, seus funcionários e pessoal, bem como agentes e instituições públicos atuem em conformidade com essa obrigação; agir com o devido zelo para prevenir, investigar e punir a violência contra a mulher".

No entendimento da autora, que partilha da mesma visão de Silvia Pimentel, Valéria Pandjiarjian e Flavia Piovesan, os tratados de Direitos Humanos das Mulheres inclusive a Convenção CEDAW e Convenção de Belém do Pará tem o *status* constitucional. Esta interpretação é importante porque fortalece os tratados internacionais. No âmbito internacional, a legislação da Argentina, vale dizer, a Lei nº 26.485/2009, define a violência obstétrica como: "aquela exercida pelos profissionais da saúde caracterizando-se pela apropriação do corpo e dos processos reprodutivos da mulher, através de um tratamento desumanizado, abuso da medicação e patologização dos processos naturais." Todas estas violências contra as mulheres são, sem dúvida, uma forma de discriminação à luz do Direito Internacional. A evolução da lei antidiscriminatória sofreu resistência através do tempo, mas não podem impedir a proteção dos direitos humanos das mulheres.

6. Da violação aos princípios constitucionais e do Código Penal

O princípio da dignidade da pessoa humana (artigo 1º, inciso III, da Constituição Federal), autonomia (Constituição Federal), integridade física e assistência apropriada ao parto e ao nascimento. A legislação brasileira contempla a proteção da mulher quanto à prática de violência obstétrica. Alguns casos de violência obstétrica podem ser considerados crimes como de homicídio, lesão corporal, omissão de socorro, crimes contra a honra, dentre outros. A Constituição Federal de 1998 contém o princípio da igualdade e dispõe sobre o direito à plena assistência à saúde. Ela enuncia de forma original o dever do Estado de coibir a violência contra as mulheres, que inclui, portanto o dever de prevenir e punir a violência obstétrica.

7. Direito ao acompanhante

Entendemos que é imprescindível para prevenção da violência obstétrica, a obediência à Lei nº 11.108/2005. Infelizmente, o desrespeito a esta norma é constante no sistema de saúde brasileiro. A ausência de acompanhante tem uma origem histórica, conforme nos ensinam Diniz e outros: "quando o parto hospitalar foi estabelecido como regra pelos programas de saúde em meados do século 20 nos países industrializados, pela primeira vez na história, a maioria das mulheres começou a parir sem a presença de qualquer pessoa que lhe fosse familiar." A situação de ausência de acompanhante segue ainda vigente em vários países, inclusive no Brasil, onde essa situação fez parte da formação dos profissionais de saúde, ou seja, os médicos e enfermeiros.

Conclusões

O Brasil precisa cumprir com os tratados internacionais que firmou, o número elevado de mortalidade materna, que em sua maioria são evitáveis, tem uma relação com práticas abusivas e violentas. As agendas principais para o combate à violência obstétrica devem incluir: a compreensão do conceito de violência obstétrica como uma forma de violência de gênero, mais especificamente de violência contra a mulher; a

DIREITOS DAS MULHERES

efetivação dos direitos contidos na Constituição Federal, na Convenção CEDAW e na Convenção Belém do Pará depende de uma maior conscientização dos profissionais do sistema de saúde e de direito; a sensibilização e formação dos profissionais de saúde e do direito; a garantia ao direito ao acompanhante à gestante; a garantia ao direito à informação; a garantia ao acesso pleno à saúde e o incentivo às boas práticas obstétricas, fundamentadas em evidências científicas.

Referências

DINIZ, C.S.G. Humanização da assistência ao parto no Brasil: os muitos sentidos de um movimento. Cienc. Saude Colet., v. 10, n. 3, p.627-37, 2005.

DINIZ, Camen Simone Grilo e outros, **Implementação da presença de acompanhantes durante a internação para o parto: Dados da Pesquisa Nascer no Brasil**, Caderno de Saúde Pública, volume 30, Supl.1.

DINIZ, Simone e outros, **Violência Obstétrica como uma questão de saúde pública no Brasil: origens, definições, tipologia, impactos sobre a saúde materna, e propostas para sua prevenção**, Journal of Human Growth and Development, J. Hum. Growth Dev., vol.25, nº 3, São Paulo, 2015.

FACIO, Alda, FRIES, Lorena (ed), **Género y Derecho**, Ediciones LOM/La Morada, Santiago, Chile, 1999.

GOER, Henci, **Cruelty in Maternity Wards: Fifity Years Later**, JPerinat Educ., 2010 Summer, 19(3):33-42.

HOGDGES, Susan, **Abuse in Hospital Based Birth Settings?**, J Perinatal Educ., 2009, Fall, 18(4):8;11, 2019.

LARRAUNI, Elena, Mujeres y el Sistema Penal, Editorial IBDEF, Montevideo, Uruguay, 2008,1-17.

PAES, Fabiana Dal Mas Rocha, **Violência Doméstica: A Lei Maria da Penha na Perspectiva do Direito Brasileiro**, WHRSummit.com, Lisboa, 2018.

__. **A Violência Obstétrica no Contexto do Direito Internacional**, O Estado de São Paulo, 19/05/2019

PICKLES, Camilla, **Obstetric Violence and Law**, British Academy Post-Doctoral Research Fellow.

PIMENTEL, Silvia, PANDJIARJIAN, Valéria e PIOVESAN, Flavia, Saneamento da Ordem Jurídica uma Perspectiva Feminista.

RICH, Adrienne, **On Lies, Secrets and Silence, Selected Prose**, 1966/1978, New York, Norton, 1979 (tradução livre da autora).

SADLER, Michelle, **Moving Beyond Disrespect and abuse: Adressing the structural Dimension of Obstetric violence**, Reproductive Rights Matters, Volume 24, 2016, Issue 47.

SAFFIOTI, Heleieth, Gênero, Patriarcado e Violência, São Paulo, Editora Fundação Perseu Abramo, São Paulo, Brasil, 2004, 45.

SCHRAIBER, Lilia Blima e outras, **Prevalência da violência contra a mulher por parceiro íntimo em regiões do Brasil**, Revista de Saúde Pública, vol. 41 nº 5 São Paulo, Oct. 2007, http://dx.doi.org/10.1590/S0034-89102 007000500014

SCHULTZ GD. Ladies' Home Journal. 1958. May, Cruelty in maternity wards; pp. pp. 44–45. 152–155.

10. Breves Considerações sobre a Violência contra a Mulher no Âmbito da Família

KÁTIA BOULOS

"... as alarmantes estatísticas dos nossos tempos da violência praticada contra a mulher justamente pelas pessoas de seu círculo íntimo, com as quais mantém relacionamento afetivo, nas quais confia e das quais espera lealdade e consideração, estão a demonstrar que o sentimento de posse de quem pratica a agressão, quando contrariado, tem sido o ponto de partida para as incontáveis tragédias retratadas."

Nos tempos atuais, quando a temática "violência" entra em pauta, é imediata a associação que se faz com a violência praticada contra a mulher, especialmente após a entrada em vigor da Lei nº 11.340, de 7 de agosto de 2006, denominada "Lei Maria da Penha", que conceituou e particularizou suas espécies, e legislação correlata, a exemplo da Lei nº 13.104, de 9 de março de 2015, "Lei do Feminicídio", abrangendo, destarte, desde o abuso puramente psicológico até o evento morte, por razões da condição de sexo feminino, assim entendidas quando o crime envolve violência doméstica e familiar, e menosprezo ou discriminação à condição de mulher, abrangidos pela violência de gênero.

É igualmente usual ouvirmos ou lermos candentes manifestações próprias da indignação de toda pessoa que diz ter a nítida sensação de impotência diante desse mal que só se avoluma a cada dia e reflete em pesquisas e estatísticas desalentadoras. A impressão que tais pessoas dizem ter é de que tudo o que foi feito desde então não serviu para absolutamente nada, ou muito pouco, em termos de avanço na efetiva defesa dos direitos da mulher vítima de todas essas formas de violência.

O que não se pode olvidar, no entanto, é que estamos tratando de uma transformação visceral no que concerne à imagem e papel da mulher na sociedade e, em especial, no contexto jurídico-familiarista pátrio no período dos últimos cem anos. Consoante aponta Marisa Sanematsu, "foi

DIREITOS DAS MULHERES

somente no final do século passado que a violência doméstica contra as mulheres começou aa deixar de ser vista como um assunto privado, a ser tratado entre quatro paredes, e passou a ser encarada como uma questão pública, que atinge gravemente as vítimas e exige a atenção dos serviços de saúde, segurança, justiça e assistência psicossocial e também de toda a sociedade". Nesse recorte, basta considerarmos os diplomas legais e as contribuições doutrinárias e jurisprudenciais que influenciaram na edição ou revogação das referidas leis com vistas a atender aos constantes e dinâmicos reclamos da sociedade, mormente como regra geral que se elabora e pretende seja eficaz. Sob essa ótica, não apenas compreensível e até justificável, o natural processo de amadurecimento é condição necessária e demanda sedimentação, somente possível com o transcurso do tempo.

Por outro lado, é bem verdade que, com a globalização, a evolução da tecnologia e a facilidade de acesso às informações, também seja natural que se verifique uma expressiva redução de tempo nesse chamado "processo evolutivo". Com efeito, é por todos sabido que as crianças, adolescentes e jovens dos tempos hodiernos, desde as gerações *baby boomers*, x, y, z e, por último, a geração alfa, evoluem muito rapidamente, cobram e são cobradas precocemente de uma produtividade que às vezes mais configura um pesado fardo do que um resultado que lhes traz satisfação, especialmente quando a competitividade que lhes é imposta como meio de atingir as metas propostas somatiza em seus corpos e, sob intensa e persistente pressão, se revela na alta incidência de doenças gástricas, em automutilações e, na pior das hipóteses, culmina em suicídio, tudo exaustivamente propagado nos meios de comunicação a que têm franco acesso. Não se pode olvidar que crianças e adolescentes, pessoas em fase de desenvolvimento, crescem e se tornam adultas. A violência intrafamiliar sofrida e naturalizada certamente deixará marcas indeléveis e se reproduzirá, de uma forma ou de outra, cravando no seio da sociedade o punhal das nefastas consequências da desatenção, do desamor, do desrespeito, do descuido e do descumprimento dos deveres por parte de seus responsáveis na época devida.

Janice Nazareth, por ocasião do Simpósio de Bioética e Violência contra a Mulher, realizado em 23 de outubro de 2015 pelo Conselho Regional de Medicina do Estado de São Paulo (CREMESP), alertou para a

BREVES CONSIDERAÇÕES SOBRE A VIOLÊNCIA CONTRA A MULHER...

importância da educação quando se trata da efetiva evolução, mormente quando a realidade aponta para a subjugação de mulheres por familiares e companheiros, sofrendo desses "toda sorte de pressões psicológicas, sendo intimidadas pelo terror das represálias em relação à sua prole".

Para tanto, ponderou, "é necessário que existam leis e políticas de delação e proteção, permitindo tranquilidade para que a mulher possa exercer quaisquer papéis que lhe aprouver, mas também é imprescindível que a educação, nos lares e escolas, tenha em mente a ética, único meio para que haja o equilíbrio social que norteia a conduta humana, com respeito ao próximo e justiça social."

Nesse sentido, Ivette Senise Ferreira observa: "em que pese a necessidade e a utilidade da legislação protetora, como a que foi recentemente criada, no fundo o problema é mesmo de natureza educativa, requerendo a mudança de mentalidades, de homens e mulheres, sobre o seu papel social, objetivando a revalorização da figura feminina no grupo familiar e na vida social, considerando-se que é ela a principal responsável pela transmissão de valores e da cultura numa determinada comunidade".

E arremata: "Nesse sentido, o grande avanço da legislação foi o seu caráter pedagógico, buscando a prevenção através da menção à realização de campanhas educativas e ao esforço multidisciplinar dos profissionais de várias áreas que podem atuar em conjunto com os envolvidos no caso". O ponto de partida para a efetividade das ações estruturantes consiste em, antes de tudo, ter em mente que toda forma de violência é inaceitável e deve ser coibida, esclarecendo-se que, quando se trata da "mulher vítima de violência", é do gênero feminino, de todas as etnias, orientações, idades, níveis sociais e "espécies" de violência que se está a tratar.

O ordenamento jurídico deve primordialmente amparar os seres humanos, detentores de direitos e deveres, individualmente considerados, sem olvidar do contexto familiar em que se inserem, observando-se que o bem-estar pessoal, familiar e social só será atingido quando estes se tornarem cidadãos e cidadãs conscientes e responsáveis.

Nesse compasso e no contexto em que essas breves considerações se inserem, a trajetória para a contemporaneidade no período de quase um século, entre o Código Civil de 1916 (Lei n.º 3.071, de 1º de janeiro de 1916) e o Código Civil de 2002 (Lei nº 10.406, de 10 de janeiro de 2002),

DIREITOS DAS MULHERES

é marcada por profunda transformação, principalmente refletida no divisor de águas representado pela Constituição Federal de 1988, conhecida como "Constituição Cidadã".

É possível afirmar, sem sombra de dúvida, que essa transformação diz respeito em especial à condição da mulher – pelo anterior diploma legal civilista considerada "relativamente capaz" ao longo de quase 50 anos – somente alçada à capacidade jurídica plena com a edição da Lei 4.121, de 27 de agosto de 1962, o "Estatuto da Mulher Casada". Ainda assim, na sociedade patriarcal de então, não era legalmente destinado ao homem e à mulher tratamento igualitário no tocante aos direitos e deveres que lhes competiam, consoante atesta a simples leitura de alguns dos dispositivos legais que atribuíam ao marido a chefia da sociedade conjugal e à mulher a condição de companheira, consorte e auxiliar nos encargos da família.

Em outras palavras, sob a égide da feição patrimonialista de então, a família "legítima" só se constituía pelo casamento, o marido desempenhava o papel de provedor e à esposa cabia o papel secundário e *auxiliar*, nos estritos limites impostos por seu cônjuge. Em suma: a ele competia "comandar" e a ela "ser comandada", permanecendo, destarte, os mesmos moldes de submissão da esposa ao marido incrustados nas gerações que os antecederam. Nesse diapasão, a família que se constituísse naturalmente, sem que o casal estivesse unido pelos laços civis do matrimônio, era considerada "ilegítima", e a mulher que assim procedesse –, porque dela tão-somente se exigia *honestidade* e *decoro* –, como consequência, sofria dupla sanção: legal e social.

a) *Legal*, porque as famílias "ilegítimas" não encontravam amparo no ordenamento jurídico, os filhos nascidos dessa união eram filhos naturais, igualmente ilegítimos, e essa formação familiar, ainda que não houvesse impedimento para o casamento, era considerada *concubinária*, o mesmo ocorrendo na hipótese do homem ou da mulher, ou mesmo ambos, serem desquitados;

b) *Social*, porque, ainda que fosse um relacionamento mantido por um homem e uma mulher com a intenção de constituir família, apenas a mulher era socialmente condenada a suportar o estigma de "concubina", termo no mais das vezes considerado sinônimo de mulher desonesta e indesejável nos círculos familiares tradicionais matrimonializados, alijada

176

do reconhecimento de quaisquer direitos na esfera do Direito de Família e das Sucessões, fossem tais direitos pessoais, sucessórios ou sociais.

De se ressaltar que a lei impunha sanções ao cônjuge que infringisse os deveres do casamento, mas em verdade tais sanções embutiam uma forma de punição à mulher/esposa/mãe que ousasse recorrer ao Poder Judiciário, ajuizando ação contra seu cônjuge com o objetivo de dissolver a sociedade conjugal pelo desquite. Senão vejamos.

Na modalidade judicial nominada pela doutrina de "desquite sanção", o cônjuge que fosse considerado "culpado" pelo desenlace, ou seja, que tivesse dado motivo para a "desestruturação" da sociedade conjugal e do vínculo matrimonial estabelecidos com o casamento civil, ou religioso com efeitos civis, estava sujeito a lhe serem impostas por decisão judicial três sanções: perda do direito aos alimentos; perda da guarda dos filhos do casal; perda do uso do nome adquirido.

Objetivamente analisando: quem no vínculo matrimonial dependia financeiramente do outro cônjuge? A quem era atribuída a guarda dos filhos? Quem adquiria o sobrenome do outro cônjuge? A esposa, mãe, antes de tudo, mulher! Ou seja, representava uma verdadeira punição à mulher, vez que com maior probabilidade estaria sujeita a ser considerada culpada, ainda que apenas desejasse pôr fim a um relacionamento abusivo e infeliz, onde fosse constantemente traída e humilhada, muitas vezes forçada ao *debitum conjugale*, vítima de violências de toda ordem, físicas, psicológicas, morais, patrimoniais, sexuais, enfim, era ela que afinal deveria ser o exemplo de dedicação e tolerância para a família que constituíra pelo casamento, custasse o que lhe custasse, em contrapartida vendo sua força interior ser reduzida ao conceito de "sexo frágil" e devendo a tudo suportar calada.

Com efeito, cabe aqui destacar o entendimento da legislação penal da época que previa a extinção da punibilidade para o agente que tomasse sexualmente uma mulher mediante violência, se com ela se casasse, como forma de "reparação" do mal que lhe infligira. Assim se entendia, pois esse "matrimônio reparador" tinha por finalidade dissipar a dificuldade que a ofendida encontraria para se casar após esse fatídico evento, bem como "compensar" a vergonhosa situação a que fora exposta a família dessa vítima perante a sociedade, não se justificando, portanto, o prosseguimento da persecução penal com a respectiva movimentação do

DIREITOS DAS MULHERES

aparato judiciário. Em suma, protegiam-se os costumes, não a dignidade sexual da mulher.

A tal ponto os laços matrimoniais eram impostos à mulher, não ao homem, como objetivo de vida, e a única forma de ela manter relações sexuais, entenda-se com fins reprodutivos, que sob o aspecto legal a violência sexual praticada pelo marido contra a esposa não configurava crime de estupro. Nesse aspecto, pondera Silvia Chakian, "o entendimento majoritário da doutrina até então se direcionava para essa impossibilidade, tendo em vista o débito conjugal assumido pela esposa, quando aceitou o casamento". Consoante aponta a referida autora , com suporte na preleção de Nelson Hungria, o estupro pressupunha cópula ilícita, ou seja, fora do casamento, enquanto a cópula *intra matrimonium* estaria incluída entre os deveres conjugais, nos dizeres do insigne mestre: "o marido violento, salvo excesso inescusável, ficará isento até mesmo da pena correspondente à violência física em si mesma [...] pois é lícita a violência necessária para o exercício regular de um direito (art. 19, n. III). No mesmo sentido, continua Chakian, pronunciava-se Magalhães Noronha:

[...] o marido tem direito à posse sexual da mulher, ao qual ela não se pode opor. Casando-se, dormindo sob o mesmo teto, aceitando a vida em comum, a mulher não se pode furtar ao congresso sexual, cujo fim nobre é o da perpetuação da espécie. A violência por parte do marido não constituirá, a princípio, crime de estupro, desde que a razão da esposa para não aceder à união sexual seja de mero capricho ou fútil motivo, podendo, todavia, ele responder pelo excesso cometido.

Nesse panorama, salta aos olhos o sofrimento da mulher que vivendo um relacionamento abusivo ou por imposição familiar, foi obrigada a se casar para constituir uma "família legítima", não podia se recusar ao concurso sexual com seu marido – mesmo contra a vontade e até mediante violência –, tinha por missão precípua gerar a descendência – muitas vezes humilhada e acusada de infertilidade quando não a gerasse –, submetida a um vínculo jurídico indissolúvel, tendo que recorrer ao Poder Judiciário para extinguir tão-somente a sociedade conjugal pelo desquite, sofrendo ainda as sanções previstas na legislação então vigente e todas as consequências familiares e sociais de carregar sobre seus ombros o peso de ter dado causa à desestruturação da família e suportar o estigma de "mulher desquitada"!

Somente com o advento da Lei nº 6.515, de 26 de dezembro de 1977, passou a existir a possibilidade da dissolução do vínculo matrimonial pelo divórcio e os efeitos do desquite foram atribuídos à separação judicial, expressão jurídica que o sucedeu. De observar que foi necessário o transcurso de 15 anos para que se transformasse em norma de caráter geral esse justo reclamo social na esfera familiar, vez que o tratamento desigualitário resultava objetivamente em famílias de "primeira" e "segunda" categorias e, ainda assim, exigiu de seus defensores muita habilidade e concessões ao longo da árdua batalha que se travou, invariavelmente envolta em acirradas e contundentes polêmicas.

É de conhecimento geral que, na dissolução das uniões informais de então, genericamente conceituadas como "concubinato", a verba alimentar que se destinava à subsistência da mulher que deles necessitava, consoante se expôs alhures, especialmente por não exercer atividade laborativa remunerada e haver se dedicado exclusivamente às tarefas do lar e à criação dos filhos, foi fruto de um longo caminho doutrinário e jurisprudencial, em primeiro diferenciando-se o concubinato puro do concubinato impuro, e paralelamente originando-se tais direitos tão-somente na ausência de impedimento matrimonial e como indenização por serviços domésticos prestados, consoante sólida construção pretoriana.

Com a promulgação da Constituição Federal, em 5 de outubro de 1988, assentada em princípios fundamentais, entre os quais o da dignidade da pessoa humana como macro princípio, novo olhar sobre as formações familiares integrantes da sociedade implicou o reconhecimento da união estável e das famílias monoparentais, vedando-se atribuir o tratamento de "famílias ilegítimas" àquelas que não se originassem do casamento civil ou religioso com efeitos civis, todas elas, portanto, merecedoras da especial proteção do Estado.

Com efeito, a união estável entre homem e mulher, pública, contínua e duradora com o objetivo de constituir família, na ausência de impedimentos matrimoniais e de formalidades do casamento, passou a ser reconhecida como entidade familiar, regulamentando-a posteriormente as Leis n.º 8.971/94 e 9.278/96, relevando observar a possibilidade de sua conversão em casamento. Cabe salientar que, vinte e três anos após a entrada em vigor da Constituição Federal vigente, com fundamento nos princípios constitucionais que embasam o Direito de Família e das Sucessões contemporâneo, foi reconhecida a entidade familiar constituída por pessoas do mesmo sexo, sendo-lhe atribuídos os mesmos efeitos pessoais, patrimoniais, sucessórios e sociais da união estável prevista no artigo 1.723 do Código Civil de 2002 e, nos termos da Resolução nº 175 do Conselho Nacional de Justiça, de 14 de maio de 2013, foi assegurada a celebração de casamento civil ou a conversão de união estável em casamento entre pessoas de mesmo sexo.

Retomando o disposto no artigo 226 da Constituição Federal vigente, porém nos termos de seu parágrafo 4.º, a comunidade familiar formada por qualquer dos pais e seus descendentes passou a ser igualmente reconhecida como entidade familiar, nominada pela doutrina de família monoparental. De observar, porém, que não se trata de um fenômeno novo no Ocidente, consoante assevera o insigne jurista Eduardo de Oliveira Leite em sua conceituada obra *"Famílias Monoparentais: a situação jurídica de pais e mães separados e dos filhos na ruptura conjugal"*, observando a esse propósito que "enquanto a monoparentalidade mais antiga se esgotava nas categorias das viúvas e das mães solteiras (o que ainda ocorre no final do século), as famílias monoparentais atuais se recrutam especialmente entre as ex-famílias biparentais, tornadas monoparentais em decorrência de um falecimento, mas cada vez mais, agora, pela separação dos cônjuges, ou pelo divórcio, ou, simplesmente pela opção de ter filhos mantendo-se sozinho."

Trata-se, portanto, de atribuir o *status* de família a partir do desenlace da união, seja por morte, separação, divórcio, ou ainda, para a prole advinda por manifesta vontade de uma pessoa, entenda-se ainda nos dias atuais, em sua expressiva maioria, da mulher. Insta, outrossim, acrescentar o disposto nos parágrafos 5º a 8º do mencionado artigo 226 em tela, em que se estabelece o exercício dos direitos e deveres referentes à sociedade conjugal pelo homem e pela mulher em condições de igualdade, a possibilidade da dissolução do casamento civil pelo divórcio, a liberdade do casal quanto ao planejamento familiar e o asseguramento pelo Estado de assistência à família na pessoa de cada um dos que a integram, cabendo-lhe a criação de mecanismos para coibir a violência no âmbito de suas relações.

BREVES CONSIDERAÇÕES SOBRE A VIOLÊNCIA CONTRA A MULHER...

Como corolário da nova ordem constitucional, esclarece Silvia Chakian, o Brasil passou a ser signatário de documentos internacionais, destacando-se a Convenção Americana de Direitos Humanos – Pacto de San José da Costa Rica de 1969 (ratificada pelo Brasil em 1992), a Convenção Interamericana para Prevenir, Punir e Erradicar a Violência contra a Mulher – Convenção de Belém do Pará de 1994 (ratificada em 1995), a Plataforma de Ação da IV Conferência Mundial sobre as Mulheres, adotada pela ONU em 1995 e assinada pelo Brasil no mesmo ano, e o Protocolo Facultativo à Convenção sobre a Eliminação de todas as Formas de Discriminação contra as Mulheres adotado pela ONU em 1999, assinado pelo Governo Brasileiro em 2001 e ratificado pelo Congresso Nacional em 2002, por meio dos quais se comprometeu a criar legislação específica de proteção aos direitos das mulheres, bem como implementar políticas públicas voltadas à prevenção, repressão e erradicação da violência de gênero.

Até a promulgação da Lei n. 11.340, de 7 de agosto de 2006, no entanto, poucas iniciativas foram empreendidas pela legislação pátria para a efetividade dos compromissos assumidos com a adesão às Convenções que recomendavam a adequação da legislação interna aos parâmetros internacionais, assim como para a realização das diretivas constitucionais referentes à proteção da comunidade familiar e da "dignidade da pessoa humana" inserida nos seus princípios fundamentais. Assim, a Lei 9.099, de 26 de setembro de 1995, originada de ampla discussão de política criminal e assentada nos princípios da oralidade, informalidade, economia processual e celeridade da tramitação, equivocadamente associou as violações contra a mulher às infrações de menor potencial ofensivo, não dando à violência doméstica o seu devido valor, até mesmo banalizando-a, ao condenar os agressores à prestação pecuniária aferida em "cestas básicas" e carecer de estrutura multidisciplinar para orientação e acompanhamento dos casos.

A Lei 10.886, de 17 de junho de 2004, a seu turno, criou o tipo especial denominado "violência doméstica", inserindo os parágrafos 9.º e 10 no artigo 129 do Código Penal em vigor, que tipifica o delito de lesões corporais, aumentando a pena na hipótese da violência ser praticada no âmbito doméstico ou familiar. Nesse compasso, a Lei 11.340, promulgada em 7 de agosto de 2006 e conhecida como Lei Maria da Penha, trouxe várias

DIREITOS DAS MULHERES

inovações em matéria de proteção à mulher vítima de violência ocorrida no âmbito familiar, dispondo, em seu artigo 41, que aos crimes praticados com violência doméstica e familiar contra a mulher, independentemente da pena prevista, não se aplica a Lei n.º 9099/1995.

A esse propósito, assevera Eunice Prudente: "a violência contra mulher em absoluto não configura ilicitude de pouca complexidade ou de menor potencial ofensivo. Mulheres vitimadas perdem a vida ou permanecem com sequelas, tudo isso além da violência moral assistida constantemente por criança e adolescente. Não há dúvidas de que toda a sociedade é ofendida no momento em que cada mulher é vítima de violência doméstica e familiar".

Em resposta aos equívocos gerados pela aplicação da Lei n.º 9.099/1995, supramencionados, o artigo 17 da Lei Maria da Penha veda a aplicação das penas de cesta básica ou outras de prestação pecuniária, bem como a substituição de pena que implique o pagamento isolado de multa aos casos de violência doméstica e familiar. Por outro lado, da conjugação de seus artigos 5.º e 7.º se extrai o conceito de violência doméstica, que consiste em qualquer ação ou omissão baseada no gênero (condição feminina) que cause sofrimento físico, moral, sexual, psicológico ou patrimonial, praticada no âmbito da unidade doméstica, da família ou de relação íntima de afeto, independente de coabitação com a pessoa que praticou a agressão.

Tem-se, destarte, a nítida preocupação do legislador com a dignidade da pessoa humana ofendida, corrigindo-se, ainda que tardiamente, o descalabro histórico da subjugação do gênero feminino ao masculino, consoante se expôs alhures. Assim sendo, a título exemplificativo, entre as formas de violência didaticamente descritas na Lei em comento, em rol não taxativo, entende-se por *violência sexual qualquer conduta que constranja a mulher a* presenciar, *manter* ou a participar de *relação sexual não desejada*, mediante intimidação, ameaça, coação ou uso da força; que a induza a comercializar ou a utilizar, de qualquer modo, a sua sexualidade, que a impeça de usar qualquer método contraceptivo ou que a force ao matrimônio, à gravidez, ao aborto ou à prostituição, mediante coação, chantagem, suborno ou manipulação; ou que limite ou anule o exercício de seus direitos sexuais e reprodutivos.

Dessa forma, diferentemente do entendimento de outrora, o marido que constranger a esposa, mediante violência ou grave ameaça, a com ele manter conjunção carnal, atentando contra a sua dignidade sexual, estará incorrendo na prática do crime de estupro e será penalizado na forma do disposto no artigo 213, do Código Penal vigente. Sem a pretensão de esmiuçar o conteúdo do diploma legal em comento, releva contextualizar a violência contra a mulher no campo dos direitos humanos e da violência de gênero no âmbito da família, merecendo destacar que a proteção conferida à mulher contra a violência doméstica e familiar se assenta no tripé prevenção, repressão e reeducação.

Várias medidas integradas de prevenção e assistência foram previstas e especificadas em capítulo próprio, compreendendo a integração operacional entre os diversos órgãos componentes do aparelhamento estatal, o atendimento policial especializado, a realização de campanhas educativas, a capacitação de corpo técnico de atendimento, a garantia do emprego da mulher ou a prioridade na sua remoção nos atendimentos médicos e outras formas de assistência personalizada. Merecem, ainda, destaque os artigos 22 a 24 do texto normativo, que estabelecem:

I. *medidas protetivas de urgência que obrigam o agressor* (suspensão ou restrição do porte de armas; afastamento do lar, domicílio ou local de convivência com a ofendida; proibição de determinadas condutas, tais como aproximação ou contato com a ofendida, familiares e testemunhas, frequentação de lugares visando à preservação da integridade física e psicológica da mesma); restrição ou suspensão de visitas aos dependentes menores, após oitiva da equipe de atendimento multidisciplinar; e prestação de alimentos provisionais ou provisórios);

II. *medidas protetivas de urgência à ofendida* (encaminhamento a programa oficial ou comunitário de proteção ou de atendimento, acompanhada de seus dependentes; recondução da ofendida e seus dependentes ao respectivo domicílio, após afastamento do agressor; afastamento da ofendida do lar, sem prejuízo dos direitos relativos a bens, guarda dos filhos e alimentos; e, separação de corpos, nos termos e para os fins e efeitos da legislação familiarista).

DIREITOS DAS MULHERES

III. *medidas protetivas de cunho patrimonial*, em caráter liminar, para proteção dos bens da sociedade conjugal ou de propriedade particular da mulher (restituição de bens indevidamente subtraídos pelo agressor; proibição temporária para a celebração de atos e contratos de compra, venda e locação de bens de propriedade comum; suspensão das procurações conferidas pela ofendida ao agressor; e, prestação de caução provisória por perdas e danos decorrentes da prática de violência doméstica e familiar contra a ofendida).

A Lei Maria da Penha vem sendo objeto de sucessivas alterações, como as recentemente operadas pelas Leis n.º 13.641/2018 (que tipifica o crime de descumprimento de medidas protetivas de urgência), n.º 13.718/2018 (que altera disposições sobre os crimes contra a dignidade sexual), n.º 13.772/2018 (que dispões sobre o registro não autorizado da intimidade sexual), n.º 13.827/2019 (que autoriza a aplicação de medida protetiva de urgência pela autoridade policial), n.º 13.836/2019 (que torna obrigatória a informação sobre a condição de pessoa com deficiência da mulher vítima de agressão doméstica ou familiar), n.º 13.894/2019 (que prevê a competência dos Juizados de Violência Doméstica e Familiar contra a Mulher para a ação de divórcio, separação, anulação de casamento ou dissolução de união estável nos casos de violência e torna obrigatória a informação às vítimas acerca da possibilidade de os serviços de assistência judiciária ajuizarem as ações mencionadas; altera ainda a Lei nº 13.105, de 16 de março de 2015 (Código de Processo Civil), para prever a competência do foro do domicílio da vítima de violência doméstica e familiar para a ação de divórcio, separação judicial, anulação de casamento e reconhecimento da união estável a ser dissolvida, para determinar a intervenção obrigatória do Ministério Público nas ações de família em que figure como parte vítima de violência doméstica e familiar, e estabelece a prioridade de tramitação dos procedimentos judiciais em que figure como parte vítima de violência doméstica e familiar).

Longos debates ainda serão travados para que se dê a efetiva proteção dos direitos da mulher vítima de violência, novas alterações legislativas ocorrerão, as demandas provocarão a manifestação do Poder Judiciário para a prolação de decisões e sedimentação dos julgados que poderão conduzir o legislador a se debruçar sobre o contexto normativo para o fim de adequá-lo à realidade social. Esse é o caminho natural.

O que não se pode perder de vista é que a mulher, nos últimos cem anos, vem conquistando o espaço e o respeito à igualdade que lhes eram negados por construção sociocultural, dentro e fora do contexto da família, seja da qual descendia ou daquela que viesse a gerar, decorrente do jugo a que esteve submetida durante toda a história da humanidade. Atualmente pode-se afirmar que a mulher tem voz, fruto da união das vozes de todos que, em uníssono, se levantam e clamam pela efetiva igualdade de direitos e obrigações estampada no artigo 5.º, I da Constituição Cidadã, sem distinção de qualquer natureza, dando-se cumprimento ao objetivo fundamental da construção de uma sociedade livre, justa e solidária. Parafraseando Sêneca (Corduba, 4 a.C. – Roma, 65 d.C.), "não é porque as coisas são difíceis que nós não ousamos. É porque não ousamos que as coisas se tornam difíceis". Ousemos, pois!

Referências

AZEVEDO, Álvaro Villaça. Estatuto da família de fato: de acordo com o novo código civil, Lei nº 10.406, de 10-01-2002. 2ª ed. São Paulo: Atlas, 2002.

BEVILÁQUA, Clóvis. **Direito de Família**, § 6.º.

BOULOS, K. **Violência contra a mulher no contexto jurídico-familiarista contemporâneo.** *In* Bioética e a violência contra a mulher. OLIVEIRA, PRATES e NAZARETH (org.). São Paulo: Conselho Regional de Medicina do Estado de São Paulo, 2017.

CHAKIAN, Silvia. **A construção dos direitos das mulheres: histórico, limites e diretrizes para uma proteção penal eficiente**. Rio de Janeiro: Lumen Juris, 2019.

COAD/ADV, Boletim Informativo semanal 14/2003.

FERREIRA, Ivette Senise. **A violência contra a mulher**. *In* A mulher e o Direito. Coord. Josefina Maria de Santana Dias. São Paulo: Lex Editora, 2007.

HUNGRIA, Nelson; LACERDA, Romão Côrtes de; FRAGOSO, Heleno Cláudio. Comentários ao Código Penal. 5. ed. Rio de Janeiro: Forense, 1983, v. VIII.

LEITE, Eduardo de Oliveira. São Paulo: Editora Revista dos Tribunais, 1997.

DIREITOS DAS MULHERES

NAZARETH, Janice Caron. **O mundo não evoluiu em delicadeza e civilidade.** *In* Bioética e a violência contra a mulher. OLIVEIRA, PRATES e NAZARETH (org.). São Paulo: Conselho Regional de Medicina do Estado de São Paulo, 2017, p. 39.

NORONHA, E. Magalhães. Direito Penal. Atual. por Adalberto José Q. T. de Camargo Aranha. São Paulo: Saraiva, 1999, v. 3, p. 70 *apud* CHAKIAN, Silvia. Ob. Cit., p. 239.

PRUDENTE, E. A. de J. **Nossa violência doméstica de cada dia: comentários à Lei Maria da Penha (Lei n. 11.340 de 07 de agosto de 2006).** *In* Revista da Faculdade de Direito, Universidade de São Paulo, v. 102, p. 254. Recuperado de http://www.revistas.usp.br/rfdusp/article/view/67756.

SAFFIOTI, Heleieth I.B.. **Gênero, patriarcado e violência.** 2. ed. São Paulo: Expressão Popular/Fundação Perseu Abramo, 2015, *apud* CHAKIAN, Silvia. **Lei Maria da Penha: um basta à tolerância e banalização da violência contra a mulher.** *In* Violência doméstica e familiar contra a mulher: um problema de toda a sociedade/Instituto Patrícia Galvão. São Paulo: Paulinas, 2019, p. 54.

SANEMATSU, Marisa. **Por que precisamos falar sobre a violência contra a mulher? In** Violência doméstica e familiar contra a mulher: um problema de toda a sociedade/Instituto Patrícia Galvão. São Paulo: Paulinas, 2019, p. 14.

11. Direitos Sexuais e Direitos Reprodutivos

ALBERTINA DUARTE TAKIUTI

> *"Ninguém nasce mulher, torna-se uma"* – *Simone de Beauvoir*
>
> Simone Lucie-Ernestine-Marie Bertrand de Beauvoir, mais conhecida como Simone de Beauvoir, foi escritora, intelectual, filósofa existencialista, ativista política, feminista e teórica social francesa. Francesa, nascida em Paris, 9 de janeiro de 1908 e faleceu em 14 de abril de 1986)

1. Histórico

Os Direitos Sexuais e Reprodutivos foram consolidados desde a Proclamação dos Direitos Humanos em 1948, bem como a partir de eventos e fóruns internacionais até os dias atuais[1] fundamentalmente exigidos pela sociedade civil, organizações não governamentais e movimentos populares e feministas. O Direito Internacional Humanitário (DIH) em 1948 não incluíam os direitos sexuais e reprodutivos, sendo estes defendidos por movimentos feministas, mudanças do papel da mulher na sociedade fruto da industrialização e sucessivas guerras. Além, do desenvolvimento social, educacional e econômico da mulher.

A Declaração Universal dos Direitos Humanos garante que o direito de se viver a sexualidade é tão fundamental e universal quanto o direito à vida. Isso deve ser válido também para aqueles que possuem algum tipo de deficiência, seja ela física ou neurológica.Em mesma época, o conceito biológico de saúde foi descrito como estado de completo bem-estar físico, mental e social e não apenas a ausência de enfermidades ou doenças, desde 1948. A saúde reprodutiva implica na capacidade de vida sexual segura e reprodução com liberdade de escolha e decisão, se, quando, como e quantas vezes isso ocorrerá. Implícitos estão os direitos de homens e mulheres de serem informados e terem acesso a métodos de planejamento familiar, seguros, acessíveis, aceitáveis e de sua escolha, bem como a outros métodos escolhidos por eles para a regulação da fer-

DIREITOS DAS MULHERES

tilidade que não sejam contra lei bem como acesso a serviços e cuidados médicos apropriados.

Assim, os direitos reprodutivos abarcam certos direitos humanos são reconhecidos por leis nacionais e internacionais sobre direitos humanos e outros consensos. Esses direitos se ancoram no reconhecimento básico do direito de todos os indivíduos decidirem livremente o número, o espaçamento tomar decisões concernentes à reprodução, livres de discriminação, coerção e violência. O exercício desse direito deve considerar necessidades individuais e para com a comunidade.

"Declaração Universal dos Direitos Humanos: Artigo XVI
1. Os homens e mulheres de maior idade, sem qualquer restrição de raça, nacionalidade ou religião, têm o direito de contrair matrimônio e fundar uma família. Gozam de iguais direitos em relação ao casamento, sua duração e sua dissolução.
2. O casamento não será válido senão com o livre e pleno consentimento dos nubentes.
3. A família é o núcleo natural e fundamental da sociedade e tem direito à proteção da sociedade e do Estado."

Em 1968, na segunda Conferência sobre os Direitos Humanos de Teerã, houve inclusão e defesa dos direitos dos casais em decidir o número de filhos e o espaçamento entre as gestações. A Conferência de População de Bucareste aconteceu em 1974 que tratou do direito dos indivíduos/casais para decidir o número de filhos e o dever do estado para assegurar esse direito. No ano seguinte realizou-se a Conferência Mundial do Ano Internacional da Mulher (1975) que debateu do direito à integridade física, decisão sobre o corpo e as diferentes opções sexuais e aos direitos reprodutivos, maternidade opcional.

Em 1978 a Conferência de Alma Ata tem marco fundamental principalmente para nosso país, onde há o acesso universal á saúde, sendo priorizada a atenção primária á saúde como fundamental na prevenção e promoção de saúde, coordenação do cuidado, longitudinalidade e integralidade. A Defesa da atenção primária saúde e o enfoque holístico foram baseados em pilares de sustentação dentre eles o planejamento reprodutivo da sociedade. A Convenção sobre a Eliminação de Todas as

DIREITOS SEXUAIS E DIREITOS REPRODUTIVOS

Formas de Discriminação contra a Mulher, de 1979, também chamada CEDAW ou Convenção da Mulher, trouxe a temática da violência física, psicológica e sexual que dispõe amplamente sobre os direitos humanos das mulheres e propôs duas diretrizes: a busca da igualdade de gênero e reprimir quaisquer discriminações contra as mulheres.

Em 1985, a Estratégias de Nairobi, orientada para o Futuro do Avanço da Mulher onde coloca a mulher como atora fundamental no processo de promoção de saúde de uma sociedade. No ano seguinte, este mesmo enfoque foi abordado na "Primeira Conferência Internacional sobre Promoção da Saúde", realizada em Ottawa, Canadá, em novembro de 1986, onde apresentou no documento a Carta de Intenções, que asseguraria atingir a meta de "Saúde para Todos no Ano 2000" e anos subsequentes com a importância do papel da intersetorialidade – envolvimento de políticas públicas, segurança e outros setores da sociedade fundamentais relacionados ao que chamamos de determinantes de saúde.

Em 1993, em Viena aconteceu a II Conferência Internacional de Direitos Humanos foi definitivamente legitimada a noção de indivisibilidade dos direitos humanos, cujos preceitos devem se aplicar tanto aos direitos civis e políticos quanto aos direitos econômicos, sociais e culturais. A partir desta Conferencia definiu que os abusos que têm lugar na esfera privada – como o estupro e a violência doméstica – passam a ser interpretados como crimes contra os direitos da pessoa humana.

A Conferência Internacional sobre População e Desenvolvimento (CIPD), mais conhecida como Conferência do Cairo, realizada em setembro de 1994, foi o maior evento de porte internacional sobre temas populacionais, onde as políticas e os programas de população deixaram de centrar-se no controle do crescimento populacional como condição para a melhoria da situação econômica e social dos países, e passaram a reconhecer o pleno exercício dos direitos humanos e a ampliação dos meios de ação da mulher como fatores determinantes da qualidade de vida dos indivíduos. Nesta perspectiva, delegados de todas as regiões e culturas concordaram que a saúde reprodutiva é um direito humano e um elemento fundamental da igualdade de gênero. No capítulo VII, que trata dos Direitos da Reprodução e Saúde Reprodutiva, o texto traz que:

DIREITOS DAS MULHERES

"A saúde reprodutiva implica, por conseguinte, que a pessoa possa ter uma vida sexual segura e satisfatória, tenha a capacidade de reproduzir e a liberdade de decidir sobre quando, e quantas vezes o deve fazer. Implícito nesta última condição está o direito de homens e mulheres de serem informados e de ter acesso a métodos eficientes, seguros, permissíveis e aceitáveis de planejamento familiar de sua escolha, assim como outros métodos, de sua escolha, de controle da fecundidade que não sejam contrários à lei, e o direito de acesso a serviços apropriados de saúde que deem à mulher condições de passar, com segurança, pela gestação e pelo parto e proporcionem aos casais a melhor chance de ter um filho sadio (ONU, 1994: 62)."

Ainda, de acordo com a Conferência do Cairo, a atenção básica à saúde reprodutiva deve incluir:

"[...] aconselhamento, informação, educação, comunicação e serviços de planejamento familiar; educação e serviços de assistência pré-natal, de parto seguro e de assistência pós-natal; prevenção e o devido tratamento da esterilidade; aborto, inclusive a prevenção do aborto e o tratamento de suas sequelas; tratamento de infecções do aparelho reprodutivo e informação, educação e aconselhamento, conforme a necessidade, sobre a sexualidade humana, saúde reprodutiva e paternidade responsável. Devem estar sempre disponíveis, conforme a necessidade, os referidos serviços de planejamento familiar e de diagnóstico e tratamento de complicações de gravidez, parto e aborto, esterilidade, infecções do aparelho reprodutivo, câncer de mama e cânceres do sistema reprodutivo, doenças sexualmente transmissíveis, inclusive HIV/AIDS. Efetivos desestímulos de práticas prejudiciais, como a mutilação genital feminina, devem ser parte integral da assistência à saúde, inclusive de programas de assistência à saúde reprodutiva (ONU, 1994: 63)."

A IV Conferência das Nações Unidas sobre a Mulher, realizada em Pequim, em setembro de 1995, foi assumido o compromisso da transformação do mundo usando as experiências das mulheres como principal força no desenvolvimento de uma nova agenda de atuação. De acordo com a Divisão da ONU para Mulheres, ao revisar as quatro Conferências das Mulheres:

DIREITOS SEXUAIS E DIREITOS REPRODUTIVOS

"A transformação fundamental em Pequim foi o reconhecimento da necessidade de mudar o foco da mulher para o conceito de gênero, reconhecendo que toda a estrutura da sociedade, e todas as relações entre homens e mulheres dentro dela, tiveram que ser reavaliados. Só por essa fundamental reestruturação da sociedade e suas instituições poderiam as mulheres ter plenos poderes para tomar o seu lugar de direito como parceiros iguais aos dos homens em todos os aspectos da vida. Essa mudança representou uma reafirmação de que os direitos das mulheres são direitos humanos e que a igualdade de gênero era uma questão de interesse universal, beneficiando a todos (ONU, 2014)."

Na ocasião identificaram-se doze áreas de preocupação prioritária, a saber: a crescente proporção de mulheres em situação de pobreza; a desigualdade no acesso à educação e à capacitação; a desigualdade no acesso aos serviços de saúde; a violência contra a mulher; os efeitos dos conflitos armados sobre a mulher; a desigualdade quanto à participação nas estruturas econômicas, nas atividades produtivas e no acesso a recursos; a desigualdade em relação à participação no poder político e nas instâncias decisórias; a insuficiência de mecanismos institucionais para a promoção do avanço da mulher; as deficiências na promoção e proteção dos direitos da mulher; o tratamento estereotipado dos temas relativos à mulher nos meios de comunicação e a desigualdade de acesso a esses meios; a desigualdade de participação nas decisões sobre o manejo dos recursos naturais e a proteção do meio ambiente; e a necessidade de proteção e promoção voltadas especificamente para os direitos da menina.

1.1. Histórico nacional

A história dos Direitos Sexuais e Direitos Reprodutivos tem inicio junto com a luta das mulheres pela igualdade de Gênero, com ênfase nos direitos à educação e ao voto durante meados do século XIX e primeira metade do século XX. No Brasil, os movimentos de mulheres tiveram uma atuação fundamental ao longo dos anos 80, lutando pelos direitos das mulheres pela justiça social e pela democracia, incorporando como prioritário na sua agenda, o tema da saúde da mulher e dos direitos reprodutivo.

Em 1983, durante a mobilização política após a ditadura militar, feminista e pública movimentos de saúde no Brasil desenvolveram um Pro-

DIREITOS DAS MULHERES

grama Integral de Saúde da Mulher que ultrapassou ações verticalizadas em saúde voltadas a materno infantil incluindo saúde sexual e reprodutiva, prevenção do câncer de colo do útero e mama bem como ações de prevenção e promoção do autocuidado. O PAISM trazia o enfoque longitudinal do cuidado a saúde da mulher e a integralidade da assistência.

A Primeira Conferência Nacional de Saúde em 1985 e a Constituição de 1988 colaboraram a criação de um Sistema Único de Saúde (SUS), concebido para ser universal, abrangente e equitativo. As Leis 8.080/1990 e 8.142/1990 criam o Sistema Único de Saúde e normatizam o Controle Social:

a) Lei 8.080/90 – define os seus princípios norteadores: universalidade, equidade, integralidade, hierarquização, participação popular e descentralização. Foi o marco legal que cria o SUS, tal lei qualifica instancias do controle social e lei também condiciona o repasse de recursos a estados e municípios à existência dos conselhos. A democratização dos processos decisórios, através da participação de usuários nos Conselhos Municipais de Saúde passa a integrar a estrutura do sistema único de saúde.

b) Lei 8.142/90 estabelece a participação popular no sistema de saúde, definindo as Conferências de Saúde como os fóruns de proposição e de avaliação das diretrizes das políticas de saúde nas três esferas de governo – federal, estadual e municipal – e os Conselhos de Saúde como instâncias colegiadas, de caráter permanente e deliberativo e de composição paritária, correspondendo 50% de entidades de usuários, 25% de entidades de trabalhadores de saúde e 25% de representação de governo, de prestadores de serviços privados conveniados, ou sem fins lucrativos.

Em 1992, a Rede Nacional Feminista de Saúde Reprodutiva (Rede Saúde) foi fundada a tempo de desempenhar um papel forte no fórum das organizações não governamentais (ONGs) e nas intergovernamentais com ideias e negociações da Conferência Internacional de 1994 sobre População e Desenvolvimento (CIPD). O movimento de saúde das mulheres composto por ativistas, associações de outros profissionais de

DIREITOS SEXUAIS E DIREITOS REPRODUTIVOS

saúde, defendia políticas públicas que aumentassem o acesso das mulheres aos cuidados básicos de saúde, incluindo assistência a saúde sexual e reprodutiva.

Em 2004 o governo federal instituiu o Ano da Mulher – comemorando o aprimoramento do PAISM com programa de abrangência para todo território Nacional. A Política Nacional de Atenção Integral à Saúde da Mulher – PNAISM – foi destinada para as mulheres em todos os ciclos de vida, resguardadas as especificidades das diferentes faixas etárias e dos distintos grupos populacionais (mulheres negras, indígenas, de diferentes orientações sexuais, residentes em áreas urbanas e rurais ou de difícil acesso, em situação de risco, presidiárias, com deficiência, dentre outras). Incorpora a perspectiva de gênero, raça e etnia e diversidade na elaboração, execução e a avaliação das políticas de saúde, extrapolando os limites da saúde reprodutiva. Segundo o conceito adotado, "a atenção integral à saúde da mulher refere-se ao conjunto de ações de promoção, proteção, assistência e recuperação da saúde, executadas nos diferentes níveis de atenção à saúde".

A garantia desta atenção deve ser assegurada pelo SUS e compreende: "atendimento à mulher a partir de uma percepção ampliada de seu contexto de vida, do momento em que apresenta determinada demanda, assim como de sua singularidade e de suas condições enquanto sujeito capaz e responsável por suas escolhas". A humanização nas práticas é um princípio a ser adotado por todos os profissionais de saúde.

A PNAISM tem como objetivo:

a) ampliar e qualificar a atenção clínico ginecológica, inclusive para as portadoras da infecção pelo HIV e outras DST;

b) estimular a implantação e implementação da assistência em planejamento familiar, para homens e mulheres, adultos e adolescentes, no âmbito da atenção integral à saúde;

c) Promover a atenção obstétrica e neonatal, qualificada e humanizada, incluindo a assistência ao abortamento em condições inseguras, para mulheres e adolescentes;

d) Promover a atenção às mulheres e adolescentes em situação de violência doméstica e sexual;

DIREITOS DAS MULHERES

e) Promover a prevenção e o controle das doenças sexualmente transmissíveis e da infecção pelo HIV/aids na população feminina;

f) Reduzir a morbimortalidade por câncer na população feminina; Implantar um modelo de atenção à saúde mental das mulheres sob o enfoque de gênero;

g) Implantar e implementar a atenção à saúde da mulher no climatério, na terceira idade, da mulher negra, da mulher lésbica e ou bissexual, das trabalhadoras do campo e da cidade, da indígena, das mulheres em situação de prisão;

h) Fortalecer a participação e o controle social na definição e implementação das políticas de atenção integral à saúde das mulheres.

2. Planejamento familiar

A Lei de Planejamento Familiar n. 9.263 de 12 de janeiro de 1996 (Regulamenta o § 7º, do art. 126, da Constituição Federal) desenvolvida para saúde sexual e reprodutiva com enfoque na anticoncepção e concepção. A lei prevê direitos à procriação bem como planejamento de anticoncepção reversível e irreversível. Esta lei é muito citada e discutida merecendo ser revista nos dias atuais pelas mudanças dos padrões familiares, introdução de novas tecnologias de anticoncepção e de procriação.

Prevista na Política Nacional de Direitos Sexuais e Direitos Reprodutivos (2005), atualmente é implementada através da Política Nacional de Planejamento Familiar (2006 e 2007). A lei estabelece um conjunto de ações de regulação da fecundidade, limitação ou aumento da prole pela mulher, pelo homem ou pelo casal. Proíbe a utilização de quaisquer ações voltadas ao controle demográfico. As atividades básicas são:

A assistência à concepção e contracepção, o atendimento pré-natal, a assistência ao parto, ao puerpério e ao neonato; o controle de doenças sexualmente transmissíveis, o controle e prevenção do câncer cérvico uterino, do câncer de mama e do câncer de pênis.

Prevê a esterilização voluntária nas seguintes situações:

I – em homens e mulheres com capacidade civil plena e maiores de vinte e cinco anos de idade ou, pelo menos, com dois filhos vivos, observado o prazo de sessenta dias entre a manifestação da vontade e o ato cirúrgico, período no qual será propiciado à pessoa

DIREITOS SEXUAIS E DIREITOS REPRODUTIVOS

interessada acesso a serviço de regulação da fertilidade, incluindo aconselhamento por equipe multidisciplinar, visando desencorajar a esterilização precoce;

II – risco de vida ou à saúde da mulher ou do futuro concepto, testemunhado em relatório escrito e assinado por dois médicos. É vedada a esterilização cirúrgica em mulher durante os períodos de parto ou aborto, exceto nos casos de comprovada necessidade, por cesarianas sucessivas anteriores. A esterilização cirúrgica como método contraceptivo pode ser executada através da laqueadura tubária, vasectomia ou outro método cientificamente aceito, sendo vedada através da histerectomia e ooforectomia. Na vigência de sociedade conjugal, a esterilização depende do consentimento expresso de ambos os cônjuges, sendo objeto de notificação compulsória no SUS.

Segue fundamentação legal da Lei Federal 9.263/96, a situação justifica-se para o processo de inexigibilidade baseando-se:

Art. 4º O planejamento familiar orienta-se por ações preventivas e educativas e pela garantia de acesso igualitário a informações, meios, métodos e técnicas disponíveis para a regulação da fecundidade.
Parágrafo único – O Sistema Único de Saúde promoverá o treinamento de recursos humanos, com ênfase na capacitação do pessoal técnico, visando a promoção de ações de atendimento à saúde reprodutiva.
Art. 5º – É dever do Estado, através do Sistema Único de Saúde, em associação, no que couber, às instâncias componentes do sistema educacional, promover condições e recursos informativos, educacionais, técnicos e científicos que assegurem o livre exercício do planejamento familiar.

Assim, a lei de planejamento familiar desde 1996 tem sido utilizada para pautar processos judiciais, utilização de métodos contraceptivos na saúde das mulheres bem como direito ao uso de técnicas de reprodução assistida no SUS. Os desafios estão na desvinculação do cônjuge para tomada de decisões que são exclusivas da mulher.

DIREITOS DAS MULHERES

3. Violência sexual

Norma Técnica de Prevenção e Tratamento dos Agravos Resultantes da Violência Sexual contra Mulheres e Adolescentes – Ministério da Saúde[23]. Destinada a atender as vítimas de violência, prevê abordagem intersetorial e interdisciplinar, com interface com segurança e justiça. Prevê a realização da Notificação Compulsória (Lei 10.778 de 24/11/2003), mas dispensa o Boletim de Ocorrência Policial para que se assegure a atenção ao abortamento. Nos casos de menores de 18 anos é obrigatório o comunicado ao Conselho Tutelar ou Vara de Infância e da Juventude, mas não é condição para atendimento. O atendimento a vítimas de violência sexual deve cumprir os princípios de sigilo e segredo profissional e da inviolabilidade.

Esta norma técnica estabelece normas gerais de atendimento: Levantamento da história da violência; Atendimento de emergência; Adoção de medidas de proteção (realização do boletim de ocorrência não obrigatório), exame pericial de corpo de delito e conjunção carnal (não obrigatório), comunicação ao Conselho Tutelar ou à Vara de Infância e da juventude (crianças e adolescentes), outras medidas legais cabíveis. Deve-se verificar a necessidade de ofertar apoio familiar e social, incluindo abrigos de proteção; Apoio psicossocial humanizado e com garantia do sigilo e o encaminhamento para tomada de providências diversas. Esta atenção deve ser realizada em rede integrada de atendimento. As medidas terapêuticas como: anticoncepção de emergência – método anticonceptivo que previne a gravidez após a violência sexual, impedindo ou retardando a ovulação, e quando usada na segunda fase do ciclo menstrual, impedindo a fecundação do óvulo pelo espermatozoide; profilaxia para infecções sexualmente transmissíveis não virais (sifilis, gonorreia, clamídia, cancro mole e tricomoníase); e virais (hepatites, HIV). Acompanhamento laboratorial para auxiliar em diagnóstico e investigação das DSTs/ HIV/ Hepatites e gravidez; nos casos de gravidez decorrente de violência sexual, realiza-se esclarecimentos sobre a possibilidade de interrupção ou de manutenção da gestação.

No caso de opção pela interrupção, o consentimento por escrito é obrigatório pela mulher a partir dos 18 anos; entre 16 e 18 deve ser assistida pelos pais ou representante legal que se manifestem com ela (não por ela). Menores de 16 anos devem ser representadas pelos pais que se

DIREITOS SEXUAIS E DIREITOS REPRODUTIVOS

manifestam por ela. A realização deste abortamento não se condiciona à decisão judicial, não havendo exigência de alvará ou autorização, mas a presunção da veracidade da mulher e da adolescente. Assim, a assistência à saúde da pessoa que sofre violência sexual é prioritária e a recusa infundada e injustificada de atendimento pode ser caracterizada, ética e legalmente, como omissão.

4. Aborto

Norma Técnica de Atenção Humanizada ao Abortamento – Ministério da Saúde Com base na Constituição Federal no que trata da igualdade e do direito ao planejamento familiar, e de acordo como Código Penal (Art. 128, I), onde diz que não se pune abortamento praticado por médico para salvar a vida da mulher e gravidez resultante de estupro. A Norma Técnica prevê:

a) o acolhimento digno e respeitoso, baseado na promoção da autodeterminação e autonomia, sem julgamentos, como uma ação de saúde, humanizada.

b) acolhimento com informação, da adolescente ou da mulher.

c) Atenção clínica ao abortamento com a escolha de método adequado com uso de medicação e técnicas de alívio da dor.

d) Planejamento reprodutivo pós-abortamento com a orientação e oferta de métodos anticoncepcionais.

5. Mortalidade materna

Pacto Nacional pela Redução da Mortalidade Materna e Neonatal/2004 Estratégia de pactuação entre União, Estados e Municípios com vistas à redução da mortalidade materna e neonatal, vinculada às Metas do Milênio. Lançado em 2004 numa ação que articulou entidades médicas e de enfermagem, (Febrasgo, Sociedade Brasileira de Pediatria, CFM e Abemfo), Redes (RFS e Rehuna), Organização Pan-americana da Saúde – OPAS e Fundo das Nações Unidas para a Infância – UNICEF. Tem como objetivo mobilizar atores sociais, governamentais e não governamentais em torno de um conjunto de ações, cuja meta é reduzir em 75% a mortalidade materna no país até o ano 2015.

DIREITOS DAS MULHERES

O Pacto se ancora em comitês de mortalidade materna estaduais, municipais e/ou regionais; na capacitação de profissionais de saúde para a atenção às urgências e emergências; na garantia de acolhimento e leito para gestantes, evitando a peregrinação; no aumento da cobertura de consultas e melhoria da qualidade do pré-natal e na oferta de exames laboratoriais no pré-natal; atenção humanizada às mulheres em situação de abortamento e atendimento do aborto previsto em lei; garantia do acompanhante no pré-parto, parto e pós-parto; ampliação das ações de planejamento familiar; qualificação das informações sobre óbitos de mulheres e de recém-nascidos, visibilizando as causas das mortes; inclusão das urgências pediátricas e obstétricas no SAMU (Serviço de Atendimento Móvel de Urgência); oferta de atenção humanizada e qualificada à saúde das mulheres negras e indígenas; promoção do controle social; humanização da atenção nos sistemas púbico e privado.

6. HIV/AIDS Plano Integrado de Enfrentamento da feminização da epidemia

Pretende-se enfrentar a epidemia por meio da redução das vulnerabilidades que atingem as mulheres, estabelecendo políticas de prevenção, promoção e atenção integral por meio de ações articuladas e intersetoriais, pretende-se promover o acesso universal à atenção integral em DST/Aids para as mulheres; reduzir a morbidade das mulheres relacionadas as DSTs; reduzir os índices de violência sexual e doméstica contra as mulheres; reduzir a Transmissão Vertical do HIV e da sífilis; promover a qualidade de vida das mulheres vivendo com HIV/Aids, no âmbito dos direitos humanos, direitos sexuais e direitos reprodutivos.

7. Mulheres negras

Política Nacional de Atenção Integral à Saúde da População Negra/2007: tem como objetivo promover a saúde integral da população negra, priorizando as desigualdades étnico raciais, o combate ao racismo e as discriminações. Nas instituições e serviços do SUS. Reconhece o racismo, as desigualdades étnico-raciais e o racismo institucional como determinantes sociais das condições de saúde. Incorpora o conceito de integralidade. Propõe a qualificação e humanização da atenção à saúde da mulher negra – assistência ginecológica e obstétrica e no climatério, bem como

DIREITOS SEXUAIS E DIREITOS REPRODUTIVOS

em situação de abortamento. Aponta para a maior vulnerabilidade das mulheres negras para mortalidade materna, doença falciforme, câncer de colo uterino, bem como para as DSTs/HIV/ Aids, tuberculose, hanseníase e transtornos mentais. E, ainda, o incentivo técnico e financeiro para a organização de redes integradas de atenção às mulheres negras em situação de violência sexual, doméstica e intrafamiliar.

8. Violência física

A Lei Maria da Penha (Violência Contra a Mulher) n. 11.340/2006 é considerada pela ONU como uma das três melhores legislações do mundo no enfrentamento à violência contra as mulheres. Regulamenta os mecanismos para coibir e prevenir a violência doméstica e familiar contra a mulher, nos termos do § 8º do art. 226 da Constituição Federal, e da Convenção Interamericana para Prevenir, Punir e Erradicar a Violência contra a Mulher; dispõe sobre a criação dos Juizados de Violência Doméstica e Familiar contra a Mulher; e estabelece medidas de assistência e proteção às mulheres em situação de violência doméstica e familiar. A assistência à mulher em situação de violência doméstica e familiar será prestada de forma articulada e conforme os princípios e as diretrizes previstos na Lei Orgânica da Assistência Social, no SUS e na Segurança Pública, entre outras normas e políticas públicas de proteção, e emergencialmente quando for o caso. A assistência à mulher em situação de violência doméstica e familiar compreenderá o acesso aos benefícios decorrentes do desenvolvimento científico e tecnológico, incluindo os serviços de contracepção de emergência, a profilaxia das Doenças Sexualmente Transmissíveis (DSTs) e da Síndrome da Imunodeficiência Adquirida (Aids) e o abortamento nos casos de gestação e outros procedimentos médicos necessários e cabíveis nos casos de violência sexual.

Proposta de Projeto de Lei para a Revisão da Legislação Punitiva e Restritiva ao Aborto no Brasil (Proposta da Tripartite) – 2006: descriminaliza e regulamenta a interrupção voluntária da gravidez realizada por médico e condicionada ao consentimento livre e esclarecido da gestante. Propõe a interrupção voluntária da gravidez em qualquer das seguintes condições: I – até doze semanas de gestação; II – até vinte semanas de gestação, no caso de gravidez resultante de crime contra a liberdade sexual; III – no caso de diagnóstico de grave risco à saúde da gestante;

IV – no caso de diagnóstico de malformação congênita incompatível com a vida ou de doença fetal grave e incurável. A proposta não foi analisada pelos parlamentares e não se encontra em tramitação.

9. Vulnerabilidade e especificidades
O conceito de vulnerabilidade na saúde inclui:

> "(...) considerar a chance de exposição das pessoas ao adoecimento como resultante de um conjunto de aspectos não apenas individuais, mas também coletivos, contextuais, que acarretam maior suscetibilidade à infecção e ao adoecimento e, de modo inseparável, maior ou menor disponibilidade de recursos de todas as ordens para se proteger de ambos". Ainda, pode ser dividida em individual, social e Institucional.

O termo vulnerabilidade é conceitualmente impreciso, compreende múltiplos fatores que fragilizam os sujeitos na saúde, no exercício dos deveres de sua cidadania e de seus direitos como cidadãos. Segundo Ayres, a vulnerabilidade pode ser individual, institucional e social. Os exemplos destes contextos são: a NÃO privacidade, confiabilidade e sigilo profissional no atendimento; o NÃO direito ao planejamento reprodutivo, a AUSÊNCIA de garantia legal à gestante estudante e a NÃO oferta de anticoncepção de emergência em qualquer etapa da vida reprodutiva e acesso irrestrito ao uso de preservativo.

As ações profissionais no campo das políticas de saúde e assistência social e o imaginário social são construídos pela incorporação de conceitos que podem tanto reduzir quanto reforçar vulnerabilidades. Em 2018 foi implantada a Lei Municipal de São Paulo – 16.806/2018 que assegura que mulheres em situação de vulnerabilidade têm direito de receber implante contraceptivo de longa ação, gratuitamente pelo SUS (Sistema Único de Saúde). Trazendo debate e desafio de definir o termo vulnerabilidade para o âmbito da gestão em saúde e assistência à saúde.

10. Mulheres privadas de liberdade
Os serviços de saúde carcerários muitas vezes não são governados pelos ministérios responsáveis pelos programas nacionais de saúde pública. Ainda, os funcionários penitenciários não receberam treinamento ou

DIREITOS SEXUAIS E DIREITOS REPRODUTIVOS

implementação de medidas eficazes de prevenção, como troca de seringas, distribuição de preservativos e terapia de substituição de opiáceos. Assim, as ações de saúde e de direitos sexuais e reprodutivos destas mulheres são baseadas em ideias equivocadas e incompatibilidade com a segurança das prisões. As ações do governo e a incapacidade de assegurar condições prisionais humanitárias constituem violações dos direitos humanos, para serem livres de discriminação e tratamento cruel e desumano, ao devido processo legal e à saúde. Em todo o mundo, uma carga desproporcional de HIV, tuberculose e hepatite está presente entre os atuais e os ex-encarcerados. Este problema resulta de leis, políticas e práticas de policiamento que injustamente e discriminatoriamente detêm indivíduos e não garantem a continuidade da prevenção, cuidados e tratamento após a detenção, durante a prisão e após a libertação.

As intervenções em saúde estão voltadas para prevenção e tratamento do HIV, tuberculose, hepatite e toxicodependência. Apesar de terem sido bem-sucedidas nas prisões e exigidas por leis internacionais, ainda não são totalmente disponíveis no mundo. Outra questão a ser discutida nesta população é o ciclo gravídico-puerperal. O Cadastro Nacional de Presas Grávidas ou Lactantes do Conselho Nacional de Justiça (CNJ) apontou a existência, no final de fevereiro de 2018, de 685 mulheres privadas de liberdade estão gestantes ou amamentando nos presídios de todo o País. Desse total, 420 mulheres são grávidas e 265, lactantes. Em São Paulo constam 243 mulheres privadas de liberdade estão gestantes ou amamentando nos presídios isto implica em 38% do total do país. Entre as questões específicas que abrangem a mulher presa está, além da gravidez e da amamentação, a situação das crianças encarceradas. A Portaria n. 15, de 8 de março de 2017, que Instituiu a Política Judiciária Nacional de enfrentamento á violência contra as Mulheres no Poder Judiciário trouxe enfoque considerando:

a) ser dever do Estado assegurar assistência a todos os integrantes da família, pela implementação de instrumentos voltados à harmonização e pacificação em casos de litígio, nos termos do art. 226, S 80, da Constituição Federal;

b) ser atribuição do poder público desenvolver políticas para garantia dos direitos fundamentais das mulheres nas relações domésticas

DIREITOS DAS MULHERES

    e familiares, resguardando-as contra práticas de discriminação, exploração, violência, crueldade e opressão, nos termos do art. 3°, S 1°, da Lei n11.340, de 7 de agosto de 2006;

c) ser de competência desse órgão de coordenar a elaboração e a execução de políticas públicas relativas às mulheres em situação de violência no espaço jurídico de atribuições do Poder Judiciário;

d) ser de necessidade de adequação da atuação do Poder Judiciário para consideração da perspectiva de gênero na prestação jurisdicional;

e) a importância de se assegurar tratamento adequado aos conflitos decorrentes de prática de violência contra a mulher.

Assim, esta portaria traz o compromisso de ações governamentais – sistema judiciário – e não governamentais em apoiar ações multidisciplinares e intersetoriais que ampliam, monitoram e promovem a mulher e seus direitos sexuais e reprodutivos, bem como, humanos. Ressaltando o monitoramento das Instituições penitenciárias onde as mulheres que estão sob tutela do Estado. Os desafios são ainda vivenciados neste cenário do cárcere e as ações de prevenção e promoção de saúde estão ainda em processo de construção.

Referências

Alves JAL. **A atualidade retrospectiva da Conferencia de Viena sobre Direitos Humanos**. R. Proc. Geral Est. São Paulo, São Paulo, (53):233-247, jun. 2000.

ASSEMBLEIA GERAL DAS NAÇÕES UNIDAS. **Declaração Universal Dos Direitos Humanos**. Resolução 217 A (III). 10 de dezembro de 1948.

Ayres JRCM, Paiva V, Franca I, Gravato N, Lacerda R, Negra MD et al. **Vulnerability, human rights, and comprehensive health care needs of young people living with HIV/AIDS Am J Public** Health 2006 June; 96(6): 1001-6.

Bezerra IMP, Sorpreso ICE. **Concepts and movements in health promotion to guide educational practices**. Journal of Human Growth and Development. 2016, 26(1):11-20, 2016.

DIREITOS SEXUAIS E DIREITOS REPRODUTIVOS

BRASIL. Direitos Reprodutivos 347.121.1 : 612.6 (81).

BRASIL. **Direito à sexualidade**. Portal Brasil. 2014. Disponível em: <http://www.brasil.gov.br/saude/2012/04/direito-a-sexualidade.> Acesso em 08 de maio 2018.

BRASIL. Ministério da Saúde. **Assistência Integral à Saúde da Mulher**: Bases de Ação Programática. Brasília: Centro de Documentação, Ministério da Saúde, 1984.

BRASIL. Ministério da Saúde. Secretaria de Atenção à Saúde. Departamento de Ações Programáticas Estratégicas Prevenção e tratamento dos agravos resultantes da violência sexual contra mulheres e adolescentes: norma técnica / Ministério da Saúde. Secretaria de Atenção à Saúde. Departamento de Ações Programáticas Estratégicas. – 3. ed. atual. e ampl., 1. reimpr. – Brasília: Ministério da Saúde, 2012. 124 p. : il. – (Série A. Normas e Manuais Técnicos) (Série Direitos Sexuais e Direitos Reprodutivos; Caderno n. 6) ISBN 978-85-334-1724-3.

BRASIL. Ministério da Saúde. Secretaria de Atenção à Saúde. Departamento de Ações Programáticas Estratégicas. abortamento: norma técnica / Ministério da Saúde, Secretaria de Atenção à Saúde, Área Técnica de Saúde da Mulher. – 2. ed. – Brasília : Ministério da Saúde, 2011. 60 p. – (Série A. Normas e Manuais Técnicos) (Série Direitos Sexuais e Direitos Reprodutivos ; Caderno nº 4) ISBN 978-85-334-1711-3.

BRASIL. Ministério da Saúde. Secretaria de Atenção à Saúde. Departamento de Ações Programáticas Estratégicas. Área Técnica de Saúde da Mulher. Pré-natal e Puerpério: atenção qualificada e humanizada – manual técnico/ Ministério da Saúde, Secretaria de Atenção à Saúde, Departamento de Ações Programáticas Estratégicas – Brasília: Ministério da Saúde, 2005. 163 p. color. – (Série A. Normas e Manuais Técnicos) – (Série Direitos Sexuais e Direitos Reprodutivos – Caderno nº 5) ISBN 85-334-0885-4.

BRASIL. Ministério da Saúde. Secretaria de Gestão Estratégica e Participativa. Departamento de Apoio à Gestão Participativa. Política Nacional de Saúde Integral da População Negra : uma política para o SUS / Ministério da Saúde, Secretaria de Gestão Estratégica e Participativa, Departamento de Apoio à Gestão Participativa. – 2. ed. – Brasília : Editora do Ministério da Saúde, 2013. 36 p. ISBN 978-85-334-1968-1.

BRASIL. **Cadastro Nacional de Presas Grávidas ou Lactantes**. Conselho Nacional de Justiça (CNJ). 13 de março de 2018. Disponível em: http://www.

DIREITOS DAS MULHERES

cnj.jus.br/noticias/cnj/86323-cadastro-do-cnj-registra-685-mulheres-gravidas-ou-lactantes-presas. Acesso em 12 de maio 2018.

BRASIL. Conselho Nacional de Justiça. Institui a Política Judiciária Nacional de enfrentamento á violência contra as Mulheres no Poder Judiciário e dá outras providências. Portaria N.15, de 8 de março de 2017. Disponível em www.cnj.jus.br/files/conteudo/arquivo/2017/08/f52edb8199cbb8a6921e140c-54d226af.pdf. Acesso em 12 de maio 2018. Brasil.

BRASIL. Ministério da Saúde. Secretaria de Atenção à Saúde. Departamento de Ações Programáticas e Estratégicas. Proteger e cuidar da saúde de adolescentes na atenção básica [recurso eletrônico] / Ministério da Saúde, Secretaria de Atenção à Saúde, Departamento de Ações Programáticas e Estratégicas. – Brasília : Ministério da Saúde, 2017. Disponível em: <http://bvsms.saude.gov.br/bvs/publicacoes/proteger_cuidar_adolescentes_atencao_basica.pdf Acessado em 05.06.2017>. Acesso em 09.05.2018.

BRASIL. Ministério da Saúde. Secretaria de Atenção em Saúde. Departamento de Ações Programáticas Estratégicas. Cuidando de Adolescentes: orientações básicas para a saúde sexual e a saúde reprodutiva [recurso eletrônico] / Ministério da Saúde, Secretaria de Atenção em Saúde, Departamento de Ações Programáticas Estratégicas. – Brasília : Ministério da Saúde, 2015. Disponível em: <http://bvsms.saude.gov.br/bvs/publicacoes/cuidando_adolescentes_saude_sexual_reprodutiva.pdf>. Acesso em 10.05.2018.

BRASIL. Estatuto da Criança e do Adolescente, Câmera dos Deputados, Lei no 8.069, de 13 de julho de 1990. DOU de 16/07/1990 – ECA. Brasília, DF.

BRASIL. Ministério da Saúde. Secretaria de Vigilância em Saúde. **Departamento de DST, Aids e Hepatites Virais.** Adolescentes e jovens para a educação entre pares : sexualidades e saúde reprodutiva / Ministério da Saúde. Secretaria de Vigilância em Saúde. Departamento de DST, Aids e Hepatites Virais. Ministério da Educação. Secretaria de Educação Básica – Brasília : Ministério da Saúde, 2011.

CARMO ME, GUIZARDI FL. **O conceito de vulnerabilidade e seus sentidos para as políticas públicas de saúde e assistência social.** Cad. Saúde Pública. 2018; 34(3): e00101417.

CDC. **Vigilância de Doenças de Transmissão Sexual 2014.** Atlanta: Departamento de Saúde e Serviços Humanos dos EUA; 2015.

CENSO DEMOGRÁFICO 2010. **Características da população e dos domicílios:** resultados do universo. Rio de Janeiro: IBGE, 2011. Acompanha 1

DIREITOS SEXUAIS E DIREITOS REPRODUTIVOS

CD-ROM. Disponível em: . Acesso em: mar. 2013.<http://www.ibge.gov.br/home/estatistica/ populacao/censo2010/caracteristicas_da_populacao/resultados_do_universo.pdf>.

Centers of Disease Control and Prevention – Division of reproductive health. Contraception. 2017. Disponível em <https://www.cdc.gov/reproductivehealth/contraception/index.htm>. Acessado em 10.05.2018.

Conferência Internacional sobre cuidados primários de saúde Declaração da Alma Ata.1978. Alma-Ata, URSS, 6, a12.

Convention on the Elimination of All Forms of Discrimination against Women (CEDAW). 1979. UN Women. Disponível em: <http://www.un.org/womenwatch/daw/cedaw/cedaw.htm.> Acesso em 09 de maio 2018.

DEPARTMENT OF REPRODUCTIVE HEALTH, World Health Organization. **Medical eligibility criteria for contraceptive use**. Geneva: WHO; 2015. World Health Organization.

Diniz SG, d'Oliveira AFPL, Lansky S. **Equity and women's health services for contraception, abortion and childbirth in Brazil**. Reproductive Health Matters. 2012. 20(40), 94-101.

DIVISÃO DA ONU PARA MULHERES. **Revisão das quatro conferencias mundiais**. Disponível em: <https://nacoesunidas.org/acao/mulheres/.> Acesso em 12 de maio 2018.

FEBRASGO – Sociedade de Ginecologia e Obstetrícia. Adolescência, contracepção e ética – Diretrizes. Site da Febrasgo. Ter, 24 de Janeiro de 2006. Disponível em: <http://www.crmpb.org.br/index.php?option=com_content&view=article&id=21873:adolescencia-contracepcao-e-etica-diretrizes&catid=46:artigos&Itemid=483>. Acesso em 10.05.2018.

ICRC. Comitê Internacional da Cruz vermelha. **Direito Internacional Humanitário e o direito internacional dos direitos humanos**: Analogias e diferenças. Disponível em: <https://www.icrc.org/por/resources/documents/misc/5ybllf.htm.> Acesso em 08 de maio 2018.

INTERNATIONAL CONFERENCE ON POPULATION AND DEVELOPMENT (ICPD). September 1994. Cairo, Egypt. Dispovível em:<https://www.unfpa.org/events/international-conference-population-and-development-icpd.> Acesso em 09 de maio 2018.

Patriota, T. (2013). **Relatório da conferência internacional sobre população e desenvolvimento-plataforma de Cairo**. 1994. Disponível:< http://

www. spm. gov. br/Articulacao/articulacao-internacional/relatorio-cairo. pdf>. Acesso em 12 de maio 2018.

RIBEIRO, Tiago Noel. (2009). **Saúde reprodutiva e sexual masculina em Francisco Morato, SP**: o discurso de profissionais, gerentes e gestores de saúde. Saúde e Sociedade, 18(4), 695-706.

SÃO PAULO (Estado). **Lei nº 16.806, de 19 de janeiro de 2018**. Dispõe sobre política de proteção às mulheres em situação de vulnerabilidade pela Rede Pública de Saúde, com a utilização do Contraceptivo Reversível de Longa Duração de Etonogestrel, e dá outras providências. Casa Civil, São Paulo. 19 de janeiro de 2018.

SOUSA PDL, TAKIUTI AD, BARACAT EC, SORPRESO ICE, ABREU LC. **Knowledge and acceptance of HPV vaccine among adolescents, parents and health professionals**: construct development for collection and database composition.J Hum Growth Dev. 2018; 28(1):58-68.

UN Women. **World Conferences on Women**. Mexico City. 1975. Disponível em:<http://www.unwomen.org/en/how-we-work/intergovernmental-support/world-conferences-on-women.> Acesso em 09 de maio 2018.

UN Women. **World Conferences on Women**. Nairobi. 1985. Disponível em: <http://www.unwomen.org/en/how-we-work/intergovernmental-support/world-conferences-on-women. > Acesso em 09 de maio 2018.

UNFPA: **Programa de Ação da Conferência Internacional sobre População e Desenvolvimento**, Cairo, de 5 a 13 setembro de 1994, parágrafo 7.2., 7.3*.

UNITED NATIONS HUMAN RIGHT. **World Conference on Human Rights**, 14-25 June 1993, Vienna, Austria. Disponível em: <http://www.ohchr.org/EN/ABOUTUS/Pages/ViennaWC.aspx.> Acesso em 09 de maio 2018.

UNITED NATIONS POPULATION FUND. **World Conference on Population**. Disponível em: <https://www.unfpa.org/events/world-conference-population.> Acesso em 08 de maio 2018.

VENTURA, Miriam. **Direitos Reprodutivos no Brasil** / 1. Direitos Humanos 2. Direitos Reprodutivos 3. Reprodução Humana ISBN 02-2377 CDU-347.121.1 : 612.6 (81).

VICTORA CG, AQUINO EML, LEAL MC, MONTEIRO CA, BARROS FC, SZWARC-WALD CL. **Saúde de mães e crianças no Brasil**: progressos e desafios. The Lancet 2011; 32:46.

DIREITOS SEXUAIS E DIREITOS REPRODUTIVOS

Viotti, M.L.R. **Relatório da IV Conferência das Nações Unidas sobre a Mulher**. Pequim. 1995. Disponível em: <http://www.unfpa.org.br/Arquivos/declaracao_beijing.pdf.> Acesso em 10 de maio 2018.

WORLD HEALTH ORGANIZATION. (1986). **Health promotion**: Ottawa charter. Geneva: World Health Organization.

12. Aspectos Civis e Empresariais da Violência contra a Mulher

ANA CARINA FREIRE CORREIA DE GUSMÃO

"Gostaria que você soubesse que existe dentro de si uma força capaz de mudar sua vida, basta que lute e aguarde um novo amanhecer."

MARGARET THATCHER

Introdução

Durante décadas a violência contra a mulher era uma cruel realidade clandestina em grande parte esquecida pela sociedade e pelo Estado. A cultura do machismo, discriminações, preconceitos, ignorâncias e passividade da sociedade relegavam a mulher a um segundo plano. As lutas e reinvindicações das mulheres, dos movimentos sociais e feministas e organizações internacionais e nacionais permitiram uma mudança social, jurídica, política e econômica onde, paulatinamente, a mulheres começaram a terem certo protagonismo dentro da sociedade atual.

O reconhecimento e a importância do papel e dos direitos das mulheres dentro Estado se concretizaram através da aprovação de diversas leis internacionais e nacionais. A grande contribuição das mulheres à sociedade é inegável e em diversos setores dela, as mulheres cada dia vêm conquistando seu espaço. O empoderamento feminino, a perspicácia e determinação indiscutivelmente também contribuíram a essa incorporação e reconhecimento da mulher no mundo laboral. Não obstante, a lamentável que a violência contra a mulher, nas suas diversas acepções, continua existindo de forma cotidiana, sendo um grande problema que, primeiramente, afeta a vítima que sofre a agressão, e posteriormente, a sociedade em geral, por ser questão de saúde pública, refletindo, ademais negativamente nas instituições públicas e privada além da economia e do mercado.

DIREITOS DAS MULHERES

A violência contra as mulheres é considerada uma violação aos direitos humanos. Nesse sentido as medidas de combate, mitigação e prevenção da violência contra a mulher devem ser tuteladas pelo Estado, instituições públicas e privadas. No entanto, infelizmente as repostas oferecidas por esses agentes (Estado, instituições públicas e privadas) continuam sendo insuficientes para solucionar de forma efetiva o problema da violência que assola a muitas mulheres no país. Por esse motivo, deve haver uma maior conscientização sobre esse assunto para uma implementação de medidas jurídicas, políticas, sociais e econômicas mais efetivas tanto no âmbito público como no privado para a eliminação e prevenção da violência contra a mulher e suas consequências. A continuação, trataremos de forma suscinta alguns aspectos civis e empresariais da violência contra a mulher em suas diversas acepções.

1. Breve relato da violência contra a mulher no contexto internacional

A violência contra a mulher pode ser considerada como uma das manifestações mais claras de desigualdade, subordinação e relações de poder e dominação dos homens sobre mulheres. Esse tipo de violência se exerce pela diferença subjetiva entre os sexos e, por esse motivo, as mulheres sofrem violência pelo simples fato de serem mulheres, não sendo relevante para caracterizar uma vítima de violência doméstica (inclusive a violência no âmbito laboral), sua classe social, nível educacional, cultural ou econômico. Assim, infelizmente essa violência pode atingir a qualquer mulher. Nesse sentido, conforme a Declaração sobre a Eliminação da Violência contra as Mulheres, Resolução da Assembleia Geral das Nações Unidas, dezembro de 1993:

"A violência contra as mulheres é uma manifestação de relações de poder historicamente desiguais entre homens e mulheres que conduziram à dominação e à discriminação contra as mulheres pelos homens e impedem o pleno avanço das mulheres " A citada Declaração também estabeleceu "uma definição clara e compreensiva da violência contra as mulheres (e) uma declaração clara sobre os direitos a serem aplicados para assegurar a eliminação da violência contra as mulheres em todas as formas". Dessa forma, ela representou "um compromisso por parte dos Estados em relação às suas res-

ASPECTOS CIVIS E EMPRESARIAIS DA VIOLÊNCIA CONTRA A MULHER

ponsabilidades, e um compromisso da comunidade internacional em geral para a eliminação da violência contra as mulheres".

Nesse sentido, podemos indicar que a violência de gênero é aquela exercida sobre as mulheres por parte daqueles que estão ou estiveram vinculados a elas por relacionamentos emocionais (companheiros ou "ex-companheiros"). O objetivo do agressor é produzir danos e obter controle sobre a mulher, o que ocorre continuamente ao longo do tempo e de forma sistemática, como parte da mesma estratégia.

A Conferência Mundial das Nações Unidas sobre Direitos Humanos celebrada em 1993 em Viena reconheceu formalmente a violência contra as mulheres como uma violação aos direitos humanos. Desde então, os governos dos países-membros da ONU e as organizações da sociedade civil têm trabalhado para a eliminação desse tipo de violência, que já é reconhecido também como um grave problema de saúde pública.

Assim, a Convenção de Belém do Pará (Decreto nº 1.973, de 1º de agosto de 1996 – Convenção Interamericana para Prevenir, Punir e Erradicar a Violência Contra a Mulher, adotada pela OEA em 1994) estabelece uma definição de violência contra a mulher no seu Capítulo 1, artigo 1:

"Para os efeitos desta Convenção, entender-se-á por violência contra a mulher qualquer ato ou conduta baseada no gênero, que cause morte, dano ou sofrimento físico, sexual ou psicológico à mulher, tanto na esfera pública como na esfera privada."

No âmbito nacional, foi sancionada a Lei Nº 11.340, de 7 de agosto de 2006, também conhecida como a Lei Maria da Penha que dispõe no artigo 1º que:

"Esta Lei cria mecanismos para coibir e prevenir a violência doméstica e familiar contra a mulher, nos termos do § 8º do art. 226 da Constituição Federal, da Convenção sobre a Eliminação de Todas as Formas de Violência contra a Mulher, da Convenção Interamericana para Prevenir, Punir e Erradicar a Violência contra a Mulher e de outros tratados internacionais ratificados pela República Federativa do Brasil; dispõe sobre a criação dos Juizados

DIREITOS DAS MULHERES

de Violência Doméstica e Familiar contra a Mulher; e estabelece medidas de assistência e proteção às mulheres em situação de violência doméstica e familiar."

A citada Lei Nº 11.340, de 7 de agosto de 2006 (Lei Maria da Penha), acrescenta mais duas formas de violência, moral e patrimonial, que, somadas às violências física, sexual e psicológica, totalizam as cinco formas de violência doméstica e familiar. Desse modo, a Lei Maria da Penha protege mulheres que sofrem violência em razão do gênero, não obstante, visando proteger os direitos humanos da mulher e ante a discussão acerca do âmbito de aplicação do conceito de mulher, o Projeto de Lei do Senado n° 191, de 2017(PLS 191/17) estende a proteção prevista na lei a mulheres transgêneros e transexuais.

2. Novidade no âmbito civil da violência doméstica sobre medidas protetivas em relação às mulheres

Conforme relatório divulgado em março de 2019 pelo Conselho Nacional de Justiça houve um incremento dos casos de violência contra mulheres no Brasil desde 2016, quando os dados passaram a ser acompanhados pela instituição. Em 2018 houve aumento de 34% em relação a 2016 e os casos de violência passaram de 3.339 para 4.461.

A Lei Maria da Penha estabelece uma série medidas protetivas que visam o respeito à dignidade da mulher, coibir a violência e proteger a vítima de violência doméstica, que se encontra em situação de vulnerabilidade. Entre alguma dessas medidas que a Lei prevê, podemos destacar dois tipos de medidas protetivas de urgência, ou seja, as que obrigam o agressor (previstas no art. 22 a Lei) a não praticar determinadas condutas e as medidas (previstas, por exemplo, nos arts. 23 e 24 da Lei) que são direcionadas à mulher e seus filhos, visando protegê-los.

Diante dessa grave conjuntura, o poder legislativo apresentou algumas normativas para diversificar as medidas protetivas em relação as mulheres no âmbito da violência doméstica. Assim, foi sancionada em setembro de 2019, medida que busca obrigar o agressor a ressarcir o Sistema Único de Saúde pelos gastos dos tratamentos de vítima de violência.

A Lei nº 13.871, de 17 de setembro de 2019, altera a Lei Maria da Penha, concretamente o seu artigo 9° §§ 4°, 5° e 6°, para dispor sobre a

ASPECTOS CIVIS E EMPRESARIAIS DA VIOLÊNCIA CONTRA A MULHER

responsabilidade do agressor pelo ressarcimento dos custos relacionados aos serviços de saúde prestados pelo Sistema Único de Saúde (SUS) às vítimas de violência doméstica e familiar e aos dispositivos de segurança por elas utilizados e, nesse sentido, preconiza que:

"§ 4º Aquele que, por ação ou omissão, causar lesão, violência física, sexual ou psicológica e dano moral ou patrimonial a mulher fica obrigado a ressarcir todos os danos causados, inclusive ressarcir ao Sistema Único de Saúde (SUS), de acordo com a tabela SUS, os custos relativos aos serviços de saúde prestados para o total tratamento das vítimas em situação de violência doméstica e familiar, recolhidos os recursos assim arrecadados ao Fundo de Saúde do ente federado responsável pelas unidades de saúde que prestarem os serviços.

§ 5º Os dispositivos de segurança destinados ao uso em caso de perigo iminente e disponibilizados para o monitoramento das vítimas de violência doméstica ou familiar amparadas por medidas protetivas terão seus custos ressarcidos pelo agressor.

§ 6º O ressarcimento de que tratam os §§ 4º e 5º deste artigo não poderá importar ônus de qualquer natureza ao patrimônio da mulher e dos seus dependentes, nem configurar atenuante ou ensejar possibilidade de substituição da pena aplicada."

Por outro lado, a 6ª Turma do Superior Tribunal de Justiça (STJ) decidiu que o Instituto Nacional do Seguro Social (INSS) deve arcar com a subsistência da mulher que tiver que se afastar do trabalho para se proteger de violência doméstica, por considerar que tais situações ofendem a integridade física ou psicológica da vítima e são equiparáveis à enfermidade da segurada, justificando, desse modo, o direito ao auxílio-doença. O STJ também determinou a competência do juiz da vara especializada em violência doméstica e familiar (e, na falta deste, o juízo criminal) para julgar o pedido de manutenção do vínculo trabalhista, por até seis meses, em razão de afastamento do trabalho da vítima, conforme previsto no artigo 9º, parágrafo 2º, inciso II, da Lei Maria da Penha (Lei 11.340/2006). Dessa forma, a Corte Superior estabeleceu que a natureza jurídica do afastamento por até seis meses em razão de violência doméstica e familiar é de interrupção do contrato de trabalho, incidindo, analogicamente,

DIREITOS DAS MULHERES

o auxílio-doença, devendo a empresa se responsabilizar pelo pagamento dos quinze primeiros dias, ficando o restante do período a cargo do INSS.

3. Violência contra a mulher no ambiente institucional

Diversas pesquisas e instituições privadas, inclusive com apoio ONG Mulheres do Brasil e do Instituto Maria da Penha, foram realizadas com enfoque na violência e o assédio contra a mulher no âmbito corporativo. E revelaram uma preocupação da maioria das empresas sobre essa problemática que consideram que a violência doméstica é um assunto que deve ser tratado no ambiente corporativo, embora muitas delas (empresas) admitam que não oferecem nenhum tipo de assistência às funcionárias que sofrem casos de violência doméstica.

A violência doméstica contra a mulher impacta negativamente no mundo corporativo e consequentemente na economia. Em 2018, a Pesquisa nacional sobre violência contra a mulher da Universidade Federal do Ceará e do Instituto Maria da Penha revela que as vítimas se ausentam, em média, 18 dias de trabalho ao ano apenas por consequência direta das agressões sofridas. As consequências na carreira destas mulheres envolvem menor estabilidade, menos tempo de permanência em seus cargos e, também, menor produtividade. Inclusive, a indicada pesquisa indicou que tal absenteísmo pode representar um déficit de até R$ 1 bilhão para a economia do País.

A igualdade de gênero não é apenas uma meta de justiça de social, ela também promove o crescimento econômico, na medida em que incorpora mulheres no mundo produtivo e criativo, gerando mais renda e riqueza para toda população. Os países desenvolvidos são também os de menores desigualdades e discriminação de gênero – e a causalidade vai pelos dois lados. É necessário abordar e compreender melhor o assunto da violência contra as mulheres, pois embora a violência doméstica seja praticada fora no âmbito das instituições, suas consequências impactam na própria organização. Por outro lado, há outras formas de violência praticadas dentro do ambiente laboral contra as mulheres que também impactam negativamente tanto na vida e na saúde da mulher trabalhadora como na própria atividade da instituição, como é o caso do assédio moral e sexual.

ASPECTOS CIVIS E EMPRESARIAIS DA VIOLÊNCIA CONTRA A MULHER

Nesse sentido, em diversas ocasiões dentro do ambiente do trabalho tanto das instituições públicas como privadas, proliferam diversos modos de violência contra as mulheres, como a violência física, moral, psicológica e até mesmo institucional que contribuem, indubitavelmente, ao incremento de discriminação no ambiente laboral, em especial com relação às suas condições de trabalho. Os assédios moral e sexual nas relações de trabalho representam um aumento dessa discriminação nas condições de trabalho das mulheres.

As relevantes mudanças econômicas, sociais, políticas e tecnológicas ocorridas nas últimas décadas causaram impactos consideráveis nas sociedades modernas e, consequentemente, refletiram no âmbito laboral. Não é novidade a existência do assédio moral e sexual dentro das empresas e instituições públicas, esses fenômenos vêm ocorrendo há muitos anos sem efetivas soluções para tais situações. Com a globalização, terceirizações e o acirramento da competitividade, o assédio moral -e sexual- se intensificaram. Vários fatores contribuem ao desenvolvimento de situações em que se materializam a violência contra as mulheres no ambiente de trabalho, como, por exemplo, a forma de organização do processo produtivo e os diferentes métodos de gestão que priorizam aumentar a qualidade e atingir um alto padrão de eficiência e eficácia em suas atividades produtivas; a constante pressão do mercado e das empresas para que os funcionários atinjam objetivos que, muitas vezes, são de difícil comprimento; a deficiência no método de reconhecimento do trabalho dos profissionais; a falta de empatia, de apoio e respeito nas relações laborais; ausência de participação dos trabalhadores nas decisões e sobrecarga de trabalho, etc.

A gradativa incorporação ao mercado de trabalho das mulheres implicou acesso à renda, direitos e participação dessas mulheres na vida pública. Quanto a sua formação e educação, embora as mulheres estudem mais e possuam maiores índices de escolaridade de nível superior que os homens, a taxa de desemprego das mulheres é considerada maior, assim como a sua participação na economia informal. Nesse sentido, o incremento da presença de mulheres no mercado de trabalho provocou um crescimento da precarização do seu emprego.

Segundo estudo de Estatísticas de Gênero, divulgado em 2018 pelo IBGE, constatou-se que as mulheres trabalham, em média, três horas

DIREITOS DAS MULHERES

por semana a mais do que os homens, combinando trabalhos remunerados, afazeres domésticos e cuidados de pessoas. No entanto, e ainda possuindo um nível educacional mais elevado, as mulheres recebem, em média, 76,5% do rendimento dos homens.

Devido à necessidade de conciliar o trabalho profissional com a vida familiar, as mulheres resignam-se a aceitar frequentemente empregos precários, com jornadas em tempo parcial ou contratos temporários. Nessa tessitura, as mulheres negras têm um pior prognóstico dentre as mulheres trabalhadoras, vez que são consideradas maioria entre a população mais desfavorecida no Brasil, e estão presentes em setores que exigem menor qualificação e ausência da proteção trabalhista, como é o caso das empregadas domésticas, cujo índice de informalidade atinge a 70% das trabalhadoras.

Ademais, a tripla jornada de muitas mulheres (composta por trabalho, casa e filhos) é, sem dúvida, exaustiva e gera uma sobrecarga do seu trabalho diário. A pressão do mercado e da produtividade laboral também levam às trabalhadoras a uma falta de socialização, de solidariedade que não favorecem o crescimento da sororidade entre elas, muitas vezes, necessária para combater ambientes hostis e desfavoráveis ao desenvolvimento profissional dessas mulheres. Desde a perspectiva da mulher, esse ambiente competitivo e agressivo propicia o surgimento de sofrimento, depressão, stress e inúmeras situações de violência contra o sexo feminino, como a interrupção do seu desenvolvimento profissional, assédios, discriminação salarial entre outros.

O Instituto de Pesquisa Econômica Aplicada (Ipea) aponta que 52,2% das vítimas de violência doméstica trabalham. Contudo, 24,9% não são economicamente ativas, dessa forma, instiga-se uma discussão sobre o desafio de empregar as mulheres que estejam passando ou já passaram por esse tipo de situação. Embora sejam fenômenos regulados recentemente, os assédios moral e sexual manifestam-se de forma habitual no ambiente de trabalho, sendo as vítimas, na maioria dos casos, mulheres. Dados da Organização Internacional do Trabalho (OIT) indicam que 52% das mulheres economicamente ativas já foram assediadas sexualmente.

A maioria das ações que correm na Justiça do Trabalho por assédio moral são ajuizadas por mulheres. No entanto, de acordo com a Força Sindical, o assédio sexual é o segundo maior problema enfrentado pelas mulheres no ambiente de trabalho, sendo o primeiro problema, referente aos baixos salários. Com o incremento da violência contra a mulher e o crescimento do feminicídio no Brasil nos últimos anos, cada vez é mais frequente as discussões sobre a preservação da vida no âmbito privado empresarial. O compliance de algumas instituições tem se preocupado em oferecer suporte que auxilie na mitigação dos casos de violência contra a mulher, porém não são todas as empresas que demostram esse comprometimento social, político, econômico e jurídico com a mulher. As organizações, de um modo geral, possuem um papel importante na conscientização e na tutela de possíveis vítimas.

As entidades públicas e privadas devem ter responsabilidades jurídicas sobre as diferentes formas de violência contra a mulher, como discriminação por razão de gênero, assédios moral, sexual, virtual praticados no ambiente de trabalho além das responsabilidades informativas sobre a prevenção do assédio e violência (incluindo a doméstica) assim como amparar mulheres que sofrem algum tipo de violência, vez que tais instituições têm relação direta com a vida dos profissionais, devendo promover a humanização no trabalho mediante relações sustentável entre pessoas e empresas. Trataremos de forma suscita algumas formas de violência contra a mulher.

3.1. Discriminação e preconceito contra a mulher

A discriminação e o preconceito são realidades existentes na sociedade que estão arraigados em nossos padrões de comportamento e que refletem nas nossas próprias atitudes cotidianas. Nesse sentido, a discriminação pode ser entendida como uma forma de tratamento injusto ou negativo direcionada a uma determinada pessoa ou grupo, alterando a igualdade fundamental no ambiente profissional. Concretamente com relação a mulher, a discriminação pode ser entendida como qualquer distinção, exclusão ou preferência injustificada que tenha por efeito anular ou reduzir a igualdade de oportunidade ou tratamento em relação à mulher.

A discriminação e preconceito alcançam, em maior medida, às mulheres negras, idosas e deficientes. A Convenção da OIT nº 111 (Convenção Concernente à Discriminação em Matéria de Emprego e Profissão) relacionada dentre aquelas consideradas como "fundamentais", repudia

DIREITOS DAS MULHERES

a exclusão ou a preferência fundada em sexo, bem como a que tenha por efeito destruir ou alterar a igualdade de oportunidades ou tratamento em matéria de profissão ou emprego.

No âmbito profissional, a discriminação está associada ao preconceito, à intolerância e à falta de informação, afetando diretamente a saúde psicológica das mulheres com a degradação e destruição da sua autoestima. Em alguns casos, essas situações discriminatórias se agravam, chegando a provocar enfermidades psíquicas nas mulheres como a depressão. A discriminação e preconceito contra as mulheres encontram-se frequentemente presentes no ambiente de trabalho em diferentes acepções e é considerada como um dos principais problemas enfrentados pelas mulheres no Brasil.

Essa discriminação contra a mulher no âmbito laboral pode se materializar, em alguns casos, numa discriminação de promoção da carreira profissional e/ou discriminação salarial entre homens e mulheres que exercem a mesma função, onde são atribuídos às mulheres salários inferiores aos dos homens ou na dificuldade de alcançar cargos de gerência, diretoria e se converterem em CEO dentro de instituições. Nesse caso, qualificação, competência, capacidade ou produtividade das mulheres não são fatores determinantes para a atribuição salarial e sim sua condição de ser mulher. Os estudos realizados por Lee & James, 2007 e Westphal & Frederickson, 2001 (MADALOZZO, REGINA, 2011, p.135.) mostram que os Conselhos Administrativos formados majoritariamente por homens reduzem em (doze por cento) a probabilidade de uma mulher ser escolhida para ser CEO de uma empresa de grande porte, fato que ocorre principalmente devido à preocupação em passar a imagem do estereótipo masculino ideal para dirigir uma empresa privada, tanto para o público, quanto para os investidores em geral.

3.2. Assédio moral no trabalho

O assédio moral, também denominado terror psicológico ou mobbing, caracteriza-se pela exposição, contínua e repetitiva, do trabalhador a situações vexatórias, humilhantes, ou qualquer outra forma de violência psicológica, de forma a desestabilizar a relação da vítima no ambiente de trabalho. Desse modo, o assédio moral define-se como condutas abusivas, reiteradas e sistemáticas exteriorizadas através de comportamentos, palavras, gestos e agressões leves, que provocam humilhação e constrangimento a vítimas, afetando sua dignidade humana e direitos fundamentais, tais como sua liberdade, igualdade e direitos de personalidade, ocasionando, inexoravelmente, prejuízo às oportunidades na relação de emprego ou na expulsão da vítima de seu ambiente de trabalho.

Marie-France Hirigoyen (2014, p. 65) define o assédio moral nas relações de trabalho como toda e qualquer conduta abusiva, traduzida em ações, palavras, posturas, gestos ou escritos, os quais poderão trazer danos à personalidade, dignidade ou integridade física ou psicológica daquele que é assediado. Marques Junior (2015, p. 26) defende que o assédio moral é uma das espécies do dano moral:

> O assédio moral é uma das espécies do gênero dano moral, por ser uma das várias formas de discriminação existentes, cujas principais características são o dolo por parte do agente e o fato de ser um processo, uma sequência de atos que aniquilam a vítima psicologicamente. Ademais, conclui-se, também que a reparação do dano se dará por intermédio de uma qualificação subjetiva do *quantum debeatur*, pois não há prejuízos quantificáveis. (MARQUES JÚNIOR, 2015, p. 26)

Assim, o assédio moral nas relações de trabalho praticado sob a égide de uma hierarquia autoritária, submete à vítima (subordinada) a situações humilhantes que causam danos à sua esfera extrapatrimonial (assédio moral vertical). E nesse sentido, o assédio moral integra-se no âmbito do patrimônio imaterial da vítima agredida por ato ilegal praticado pelo agressor. O assédio moral provoca danos à dignidade e à integridade do indivíduo, e suas consequências impactam diretamente na vida e na saúde (física, psíquica) da profissional assediada, pois coloca em risco a sua saúde e prejudica o ambiente de trabalho.

Consoante com o anterior, Hirigoyen (2009) subdivide as principais consequências do assédio moral, como sendo consequências específicas físicas (o estresse e a ansiedade, a depressão e os distúrbios psicossomáticos), em consequências do traumatismo (estresse pós-traumático, desilusão e reativação das feridas) e em consequências específicas do assédio moral (a vergonha e a humilhação, a perda do sentido, modificações psíquicas e defesa pela psicose).

DIREITOS DAS MULHERES

Nesse sentido, as consequências de assédio repercutem na vida cotidiana da trabalhadora, afetando sua qualidade de vida, gerando desajustes sociais e transtornos psicológicos e psiquiátricos, como por exemplo, desmotivação; perda da capacidade de tomar decisões; isolamento, pressão alta, insônia, irritabilidade, estresse, ansiedade, depressão, problemas gástricos, síndrome do pânico, manifestação (ou agravamento) de doenças psíquicas, abandono do emprego, e inclusive, dependendo da gravidade do assédio, pode levar a casos com desenlace fatal de suicídios. Outra modalidade de assédio, é o denominado assédio moral institucional (ou organizacional) que consiste em é um comportamento patronal generalizado e reconhecido pela política institucional da empresa. O agressor não é uma pessoa física, mas a própria pessoa jurídica empresarial.

Adriane Reis de Araújo indica que o assédio moral organizacional é o conjunto de condutas abusivas exercido de forma sistemática durante certo tempo, em decorrência de uma relação de trabalho, e que resulta em vexame, humilhação ou constrangimento de um ou mais trabalhadores com a finalidade de se obter o engajamento subjetivo do grupo às políticas e metas da empresa, através da ofensa aos direitos fundamentais, podendo resultar em danos morais, físicos e psíquicos.

O assédio moral interpessoal se diferencia do assédio moral institucional, já que o primeiro tem por objetivo a exclusão da vítima do ambiente do trabalho, discriminando-a e humilhando-a perante o grupo, enquanto o segundo (o assédio moral institucional) almeja a subordinação de um grupo de trabalhadores às agressivas políticas mercantilistas da empresa.

Como anteriormente indicado, a maioria das ações que tramitam na Justiça do Trabalho por assédio moral são ajuizadas por mulheres. No entanto, existem outras formas de classificação do assédio moral no âmbito laboral. Nesse sentido, podemos destacar três tipos de assédio moral: a) assédio moral horizontal: que se efetua quando o ato é praticado entre colegas de trabalho; b) o assédio moral vertical descendente: que se refere a ofensa ou conduta abusiva e ilícita quando exercitada pelo superior hierárquico ou pelo próprio empregador e o c) assédio moral vertical ascendente: que diz respeito à conduta praticada contra os superiores hierárquicos.

220

Podemos distinguir diversos exemplos de assédio moral no ambiente de trabalho contra a mulher, que, em diversas ocasiões, encontram-se associados a uma relação de poder, exposição a situações vexatórias, críticas grosseiras, utilização de palavras ofensivas, obscenas, piadinhas sexistas contínuas, perseguições, supervisão excessiva, ameaças, exigência de tarefas impossíveis, brincadeiras inapropriadas e isolamentos. Outras manifestações de assédio moral no ambiente laboral contra as mulheres consistem em controles diversificados que visam intimidar, submeter, proibir a fala, interditar a fisiologia, controlando tempo e frequência de permanência nos banheiros, além de relacionar atestados médicos a faltas a suspensão de cestas básicas ou promoções.

Com relação às consequências negativas do assédio moral para a empresa, podemos destacar a diminuição da sua produtividade, maior rotatividade dos funcionários, aumento de erros e acidentes de trabalho, faltas e licenças médicas, aposentadoria prematura; possíveis danos para a marca, prejuízos causados por indenizações de passivos trabalhistas; custos decorrentes de tratamento médico e fisioterapia, multas administrativas, entre outros.

3.3. Assédio sexual no trabalho

Outra forma de violência contra a mulher no ambiente do trabalho é o assédio sexual. Podemos definir o assédio sexual no ambiente de trabalho como uma conduta de natureza sexual manifestada por contato físico, palavras, gestos ou outros meios, propostas ou impostas a pessoas contra sua vontade, causando-lhe constrangimento e violando a sua liberdade sexual.

Assim, a Organização Internacional do Trabalho (OIT) também define assédio sexual como atos, insinuações, contatos físicos forçados, convites impertinentes, desde que apresentem uma das características a seguir: ser uma condição clara para manter o emprego; influir nas promoções da carreira do assediado; prejudicar o rendimento profissional, humilhar, insultar ou intimidar a vítima; ameaçar e fazer com que as vítimas cedam por medo de denunciar o abuso; e oferta de crescimento de vários tipos ou oferta que desfavorece as vítimas em meios acadêmicos e trabalhistas entre outros, e que no ato possa dar algo em troca, como possibilitar a intimidade para ser favorecido no trabalho.

O assédio sexual (assim como o assédio moral) viola a dignidade da pessoa humana e os direitos fundamentais da vítima, tais como a liberdade, a intimidade, a vida privada, a honra, a igualdade de tratamento, o valor social do trabalho e o direito ao meio ambiente de trabalho sadio e seguro. Portanto, possui natureza opressiva e discriminatória constituindo violação a Direitos Humanos.

Além do assédio sexual por chantagem ou *quid pro quo*, configurado crime previsto no art. 216-A do Código Penal, a doutrina reconhece o assédio por intimidação, conduta que, embora não esteja enquadrada como crime, configura ilícito capaz de autorizar a rescisão indireta do contrato, bem como o deferimento de reparação por dano moral. Esse tipo de conduta é caracterizado «por incitações sexuais importunas, ou por outras manifestações da mesma índole, verbais ou físicas, com o efeito de prejudicar a atuação laboral de uma pessoa ou de criar uma situação ofensiva, hostil, de intimidação ou abuso no trabalho. Já o assédio sexual por chantagem traduz, em geral, exigência formulada por superior hierárquico a um subordinado para que se preste à atividade sexual, sob pena de perder o empregou ou benefícios advindos da relação de emprego».

Conforme a lei 10.778/2003 no seu artigo 1°, estabelece-se a notificação compulsória do caso de violência contra a mulher que for atendida em serviços de saúde públicos e privados, e no seu, inciso II, podemos inferir que o assédio sexual é um dos crimes praticados contra mulher cuja notificação é compulsória. No âmbito do Direito do Trabalho, o conceito de assédio sexual é mais amplo que no Código Penal, pois o assédio sexual pode ser praticado tanto por indivíduo que possui superioridade hierárquica como por indivíduo que não possui essa superioridade hierárquica. Dessa forma, o assédio sexual pode ser praticado entre colegas ou até mesmo pelo subordinado em face da chefia. Portanto, apenas para o crime de assédio sexual, conforme mencionado, é exigida a hierarquia entre assediador e vítima.

Quantos aos elementos que caracterizam o assédio sexual, podemos destacar três elementos: a) Sujeitos: a presença do sujeito ativo do assédio, ou seja, do assediador ou assediadores; e do sujeito passivo, isto é, do assediado, a vítima; b) Comportamento: o comportamento do agente visa à vantagem sexual ou desestabilizar o ambiente de trabalho para outro trabalhador ou grupo; c) Consentimento: ausência do consentimento livre de vícios e consciente da vítima.

A caracterização do assédio sexual é possível, portanto, sempre que evidenciado comportamento com conotação sexual, não desejado pela vítima e com reflexos negativos na sua condição de trabalho. A conduta ilícita praticada pelo assediador pode resultar de um comportamento físico ou verbal de natureza sexual, capaz de afetar a dignidade da vítima no local de trabalho.

Assim, o assédio sexual está associado à discriminação de gênero. No entanto, os homens, homossexuais, transgêneros, também podem sofrer assédio moral ou sexual no trabalho. Alguns exemplos que podemos destacar de assédio sexual são mensagens, gestos, comentários e e-mails de natureza sexual ou convites insistentes e inapropriados por colegas de trabalho, gerentes e supervisores também são formas de assédio sexual que prejudicam o desempenho da vítima e perturbam o meio ambiente de trabalho.

Por outro lado, quanto às consequências para o assediador, a prática de assédio sexual no trabalho pode ser observada em vários ramos do direito, cada uma como uma peculiaridade diferente, tendo reflexos no Direito do Trabalho, Direito Penal e Direito Civil (Responsabilidade Civil). Abordaremos brevemente apenas a incidência no Direito do Trabalho e no Direito Civil quanto à Responsabilidade Civil, este último em apartado diferenciado.

Assim no âmbito laboral, o assediador sofrerá suspensão ou advertência disciplinar e rescisão do contrato por justa causa. Quanto às consequências das vítimas do assédio sexual, os efeitos provocados são devastadores e inestimáveis seja em relação à saúde, vida social quanto ao desempenho da própria função que exercia, provocando (tal como o assédio moral), impactos sobre as próprias entidades empregadoras, públicas ou privadas e inclusive no Sistema Único de Saúde (SUS), pois sua saúde, confiança, moral e desempenho profissional (das vítimas) encontram-se afetados, o que leva à diminuição da eficiência laboral, ao afastamento do trabalho por motivo de doença, e em alguns casos, ao desemprego.

Igual que o assédio moral, o assédio pode provocar stress pós-traumático, perda de autoestima, ansiedade, depressão, apatia, irritabilidade, perturbações da memória, perturbações do sono e problemas digestivos,

DIREITOS DAS MULHERES

podendo até conduzir ao suicídio. Com relação às entidades empregadoras, públicas ou privadas, constata-se um incremento dos custos resultantes do aumento do absentismo, da redução abrupta de produtividade e de maiores taxas de rotatividade de pessoal.

Quanto aos direitos das vítimas de assédio sexual e moral, a lei outorga o direito de transferência e mudança de setor da empregada, segundo o qual poderá ser transferida de local ou de setor de trabalho, após a comunicação ao empregador, afastando-a da hierarquia e subordinação de quem cometeu o assédio. Igualmente, a assediada poderá pleitear rescisão indireta do contrato de trabalho por violação e descumprimento das cláusulas do contrato de trabalho e requerer todas as verbas rescisórias concernentes a demissão sem justa causa, conforme o artigo 483 da CLT assim como ajuizar ação de indenização de danos morais amparada pela Constituição Federal em seu artigo 5º inciso X.

3.4. Assédio virtual ou *cyberbullying* no trabalho

Com a inovação e avanço exponencial das novas tecnologias nos últimos anos, surgiu um novo tipo de violência contra a mulher, o denominado assédio virtual. O assédio virtual afeta principalmente as mulheres e se configura pelo uso violência psicológica e moral praticada online ou off--line, principalmente por meio das redes sociais. Este tipo de assédio se encontra entre as cinco principais violações sobre as quais as usuárias da internet no Brasil solicitam auxílio. Entre os anos de 2016 e 2018, o assédio virtual cresceu 26.000%.

3.5. Outras formas de violência contra a mulher

Podemos identificar diversas formas de violência contra a mulher, entre as quais se encontram o machismo e alguns comportamentos derivados do mesmo. O machismo pode ser considerado como um conjunto de atitudes, comportamentos e pensamentos que recusa a igualdade de direitos e deveres entre os gêneros sexuais, favorecendo e enaltecendo sexo masculino sobre o feminino. Baseia-se no conceito de que os homens são superiores às mulheres. Essa crença pode levar a práticas discriminatórias e à violência de gênero em todas as esferas da sociedade, inclusive no trabalho.

ASPECTOS CIVIS E EMPRESARIAIS DA VIOLÊNCIA CONTRA A MULHER

Foram criados alguns termos sobre alguns comportamentos que refletem o machismo nas relações dos homens com as mulheres e que a continuação passaremos a ilustrar. Manterrupting se produz quando um ou mais homens interrompem constantemente uma mulher, de maneira desnecessária, não permitindo que ela consiga concluir o raciocínio, frase ou uma observação.

Por outro lado, o Mansplaining origina-se quando um homem dedica seu tempo para explicar algo óbvio a uma mulher, de forma didática, como se ela não fosse capaz de entender. O termo é uma junção de "man" (homem) e "explaining" (explicar). No entanto, o Bropriating (junção de "bro" de brother, irmão, mano e "appropriating" (apropriação) acontece habitualmente em reuniões quando um homem se apropria da mesma ideia já expressa por uma mulher, levando os créditos prestigio por ela.

O Gaslighting (derivado do termo inglês Gaslight, 'a luz [inconstante] do candeeiro a gás') é um dos tipos de abuso psicológico que leva a mulher a achar que enlouqueceu ou está equivocada sobre um assunto, sendo que está originalmente certa. Dessa forma, esse comportamento faz a mulher duvidar do seu senso de percepção, raciocínio, memórias e sanidade.

4. Aspectos gerais responsabilidade civil na violência contra a mulher
No âmbito da violência contra a mulher ocorridos em contexto doméstico e familiar, a jurisprudência defende o dever de indenizar por parte do agressor que deve ser responsabilizado pelo ato e dano causado à vítima. Assim, quanto à possibilidade da reparação de natureza cível por meio de sentença condenatória, 3ª Seção do Superior Tribunal de Justiça, ao julgar recursos especiais repetitivos, firmou a tese (Tema 983) conforme a qual nos casos de violência contra a mulher praticados no âmbito doméstico e familiar, é possível a fixação de valor mínimo indenizatório a título de dano moral, desde que haja pedido expresso da acusação ou da parte ofendida, ainda que não especificada a quantia, e independentemente de instrução probatória.

Conforme a indicada tese sobre a reparação de natureza cível por ocasião da prolação da sentença condenatória, o STJ ampliou o rol de dano moral considerado *in re ipsa*, ou seja, que decorre da prática ilícita, não exigindo instrução probatória acerca do dano psíquico, do grau de humilhação, da diminuição da autoestima, pois a conduta criminosa já está imbuída de desonra, descrédito e menosprezo à dignidade e ao valor da mulher como pessoa. Assim, o dano moral decorrente da prática delituosa contra a vida, a liberdade, a igualdade, a segurança, à honra, à imagem da mulher (art. 5º CF), dispensa prova de ter sofrido abalo psíquico, emocional e moral para se obter a reparação.

O Min. Rogério Schietti Cruz alegou que, "a despeito, assim, da natural subjetividade sobre o que efetivamente deva ser considerado bem jurídico a vindicar a especial tutela do Direito Penal, "é preciso compreender a violência de gênero, doméstica ou não, sob o viés dos direitos humanos" (Camargo de Castro, Ana Lara, Violência de gênero e reparação por dano moral na sentença penal. Boletim IBCCRIM, Ano 24 – n. 280. São Paulo, mar/2016, p. 13)".

Essa decisão representou um progresso na ampliação da proteção e do atendimento integral às mulheres em situação de violência doméstica, além de reduzir as sucessivas oitivas e pleitos perante juízos diversos, vez que possibilita a aplicação de maneira efetiva e segura da Lei 11.340/06 (Lei Maria da Penha), servindo entendimento como orientação aos tribunais no julgamento de casos semelhantes. Dessa forma, permite-se a responsabilização da conduta criminosa do agressor do delito e suas respectivas consequências, incluindo a pecuniária, com a fixação do valor mínimo para reparação do dano moral, que, ademais, poderá ser complementada em ação cível.

Não obstante, é necessário ressaltar que, em algumas ocasiões, a violência contra a mulher se correlaciona com a práticas de vários crimes, sendo possível, portanto, a caracterização do assédio moral juntamente com outros delitos, ou seja, assédio sexual, importunação sexual, calúnia, difamação, injúria e por vezes até injúria racial e/ou racismo. Nestes casos, além de processos nas esferas civil e trabalhista, a vítima poderá buscar a responsabilização penal do agressor.

Quanto ao assédio sexual e moral comprovado, indicar que a vítima poderá buscar a responsabilização diretamente do agressor na esfera civil, e da empresa na esfera trabalhista, com base no dano moral sofrido, que enseja no pagamento de indenização. Tal responsabilização se fundamenta no artigo 5° inciso, X da Constituição Federal, artigos 186 ,187, 932, inciso III, e 933 do Código Civil e artigos 482 e 483 da CLT.

4.1. Responsabilidade do empregador

Quanto à responsabilidade por dano do empregador, durante décadas a jurisprudência não admitia a existência da responsabilidade nos casos de assédio, em especial, o assédio moral. No entanto, com base na influência da doutrina, atualmente é pacífico o entendimento da jurisprudência em admitir o direito à indenização pelos prejuízos causados à vítima. Nesse sentido, podemos indicar que a responsabilização do empregador independe da comprovação de culpa da responsabilidade pelos atos praticados por prepostos, empregados ou serviçais da empresa, com fundamento nos artigos 932, inciso III, e 933 do Código Civil. Portanto, há configuração da responsabilidade objetiva da empresa e, consequentemente, o empregador tem responsabilidade objetiva pelos atos praticados pelos empregados.

Os assédios moral e sexual geram responsabilidades por dano causado a outrem, e consequentemente a obrigação do agressor de indenizar a vítima, de conformidade com os artigos 5º V e X, da Constituição Federal, e artigos 186, 187 e 927 e seguintes do Código Civil. Dessa forma, coexiste o dano material e o dano imaterial, concebido este último como o prejuízo causado por alguma pessoa a outra (física ou jurídica), atingindo o patrimônio não material do ofendido, ou seja, sua intimidade, sua vida privada, sua honra ou sua imagem. Com relação ao assédio moral sofrido pelo empregado no âmbito da relação de emprego, podemos vislumbrar três hipóteses, ou seja, a primeira se refere ao ato ilícito praticado pelo empregador; a segunda, o ato ilícito perpetrado por seus prepostos, ainda que sem o conhecimento do empregador; e a terceira referente ao assédio moral praticado pelo superior hierárquico do empregado, ou por colegas causando a humilhação e o constrangimento da vítima.

Na primeira hipótese, infere-se a responsabilidade da empresa, e a conseguinte a reparação do prejuízo causado, pois empregador é o sujeito agressor quem pratica a conduta ilícita contra o empregado. Quanto a segunda e terceira hipóteses, que se referem ao assédio moral praticado pelo superior hierárquico do empregado, ou por colegas, a jurisprudência relata várias modalidades de assédio, tais como a prática ilícita de ofensas ao empregado ou "castigos" humilhantes pelo não atingimento de metas estabelecidas pela chefia, ou mesmo pela direção da empresa.

DIREITOS DAS MULHERES

Em ambas as situações, a organização empresarial tem o dever de reparar o dano ocasionado por seus prepostos e funcionários, pois possui a obrigação de fiscalizar os atos praticados pelos mesmos, vez que, ademais, os prepostos atuam em seu nome. Portanto, o empregador é considerado responsável pelos atos praticados por seus empregados no exercício de suas funções, conforme preceitua os arts. 932 e 933 do o Código Civil, sendo tal responsabilidade objetiva, pois independe de culpa do empregador.

Quanto à responsabilidade civil do assédio sexual, essa responsabilidade será discutida no âmbito civil, na qual se analisará os efetivos danos causados pelo cometimento do assédio sexual. Na seara trabalhista, a Reforma Trabalhista, promovida pela Lei 13.467, de 13 de julho de 2017, realizou algumas alterações que afetaram dano moral e assédio moral. Embora a Reforma não tenha introduzido uma conceituação do assédio moral na legislação, a Consolidação das Leis do Trabalho (CLT) delimitou mais claramente a tema ao regulamentar o dano de natureza extrapatrimonial no seu art. 233, criando, ademais, critérios a serem analisados pelo juiz no momento de avaliar o dano e definir a reparação (vide art. 223-G CLT).

"Art. 223-B. Causa dano de natureza extrapatrimonial a ação ou omissão que ofenda a esfera moral ou existencial da pessoa física ou jurídica, as quais são as titulares exclusivas do direito à reparação.

Art. 223-C. A honra, a imagem, a intimidade, a liberdade de ação, a autoestima, a sexualidade, a saúde, o lazer e a integridade física são os bens juridicamente tutelados inerentes à pessoa física.

(...)

Art. 223-E. São responsáveis pelo dano extrapatrimonial todos os que tenham colaborado para a ofensa ao bem jurídico tutelado, na proporção da ação ou da omissão.

Art. 223-F. A reparação por danos extrapatrimoniais pode ser pedida cumulativamente com a indenização por danos materiais decorrentes do mesmo ato lesivo."

Quanto a Jurisprudência do STJ, a Corte Superior vem atribuindo a responsabilidade do empregador nos casos de assédio moral e sexual dos

ASPECTOS CIVIS E EMPRESARIAIS DA VIOLÊNCIA CONTRA A MULHER

seus empregados ou clientes, usuários. No mesmo sentido, as decisões dos tribunais trabalhistas também têm seguido o entendimento de que a inércia injustificável do empregador em determinar que o assediador se exima de imediato em continuar com as agressões, acarreta à empresa a obrigação de indenizar.

"Responsabilidade civil da transportadora. Ato libidinoso praticado contra passageira no interior de trem. Dano moral configurado. Fortuito interno. Conexidade com a atividade de transporte de pessoas. A concessionária de transporte ferroviário pode responder por dano moral sofrido por passageira, vítima de assédio sexual, praticado por outro usuário no interior do trem". "Abuso sexual. Ato de terceiro que não exclui o dever de indenizar, pois não pode ser equiparado a caso fortuito externo já que a circunstância de ocorrer abuso ou assédio sexual no interior dos trens é totalmente previsível. Responsabilidade objetiva. Falha na prestação do serviço. Art. 14 do CDC. Responsabilidade objetiva da ré. Não admitida a excludente do fato de terceiro. Dano moral configurado. Indenização devida e arbitrada em R$ 10.000,00. Recurso provido".

Conclusões

Segundo a OMS (Organização Mundial da Saúde), as Nações Unidas definem a violência contra as mulheres como "qualquer ato de violência de gênero que resulte ou possa resultar em danos físicos, sexuais ou psicológicos para as mulheres, incluindo ameaças de tais atos, coerção ou privação arbitrária de liberdade, se eles ocorrem na vida pública ou privada." Estes atos de violência podem ocorrer no âmbito doméstico ou familiar (vida privada) ou no espaço público, na presente análise, no ambiente laboral. Existem diversas formas de violência contra a mulher, como a discriminação, preconceito, comportamentos machistas, assédios moral, sexual e virtual.

Assim, em diversas ocasiões, dentro ambiente do trabalho tanto das instituições públicas como privadas, proliferam diversos modos de violência contra as mulheres, como a violência física, moral, psicológica e até mesmo institucional que contribuem, indubitavelmente, a um incremento de discriminação no ambiente laboral, em especial com relação às suas condições de trabalho. Os assédios moral e sexual nas relações de trabalho representam um aumento dessa discriminação nas condições de trabalho das mulheres.

A violência contra a mulher é um problema de saúde pública e uma violação dos direitos humanos e quando praticada no ambiente laboral ou quando a mulher, vítima de violência, é uma profissional que trabalha na empresa, suas consequências refletem, notoriamente, no ambiente organizacional da instituição. As consequências da violência contra a mulher no ambiente de trabalho afetam a sua qualidade de vida, saúde física e psicológica gerando desajustes sociais e transtornos, como irritabilidade, ansiedade, depressão, estresse, dores de cabeça, cansaço excessivo, problemas gástricos, síndrome do pânico, manifestação (ou agravamento) de doenças psíquicas, abandono do emprego, e inclusive, dependendo da gravidade do assédio, podendo levar a casos com desenlace fatal de suicídios.

No ambiente laboral, os efeitos repercutem em um déficit da produtividade da profissional, com uma redução do interesse e motivação no trabalho além da maior rotatividade dos funcionários, aumento de erros e acidentes de trabalho, faltas e licenças médicas, aposentadoria prematura, possíveis danos para a marca, prejuízos causados por indenizações de passivos trabalhistas, custos decorrentes de tratamento médico e fisioterapia, multas administrativas, entre outros. Como relatado, os assédios moral e sexual provocam danos à dignidade e à integridade do indivíduo, e suas consequências impactam diretamente na vida e na saúde (física, psíquica) da profissional assediada, pois coloca em risco a sua saúde e prejudica o ambiente de trabalho.

Conforme anteriormente exposto, com o incremento da violência contra a mulher e o crescimento dos feminicídio no Brasil nos últimos anos, cada vez é mais frequente as discussões sobre a preservação da vida no âmbito privado empresarial. O compliance de algumas instituições tem se preocupado em oferecer suporte que auxilie na mitigação dos casos de violência contra a mulher, porém não são todas as empresas que demostram esse comprometimento social, político, econômico e jurídico com a mulher. As organizações, de um modo geral, possuem um papel importante na conscientização e no amparo de possíveis vítimas.

As entidades públicas e privadas devem ter responsabilidades jurídicas sobre as diferentes formas de violência contra a mulher, como dis-

ASPECTOS CIVIS E EMPRESARIAIS DA VIOLÊNCIA CONTRA A MULHER

criminação por razão de gênero, assédios moral, sexual, virtual praticas no ambiente de trabalho além das responsabilidades informativas sobre a prevenção do assédio e violência (incluindo a doméstica) assim como amparar mulheres que sofrem algum tipo de violência, vez que tais instituições têm relação direta com a vida dos profissionais, devendo promover a humanização no trabalho mediante relações sustentável entre pessoas e empresas. A igualdade de gênero não é apenas uma meta de justiça de social, ela também promove o crescimento econômico, na medida em que incorpora mulheres no mundo produtivo e criativo, gerando mais renda e riqueza para toda população. Por esse motivo, deve-se promover essa igualdade entre homens e mulheres dentro da nossa sociedade.

Nesse sentido, resulta essencial que as instituições informem, discutam e adotem medidas, programas de prevenção mais eficazes para no ambiente laboral contra a violência contra a mulher, promovendo a conscientização do assunto tratado e igualdade e gênero na entidade assim como favorecendo a minimização e erradicação dessa violência, em suas diversas modalidades. Por outro lado, resulta importante destacar que as empresas possuem responsabilidade objetiva pelos danos causados pela conduta dos seus funcionários e prepostos no exercício das suas funções, tendo, portanto, o dever de indenizar as vítimas de violência praticadas contra a mulher, como é o caso, por exemplo, da discriminação, dos assédios moral e sexual.

Nessa acepção, surge um dever das empresas de informação aos seus funcionários sobre o tema da violência contra mulher (que é o caso que analisamos) e uma possível implementação de políticas ou programas de prevenção a todo tipo de violência praticada contra a mulher no ambiente de trabalho. A Lei Maria da Penha regulamentou uma realidade olvidada de violência contra mulher onde, até então, muitas mulheres tiveram que padecer caladas, sem proteção efetiva, situações de violência que provocaram imensuráveis danos as suas vidas. Alguma delas, infelizmente, chegaram a ter o fatal desenlace da morte. Após a aprovação da Lei Maria da Penha houve muitas conquistas e medidas no plano normativo assim como no âmbito jurídico para proteção, valorização e fortalecimento da mulher vítima de violência doméstica e no ambiente de trabalho. No entanto, essas medidas ainda resultam insuficientes para eliminar e prevenir a violência contra a mulher nos diversos setores da sociedade.

DIREITOS DAS MULHERES

Referências

ARAÚJO, Adriane Reis De. **O assédio moral organizacional**. São Paulo: LTr, 2012, p. 61.

CAMARGO DE CASTRO, Ana Lara. **Violência de gênero e reparação por dano moral na sentença penal**. Boletim IBCCRIM, Ano 24 – n. 280. São Paulo, mar/2016, p. 13.

CNJ. **Violência contra a Mulher**. Disponível em: https://www.cnj.jus.br/programas-e-acoes/violencia-contra-a-mulher/ Acesso: 14 Nov. 2019

DUQUE, Daniel. **A grande e persistente discriminação de gênero no mercado de trabalho brasileiro**. FGV Blogue do ibre. 08 Março 2019. Artigo Disponível em: https://blogdoibre.fgv.br/posts/grande-e-persistente-discriminacao-de-genero-no-mercado-de-trabalho-brasileiro Acesso: 15 Nov. 2019

DA SILVA, Rosane. **A Violência contra as Mulheres e o Mundo do Trabalho**. CUT – Central Única dos Trabalhadores. Artigo 25 Nov. 2014. Disponível em: https://www.cut.org.br/artigos/a-violencia-contra-as-mulheres-e-o--mundo-do-trabalho-3111. Acesso: 15 Nov. 2019

IPEA – Instituto de Pesquisa Econômica Aplicada. **FBSP- Fórum Brasileiro de Segurança Pública**. Atlas da Violência 2019. Disponível em: http://www.ipea.gov.br/portal/images/stories/PDFs/relatorio_institucional/190605_atlas_da_violencia_2019.pdf. Acesso: 14. Nov. 2019

HIRIGOYEN, Marie-France. **Assédio moral, a violência perversa do cotidiano.** São Paulo: Bertrand Brasil. 2014.

HUSBANDES, Robert. **Análisis internacional de las leyes que sancionan el acoso sexual**. Revista Internacional Del Trabajo, Ginebra, 1993, v. 112, 1, p. 133.

Jurisprudência TST. Processo nº TST-AIRR-10406-38.2015.5.15.0026. Órgão Judicante: 6ª Turma. Relator: Aloysio Corrêa Da Veiga. Julgamento: 06/11/2019. Publicação: 08/11/2019. Tipo de Documento: Acordão

MADALOZZO, Regina: **CEOs e composição de conselho de administração**: a falta de identificação pode ser motivo para existência de teto de vidro para mulheres no Brasil? Curitiba, 2011. v.15, n. 1, art. 15, p.127-136.

MARQUES JUNIOR, José Antônio. **Assédio moral no ambiente de trabalho**. São Paulo: LTR, 2015.

MPT – Ministério Público do Trabalho – Procuradoria-geral do Trabalho; OIT- Organização Internacional do Trabalho Escritório Brasil. **Cartilha assédio sexual no trabalho**: perguntas e respostas. Brasília. Maio de 2017. Disponível em: http://www.mpsp.mp.br/portal/page/portal/cao_civel/acoes_afir-mativas/inc_social_mulheres/mulh_cartilhas/Cartilha%20Assedio%20 Sexual%20-%20MPT.pdf. Acesso: 15 Nov. 2019

MONTEIRO DE BARROS, Alice. **Curso de direito do trabalho**. Ed. 9ª. São Paulo: LTr, 2013, p. 747.

OMS. **Human reprotuction programme**. (HRP). Comprender y abordar la violencia contra las mujeres. Disponível em: https://www.who.int/reproduc-tivehealth/topics/violence/vaw_series/es/ Acesso em 22 Nov. 2019.

PEREIRA SIQUEIRA, Dirceu; FERNANDES SAMPARO, Ana Julia. **No Mercado de Trabalho**: da Discriminação de Gênero à Luta Pela Igualdade. Revista Direito em Debate. Ano XXVI nº 48, jul.- dez. 2017.

Procuradoria Geral do Trabalho. Grupo de Trabalho de Gênero (GT-Gênero) da Coordenadoria Nacional de Promoção da Igualdade e Combate à Discri-minação no Trabalho – COORDIGUALDADE e de membros da Câmara de Coordenação e Revisão, ambos do Ministério Público do Trabalho. **Cartilha O ABC da Violência contra a mulher no trabalho.** Disponível em: https:// movimentomulher360.com.br/wp-content/uploads/2019/01/cartilha_vio-lenciagenero-11.pdf. Acesso: 15 Nov. 2019

R. ARANTES, Larissa; FERRAZ DE MORAES, Carolina. **Direitos humanos**: discri-minação da mulher no mercado de trabalho. Revista Jus Navigandi. Publi-cado em Nov. 2016. Disponível em: https://jus.com.br/artigos/54197/direi-tos-humanos-discriminacao-da-mulher-no-mercado-de-trabalho. Acesso: 18 Nov. 2019

REBESCHINI DE LIMA, Kewri. Assédio sexual no trabalho. Revista Pensar Jurí-dico – TRT/MT. Disponível em: https://www4.trt23.jus.br/revista/content/ ass%C3%A9dio-sexual-no-trabalho. Acesso em 20 Nov. 2019.

REVISTA CONSULTOR JURÍDICO. **Medida protetiva**. INSS deve custear afastamento de mulher ameaçada de violência doméstica. Revista Consultor Jurídico, 18 de setembro de 2019, 10h42. Disponível em: https://www.con-jur.com.br/2019-set-18/inss-custear-afastamento-mulher-ameacada-violen-cia. Acesso em 22 Nov. 2019.

TEIXEIRA MANUS, Pedro Paulo. **O assédio moral nas relações de trabalho e a responsabilidade do empregador.** Revista Consultor Jurídico. 28 junho 2019. Artigo disponível em: https://www.conjur.com.br/2019-jun-28/refle-xoes-trabalhistas-assedio-moral-trabalho-responsabilidade-empregador. Acesso: 18 Nov. 2019

13. A Proteção Jurídica do Trabalho da Mulher: um Olhar sobre o Viés das Discriminações

ADRIANA GALVÃO MOURA ABÍLIO
ADRIANA DE FÁTIMA GUILHERME DE ASSIS

Introdução

A luta das mulheres por melhores condições de trabalho é fato que permeia os primórdios do contexto histórico até os dias atuais. Um breve esboço da história sobre a temática discriminatória traz para o íntimo dos indivíduos grandes barreiras de cunho psicológico e moral em todos os aspectos da sua vida. O aumento de casos de pessoas com depressão e síndromes associadas ao meio ambiente de trabalho é fato recorrente. Pesquisas vêm demonstrando que práticas discriminatórias estão presentes no contexto das relações de trabalho, e mesmo com legislações e medidas protetivas, ainda se impera formas intimidatórias em parte das condutas praticadas em especial contra mulheres no ambiente de trabalho.

Hoje, em pleno século XXI, infelizmente as desigualdades em razão de gênero ainda persistem mesmo com conquistas consideráveis, temos muitos obstáculos a superar, seja nas relações de família, na escola e principalmente nas relações de trabalho e no combate às praticas de discriminação e assédio. Um dos principais desafios de uma sociedade que se diz igualitária é promover ações afirmativas para as futuras gerações, no sentido de garantir que ações discriminatórias não serão toleradas, e que medidas tendentes a efetivar uma maior inclusão das mulheres no mercado de trabalho é um objetivo a ser perseguido.

Leciona Firmino Alves de Lima (2011) o que "dentro desse conceito, fica claro que uma proposta igualitária "rasa", sem ou com mínima conexão com contexto fático, constitui uma proposta igualitária de cunho individualista, sem permissão de qualquer tratamento diferenciado, em especial aquelas destinados a corrigir reiteradas posições prejudiciais aquilatadas e trazidas do passado. É uma perspectiva avessa às ações afirmativas e medidas de cunho igualitário que venham a criar desvantagens para corrigir tratamentos diferenciados persistentes dentro do meio social. Tal perspectiva permite que situações fáticas de dominação social de um grupo por outro persistam impunemente, sem exigir providências jurídicas em sentido contrário".

Além da necessidade de ações que efetivem a inclusão da mulher no mercado de trabalho, temos a consciência que a grande dificuldade no combate as práticas discriminatórias, reside no suporte às vítimas desde, do momento da denúncia até a apuração dos fatos e consequente punição. Na atual conjuntura socioeconômica, com o ingresso das mulheres em vários postos de trabalho, inclusive em posições de liderança, estabelece--se uma responsabilidade da manutenção e consequente sustento de sua família, gerando medo de uma possível represália e perda do emprego, o que de certa forma conduz a um quadro de ocultação de situações de assédio e discriminação no ambiente laboral.

Segundo Alice Monteiro de Barros (2009), "A experiência tem demonstrado que o tratamento desigual atribuído às mulheres não é apenas uma decorrência de legislação proibitiva ou de preconceito contra elas, mas do fato de que sua contratação, em geral, aumenta os custos para o empregador, os quais estão relacionados com a maternidade e com o cuidado com os filhos. Entretanto, as tradições culturais que presidem os comportamentos podem reforçar a discriminação. A partir do momento em que os comportamentos alteram-se, tanto na vida familiar como na vida social, modifica-se também a posição da mulher no emprego ou profissão."

Desiguais relações de poder fundamentaram a formação da sociedade brasileira, amparada nos pilares do machismo e na divisão do papel da mulher no contexto social. No entanto, a história do povo brasileiro é marcada por lutas em favor dos direitos humanos, centradas em grandes movimentos de resistência às opressões de raça e gênero pela defesa de liberdades civis, que foram capazes de assegurar garantias fundamentais de vários grupos como mulheres, negros, pessoas LGBTs (Lésbicas, Gays, Bissexuais, Travestis e Transexuais) entre outros.

A PROTEÇÃO JURÍDICA DO TRABALHO DA MULHER: UM OLHAR SOBRE O VIÉS...

É de fundamental importância afirmar e reconhecer que a dignidade da pessoa humana, não pode ser deixada de lado, muito menos descartada, em todos às vertentes da vida em sociedade, em especial nas relações de trabalho, pois ligada está à preservação da intimidade, privacidade, honra de milhares de mulheres que merecem o reconhecimento de sua dignidade como valor fundamental. Sendo assim, a proposta do presente artigo é trazer uma reflexão sobre os desafios da mulher no mercado de trabalho, além de analisar o contexto jurídico da legislação, jurisprudência e doutrina, direcionadas as práticas discriminatórias nas relações de trabalho.

1. Breves considerações do contexto histórico da mulher na legislação brasileira

Segundo o dicionário da Língua Portuguesa, uns dos conceitos sobre *preconceito*, é "qualquer opinião ou sentimento concebido sem exame crítico" e "sentimento hostil, assumido em consequência da generalização apressada de uma experiência pessoal ou imposta pelo meio; intolerância". E, *Discriminação*, o como uma ação preconceituosa, ou seja, o preconceito posto em ação contra uma pessoa ou grupo de pessoas. Existe uma grande complexidade na temática aqui enfrentada devido aos inúmeros recortes sociais, econômicos, culturais e morais que permeiam a matéria. Ações discriminatórias, estão previstas como violação ao art. 7º da Declaração Universal dos Direitos Humanos de 1948:

> Art.7º – Todos são iguais perante a lei e têm direito, sem qualquer distinção, a igual proteção da lei. Todos têm direito a igual proteção contra qualquer discriminação que viole a presente Declaração e contra qualquer incitamento a tal discriminação."

Como o objeto do presente artigo, é analisar o contexto das discriminações contra a mulher nas relações laborais, importante ressaltar que a evolução da condição jurídica da mulher foi bastante lenta em nosso ordenamento jurídico brasileiro e teve como marco introdutório, algumas legislações – Estatuto da Mulher Casada, que alterou o Código Civil; a Consolidação das Leis do Trabalho; além da Constituição de 1932, que pela primeira vez garantiu o direito ao voto da mulher.

DIREITOS DAS MULHERES

A história do processo civilizatório e o aumento da riqueza individual do homem, a monopolização da política e as bases do patriarcado, foram fatores que contribuíram para o quadro de desigualdade jurídico-social entre homens e mulheres.

Diferenças na posição social e educacional sempre foram preponderantes nas relações entre homens e mulheres. A mulher por muitos anos teve uma educação diferente da educação dada ao homem. A mulher era educada para servir, o homem era educado para assumir a posição de chefe de família. Quando solteira vivia sob a dominação do pai ou do irmão mais velho, ao casar-se, o pai transmitia todos os seus direitos ao marido, submetendo a mulher à autoridade deste, alçando a mulher a uma posição de propriedade alheia.

Segundo Pimentel (1978), desde o Direito Romano que foi base do ordenamento jurídico brasileiro, a mulher era privada da sua condição de cidadã. Até na religião, somente participaria com a autorização do pai ou do marido. Da mesma forma foram sendo replicados os processos de exclusão, a exemplo do período do Brasil-colônia, a qual a instrução ministrada pela igreja não incluía as mulheres. A igreja pregava que a mulher devia obediência não só a religião, como ao pai e ao marido. Portanto, a mulher estava restrita somente aos afazeres do lar e a dedicação às questões religiosas.

Nas escolas, administradas pela igreja, somente lhes eram ensinadas técnicas manuais e domésticas, com o objetivo de mantê-la subjugada e desprovida de conhecimentos que lhe permitissem pensar em igualdade de direitos. Com a mudança da Corte Portuguesa para o Brasil, foram abertas algumas escolas não religiosas onde as mulheres podiam estudar, entretanto, restrita aos conhecimentos de trabalhos manuais, domésticos e português de Portugal. O Brasil-Colônia era regulado pela lei portuguesa, e mesmo após a independência ainda continuou valendo-se das leis estrangeiras, pelo menos por mais de trezentos anos esteve vigente as "Ordenações Filipinas" que tinha predominante o seu conservadorismo no poder patriarcal semelhante à Idade Média. Foi com o Decreto nº 181, de 24 de janeiro de 1890, que apesar de manter o regime patriarcal, retirou do marido o direito de imposição ao castigo corpóreo à mulher e filhos.

Com o advento do Código Civil de 1916, o conservadorismo se manteve com os mesmos princípios, os atos referentes à capacidade da

A PROTEÇÃO JURÍDICA DO TRABALHO DA MULHER: UM OLHAR SOBRE O VIÉS...

mulher, em relação à emancipação, somente pelo pai, ou, pela mãe no caso do pai estar morto. Também era previsto que havendo a discordância entre um casal, prevalecia a vontade do homem. A união matrimonial era regida segundo o artigo: *Art. 380. Durante o casamento, exerce o pátrio poder o marido, como chefe da família (art. 233), e, na falta ou impedimento seu, a mulher.*

Foi somente em 1932, com o Código Eleitoral surgiu um avanço aos direitos da mulher, quando nele previa a permissão do exercício do voto da mulher aos vinte e um anos de idade. Essa idade foi reduzida para dezoito anos somente na Constituição Federal de 1934. Portanto, em 1932 as brasileiras conquistaram o direito ao processo de votação, quarenta anos após a primeira constituição republicana, esse direito somente tornou-se constitucional somente em 1934 quando tornou Texto Magno, porém a conquista desse voto não significou uma mudança tão radical na estrutura da República Nova e, nem mesmo uma revolução no papel da mulher.

Na década de 70, mais precisamente em 1975, as Nações Unidas proclamaram o Ano Internacional da Mulher. Ano o qual foi incentivado a realização de eventos sobre os temas do movimento feministas que fortaleceram e se ampliaram. No Brasil em plena época do regime militar surgiram movimentos feministas que tiveram relevância no contexto político.

Com o advento da Constituição da República Federativa do Brasil de 1988, a qual ressalta em seu *Título II, capítulo I – Dos Direitos e Garantias fundamentais. Art. 5º, I- Homens e mulheres são iguais em direitos e obrigações, nos termo desta Constituição*, até a mais recente conquista da lei contra a violência da mulher *"Lei Maria da Penha"* (Lei 11.340/06), e a *Lei do Feminicídio* (lei 13.104/15). No que se refere às relações de trabalho, inúmeras legislações foram propostas para garantir o combate as discriminações e inclusão da mulher no mercado de trabalho, a exemplo da PEC das domésticas EC nº 7213, que alterou parágrafo único do art. 7º da Constituição da República Federativa do Brasil, estabelecendo igualdade de direitos laborais entre trabalhadores domésticos e demais trabalhadores, a Lei 9029/95 – Lei de combate as discriminações nas relações de trabalho.

Na atualidade com o advento da reforma trabalhista – Lei 13.467/17 que propôs medidas referentes à diminuição da desigualdade salarial; o

DIREITOS DAS MULHERES

Art. 373-A, VI, CLT que reafirma a igualdade de gênero e proíbe práticas de revista íntima e vexatória, além da *Lei n. 13.271/2016* que estabelece multa de R$ 20.000,00 (vinte mil reais) para as empresas que utilizarem a denominada "revista íntima".

2. Enquadramento legal das práticas antidiscriminatórias

Conforme a Constituição da República Federativa do Brasil 1988, a garantia dos direitos fundamentais da pessoa humana e do cidadão, é pilar do Estado Democrático de Direitos – art. 1º, inciso III, *a dignidade da pessoa humana*; art. 3º, inciso IV, *promover o bem de todos, sem preconceitos de origem, raça, sexo, cor, idade e quaisquer outras formas de discriminação*, e, art. 5º - *Todos são iguais perante a lei, sem distinção de qualquer natureza, garantindo-se aos brasileiros e aos estrangeiros residentes no País a inviolabilidade do direito à vida, à liberdade, à igualdade, à segurança e à propriedade.*

A Constituição Federal, em matéria de vedação das práticas discriminatórias, estabelece inúmeras previsões: Artigo 3º, inciso IV, da CF; à religião (artigo 5º, inciso VIII, da CF); violação à intimidade e à vida privada (artigo 5º, inciso X, da CF); ao sexo (artigo 5º, inciso I e artigo 7º, inciso XXX, da CF); ao trabalho da mulher (7, XX); estrangeiros (caput do artigo 5º, da CF); à cor (artigo 7º, inciso XXX, da CF); à idade (artigo 7º, inciso XXX, da CF); estado civil (artigo 7º, inciso XXX, da CF); admissão de trabalhador portador de deficiência (artigo 7º, inciso XXXI, da CF); ao trabalho manual, técnico e intelectual ou entre os profissionais respectivos (artigo 7º, inciso XXXII, da CF); a sindicalizados (artigo 5º, incisos XIII, XVII, XX e XLI, da CF); a pessoas LGBT (artigo 3, IV e 7º, inciso XXX). Também a Convenção 111 da OIT (Organização Internacional do Trabalho) sobre Discriminação em matéria de Emprego *"considera discriminação toda distinção, exclusão ou preferência que tenha, por fim, alterar a igualdade de oportunidade ou tratamento em matéria de emprego ou profissão."*

Para os fins desta Recomendação, o termo "discriminação"inclui:a) toda distinção, exclusão ou preferência, com base em raça, cor, sexo, religião, opinião política, nacionalidade ou origem social, que tenha o efeito de anular ou reduzir a igualdade de oportunidade ou de tratamento em emprego ou ocupação;b) qualquer outra distinção, exclusão ou preferência que tenha o efeito de anular ou prejudicar a igualdade de oportunidade ou de tratamento

240

em emprego ou ocupação que possa ser determinada pelo Estado-membro em causa, após consulta com organizações representativas de empregadores e de trabalhadores, se as houver, e com outros órgãos pertinentes. *(2)* Não será tida como discriminatória qualquer distinção, exclusão ou preferência baseada em requisitos inerentes a um emprego(3) Para os fins desta Recomendação, os termos "emprego" e "ocupação" incluem acesso a formação profissional, acesso a emprego e a determinadas profissões, e termos e condições de emprego.

Legislação de extrema relevância no ordenamento jurídico brasileiro é a lei 9.029/95, que proíbe práticas discriminatórias e limitativas na relação de emprego: *Art. 1º É proibida a adoção de qualquer prática discriminatória e limitativa para efeito de acesso à relação de trabalho, ou de sua manutenção, por motivo de sexo, origem, raça, cor, estado civil, situação familiar, deficiência, reabilitação profissional, idade, entre outros, ressalvadas, nesse caso, as hipóteses de proteção à criança e ao adolescente previstas no inciso XXXIII do art. 7º da Constituição Federal.*

Sobre o tema das diversidades sexuais e a discriminação nas relações de trabalho a autora Adriana Galvão Moura Abílio (2019, p. 107), nos ensina: que "são vários os tipos de discriminação vivenciados no trabalho pelos mais diversos tipos pessoas: são mulheres, pessoas com deficiência, pessoas negras, idosas, estrangeiras etc., que diariamente, em seus ambientes laborais sofrem assédio das mais diversas ordens. Contudo, nenhuma destas experiências é vivenciada com tamanha dificuldade de enfretamento como é o caso de trabalhadores(as) LGBTs: para além do mercado de trabalho, ainda hostil a este grupo, existe a latente preocupação, por parte de defensores(as) dos Direitos Humanos com as graves e repetidas violações motivadas por comportamentos homotransfóbicos por grande parcela da população brasileira – o que necessariamente reflete nas relações interpessoais e nos ambientes de trabalhos de toda uma sociedade".

Ainda sobre o recorte das diversidades sexuais, nota-se a preocupação da autora com as vulnerabilidades de mulheres transexuais e travestis, tendo em vista que a carga discriminatória é predominante em todos os ambientes sociais. Essas mulheres trazem consigo a dor e o desprezo desde cedo, muitas, inclusive, não têm aceitação da própria família e acabam saindo de casa e são expostas a viverem em condição de rua, na maioria das vezes como profissionais do sexo, sem nenhum amparo legal. Por isso a urgência em propor ações e medidas tendentes a superar o processo de exclusão social vivenciado diariamente por mulheres trans.

A discriminação está presente em vários contextos religioso, racial, pessoa com deficiência, idade, pessoas LGBTs, refugiados, pessoa em condição de rua, e em especial as mulheres, por isso, vários órgãos de defesa a exemplo do Ministério Público do Trabalho – MPT, tem se debruçado em ações e medidas, tendentes a reprimir qualquer forma de discriminação no ambiente de trabalho, por meio de procedimentos e inquéritos civis públicos em que o denunciado se compromete a não mais praticar os atos discriminatórios.

Sobre o olhar das questões de gênero, é fato que as diversas faces da violência contra a mulher, também repercute negativamente no ambiente de trabalho, afeta diretamente a mulher, que sofre com baixa autoestima, inúmeras interrupções na carreira, adoecimento físico e mental, dados constatados pelo próprio Ministério Público do Trabalho, ao relatar que durante a vida, 30% das mulheres sofrem algum tipo de violência. Somente no ano de 2018, foram mais de 300 denúncias de assédio sexual contra a mulher no trabalho. Para especialistas, o número de casos de violência por discriminação de gênero, só não é maior por vergonha e medo das vítimas em relatarem os casos.

Para reverter esse cenário, é importante a implementação de códigos, convenções coletivas e programas de igualdade de gênero e combate à discriminação nas relações de trabalho, pois mesmo que o ordenamento jurídico brasileiro estabeleça proteção contra praticas discriminatórias, ainda temos muito a caminhar pela consolidação de medidas e normas mais específicas que auxiliem no enfretamento da cultura da violência contra a mulher.

Vivemos numa sociedade democrática, portanto o respeito é fundamental para que não acontecessem ações/atitudes de preconceito e intolerância. A própria Constituição prevê e considera invioláveis a intimidade e a vida privada, mais ainda encontramos nas relações de trabalho situações de assédio moral tanto na fase pré-contratual, contratual e pós-contrato estão presentes no cotidiano de um grande contingente de trabalhadoras.

Por certo que o dano moral pode ser enquadrado em inúmeras situações da vida social, com incidência nas responsabilidades pré ou pós--contratual na relação de trabalho. Segundo Alice Monteiro de Barros (2009), "o dano moral pode ocorrer na fase pré-contratual, contratual e pós-contratual. Na mesma esteira de entendimento sobre o dano moral e seus reflexos na teoria da responsabilidade civil, leciona Silvio Venosa (2003): na fase pré-contrato, *"a matéria ganha cada vez mais relevo não só pelos princípios estabelecidos pelo Código de Defesa do Consumidor, como pela orientação social que deve preponderar em todos os negócios, sejam eles contratuais ou não. Em sede de responsabilidade fora do contrato, pré-contratual, existem essas duas hipóteses bem nítidas, em que eventual responsabilidade emana de um contrato projetado, mas não concluído."* Na fase contratual, *"Desse modo, embora nossos Códigos possuam normas gerais de contratos, as verdadeiras regras gerais do direito contratual são as mesmas para todos os negócios jurídicos e estão situadas na parte geral, que ordena a real teoria geral dos negócios jurídicos. Portanto, para qualquer negócio jurídico, e não apenas aos contratos, aplicam-se as regras sobre capacidade do agente, forma e objeto."*

No pós-contrato *"nem sempre é fácil delimitar exatamente no tempo os efeitos de um contrato. Trata-se do que se pode conceber como pós-eficácia das obrigações, do rescaldo do contrato. "*Importante destacar que o Poder Judiciário, sobre a matéria da responsabilidade civil, com reflexos nos danos morais oriundos das relações de trabalho, assim se posiciona:

(...) "A relação de trabalho vem sendo estudada pela doutrina em três fases, como sendo pré-contratual, contratual e pós-contratual. No período pré--contratual é que o trabalhador é submetido à seleção na qual normalmente é realizada entrevista, analisada experiência prévia e capacidade laborativa. Ao nosso ver, os exames médicos admissionais integram esta fase, posto que diz respeito ao exame de aptidão para função pretendida. Nesse momento há expectativa de direito que pode, em tese, culminar em perda de outras chances de trabalho. Por outro lado, uma vez anotado o contrato de trabalho na CTPS do trabalhador, como no caso dos autos, já não mais é possível falar--se em pré-contrato. Em verdade o contrato se perfeccionou, sendo foi a sua execução que inexistiu, tendo dito a testemunha ouvida em audiência que foram dispensados no primeiro dia. Considerando o disposto na Súmula 212 do C. TST e a teoria do homem médio plausível a conclusão consignada em

DIREITOS DAS MULHERES

sentença no sentido de que frustração da contratação com o cancelamento do registro, por decisão unilateral da empresa, atinge a dignidade do trabalhador, produzindo dano moral a ser reparado. Mas a situação de constrangimento a qual foi submetido o demandante enseja reparação maior que a arbitrada. Na fixação do dano moral há que se ter em conta a extensão do dano, o caráter reparatório, o elemento volitivo, as condições financeiras do ofensor, a regra do não enriquecimento sem causa do ofendido, bem como o aspecto pedagógico da medida, consoante arts. 186 c/c 944 do C. Civil. Com base nesses elementos e no conjunto probatório, dou provimento parcial ao apelo do reclamante para majorar a indenização por dano moral para R$ 5.000,00 (cinco mil reais).(TRT-02 RO: 10008090320135020465 Relator: CARLOS ROBERTO HUSEK. Data da 10/12/15 15ª Turma).

José Afonso da Silva (2007, apud Oliveira, 2011 p. 230) citado num trecho do livro: Homossexualidade: Uma visão mitológica, religiosa, filosófica e jurídica. (OLIVEIRA, São Paulo: Revista dos Tribunais, 2011), assim se posiciona:

"Discriminação é o termo que qualifica uma série de situações ou práticas que se consideram radicalmente contrárias à própria dignidade humana, que supõe a negação a determinados indivíduos de sua condição de pessoa humana. A discriminação condenada é a que se funda num preconceito negativo em virtude do qual os membros de um grupo são tratados como seres não já deferentes, mas inferiores. É nesse sentido que a discriminação é de considerar-se atentatória a direito fundamental".

Na mesma esteira do entendimento doutrinário sobre a tese aqui proposta no presente artigo, às lições de Firmino Alves Lima (2011) sobre a teoria das discriminações nas relações de trabalho. Para o autor a discriminação também pode ser vista sob três vertentes. Discriminação pré--contratual: (p. 219 e 220) *"trata-se de uma modalidade extremamente comum de discriminação, com extremas dificuldades de demonstração e complexas situações de prova. De algum modo as partes começam a manter um relacionamento que visa ajustar uma relação de trabalho que ainda não existe, e forma, tão somente, um vínculo precário". Discriminação durante o contrato: (p. 221) "as situações são mais comuns são as questões envolvendo promoções e, principalmente, as situações*

A PROTEÇÃO JURÍDICA DO TRABALHO DA MULHER: UM OLHAR SOBRE O VIÉS...

de dispensa discriminatória. Ainda mais no Brasil, onde a dispensa imotivada é plenamente aceita por omissão legislativa do Congresso Nacional, a possibilidade de uma dispensa discriminatória é ampliada." Discriminação pós-contratual: (p. 222) "as situações de discriminação laboral pós-contratual vêm configurando uma modalidade extremamente perversa, que tem encontrado um número crescente na casuística dos tribunais laborais. São atitudes discriminatórias praticadas por ex--empregadores ou ex-tomadores de serviços, realizadas após o término do contrato de trabalho. A mais comum delas é a prática de prestar más referencias a outros futuros empregadores, situações extremamente comum, porém, de quase impossível constatação. Em mercados de trabalho competitivos, empregadores e tomadores serviço procuram obter o máximo de informações dos candidatos que se apresentam para um trabalho."

Situações que expõem trabalhadoras a prática discriminatória, causam reflexos de ordem pessoal e marcam profundamente sua vidas, pois ofende, transgride e arranha a alma desta mulher, vilipendiando, diretamente sua dignidade causando um enorme dano existencial. Por isso é de extrema urgência uma grande reflexão e conscientização da sociedade para juntos combatermos práticas de assédio e discriminação contra a mulher.

3. Desigualdades e a dupla jornada de trabalho da mulher: uma realidade a ser enfrentada

A discriminação contra a mulher caracteriza como uma ação do fenômeno derivado de uma ideologia machista histórico-cultural, traz inúmeros desafios, relacionadas à inserção no campo das relações de trabalho, já que o mercado laboral foi planejado e arquitetado pelos homens que vem desde os primórdios, no controle dos postos de trabalho. Por outro lado, muitas mulheres que conseguem se colocar profissionalmente, trazem consigo a dupla jornada, com as tarefas domésticas e a obrigação de ajustar as demais atividades profissionais no dia a dia de trabalho, são cobradas pela dupla atividade seja profissional ou familiar, acabam por prejudicar sua trajetória e ascensão profissional.

Essa realidade da permanência da mulher nas atividades domésticas, esta atrelada aos papeis sociais de gênero impostos à mulher numa sociedade com contornos machistas. Desta forma se concluiu que as dificuldades impostas pela dificílima conciliação entre os papéis da mulher

DIREITOS DAS MULHERES

– como mãe e profissional, geram desgastes inúmeros na vida de milhares de mulheres que acabam por desistir de sonhos profissionais, face às inúmeras atribuições e responsabilidades direcionadas exclusivamente a elas nestas duplas jornadas de trabalho. A situação da dupla-jornada acarreta a mulher um ponto negativo, uma sucessão de falhas e erros, que fazem com que aquelas que não conseguem dar conta da responsabilidade dos afazeres do lar simultaneamente as relações profissionais, acabam se submetendo aos piores postos laborais e por consequência, aos salários mais baixos.

Destaca-se que o Poder Judiciário, consciente da analise aqui proposta sobre a dupla jornada de trabalho, assim se posicionou, o Tribunal Regional do Trabalho da 2ª Região, trata a dupla jornada, conforme transcrição abaixo:

(...) "São iguais perante a lei'", afirmou. "Nem a inserção dessa cláusula em todas as nossas Constituições, *nem a inserção de cláusula específica de igualdade entre gênero na Carta de 1934 impediram, como é sabido, a plena igualdade entre os sexos no mundo dos fatos". Por isso, observou o ministro, a Constituição de 1988, estabeleceu cláusula específica de igualdade de gênero e, ao mesmo tempo, admitiu a possibilidade de tratamento diferenciado, levando em conta a "histórica exclusão da mulher do mercado de trabalho"*; a existência de "um componente orgânico, biológico, inclusive pela menor resistência física da mulher"; e um componente social, pelo fato de ser comum a chamada dupla jornada– o acúmulo de atividades pela mulher no lar e no trabalho – "que, de fato, é uma realidade e, portanto, deve ser levado em consideração na interpretação da norma". O voto do Relator ressaltou ainda que as disposições constitucionais e infraconstitucionais não impedem que ocorram tratamentos diferenciados, desde que existentes elementos legítimos para tal e que as garantias sejam proporcionais às diferenças ou definidas por algumas conjunturas sociais. E, nesse sentido, avaliou que o artigo 384 da CLT "trata de aspectos de evidente desigualdade de forma proporcional". Neste contexto, em vista da decisão proferida pela alta Corte do país, tem-se que o art. 384 da CLT foi recepcionado pela Constituição e se mostra aplicável somente às mulheres. Ademais, o descumprimento do referido dispositivo legal não implica apenas infração administrativa, mas sim o pagamento de horas extras. No caso, considerando que houve labor extraordinário, faz a autora jus às horas extras do intervalo em questão nos dias em que houve excedimento da sexta hora diária, com os adicionais legais e reflexos já indicados no tópico anterior para as demais horas extras. Reforma-se. DIVISOR Conforme analisado anteriormente, a autora não exercia cargo de confiança, estando sujeita à jornada de 6 horas diárias. No que tange ao divisor a ser aplicado, a Subseção I da Seção Especializada em Dissídios Individuais do C. Tribunal Superior do Trabalho decidiu, no dia 21/11/2016, em julgamento submetido à sistemática dos recursos repetitivos (IRR-849-83.2013.5.03.0138), com base na Lei nº 13.015/2014, que o divisor aplicável para cálculo das horas extras dos bancários é definido com base na regra geral prevista no artigo 64 da CLT, sendo 180 e 220, para a jornada normal de seis e de oito horas, respectivamente. As teses jurídicas fixadas têm efeito vinculante e devem ser aplicadas a todos os processos que tratam deste tema, conforme abaixo transcrito: INCIDENTE DE JULGAMENTO DE RECURSOS DE REVISTA REPETITIVOS. RECURSOS DE REVISTA REPRESENTATIVOS DA CONTROVÉRSIA. TEMA. ANTE O EXPOSTO, ACORDAM os Magistrados integrantes da 17ª Turma do Tribunal Regional do Trabalho da 2ª Região em: CONHECER do Recurso Ordinário e, no mérito, DAR-LHE PROVIMENTO PARCIAL para incluir na condenação o pagamento de horas extras, assim consideradas aquelas praticadas além da 6ª diária e 30ª semanal, bem como quinze minutos como extras, por dia em que a jornada foi prorrogada, decorrentes da ausência do intervalo previsto no artigo 384 da CLT, com os adicionais legais, reflexos e divisor, nos termos da fundamentação. Rearbitrar à condenação o valor de R$ 10.000,00 e custas no importe de R$ 200,00 pela reclamada, mantida no mais a r.sentença recorrida.(TRT-02 RO: 00041469320145020202 SP00041469320145020202 ACORDÃO 20170369328 Relatora: Thaís Verrastro de Almeida. Data da 09/06/17 17ª Turma).(grifo nosso)

Os contornos da dupla jornada de trabalho que a mulher está exposta, é delineada através de pesquisas que indicam a desigualdade em razão do gênero: As mulheres enfrentam a dupla jornada e trabalham, em média, 7h30 horas a mais que os homens por semana, além da sua jornada no emprego é incluído as tarefas domésticas. Em muitos casos mesmo com o índice de escolaridade mais alto que os homens, recebem um salário menor. Apesar de uma melhoria no quadro a mulher ainda nos dias atuais tem baixo reconhecimento e remuneração. Agência Brasil.

DIREITOS DAS MULHERES

Essa desigualdade se reflete nas condições de reprodução da pobreza e de baixa qualidade de vida, em especial de mulheres jovens com filhos pequenos, e se combina a outros fatores, como a carência de serviços de proteção à maternidade e o número ainda reduzido de creches e pré--escolas. Evidencia-se, assim, uma situação difícil para as mulheres brasileiras contemporâneas, que se submetem a conciliar antigos e novos papéis, na tentativa de equilibrar as atribuições no trabalho, com a vida pessoal e familiar.

4. As faces do assédio contra a mulher no ambiente de trabalho

Seguindo com a proposta do presente artigo, importante destacar o quadro de assédio contra a mulher nas relações de trabalho. A exposição de trabalhadoras a situações humilhantes e constrangedoras, repetitivas e prolongadas durante a jornada de trabalho e no exercício de suas funções, pode caracterizar um quadro de assédio.

Segundo Firmino Alves de Lima (2011, p.223), "assédio é um fenômeno muito conhecido dentro das relações laborais. No entanto, recentemente passou a ser considerado o assédio como atitude discriminatória, inclusive por normas positivadas. O assédio sempre foi uma prática comum dentro das relações de trabalho, mormente dentro das relações de emprego em que a vinculação subordinativa do empregado junto ao seu empregador e a necessidade da manutenção do emprego o torna extremamente dependente das vontades de seus chefes. Atualmente, questões envolvendo assédio têm sido apreciadas com maior intensidade na Justiça do Trabalho, inclusive com a formação de uma importante jurisprudência a respeito".

No sentido de contribuir para o aprofundamento teórico da matéria, passamos a discorrer e delimitar duas fases de assédio contra a mulher no ambiente de trabalho – assédio moral e sexual, extremamente presente na realidade de milhares de trabalhadoras deste país.

4.1. Assédio moral

O assédio moral é o mais comum e corriqueiro dos assédios. Pode ser moral ou psicológico e pode ser praticado com todos, homens e mulheres. Diante da fragilidade exposta da mulher perante a cultura sexista, elas são vítimas mais numerosas deste ato, O assédio moral não escolhe cor,

A PROTEÇÃO JURÍDICA DO TRABALHO DA MULHER: UM OLHAR SOBRE O VIÉS...

nem gênero, nem raça, idade, orientação sexual e identidade de gênero. O assédio citado caracteriza conceitualmente como uma conduta intimidatória, psicológica e agressiva causada pelo empregador, com o objetivo de humilhar e rebaixar o funcionário perante os colegas. Muitas vítimas acabam por pedir a demissão de seu emprego, sem tomar conhecimento de medidas judiciais que o apare.

A título de exemplo a Lei nº 13.288 de janeiro de 2001, lei municipal de São Paulo, que trata o assédio em termos administrativos, protegendo servidores públicos municipais contra danos psicológicos causados por essa ação. Nessa lei há o seguinte conceito de assédio moral:

> Art. 1º § único: todo tipo de ação, gesto ou palavra que atinja, pela repetição, a autoestima, e a segurança de um indivíduo, fazendo-o duvidar de si e de sua competência, implicando em dano ao ambiente de trabalho, à evolução da carreira profissional ou à estabilidade do vinculo empregatício do funcionário, tais como: marcar tarefas com prazos impossíveis; passar alguém de uma área de responsabilidade para funções triviais; tomar créditos de ideias de outros; ignorar ou excluir um funcionário só de dirigindo a ele por meio de terceiros; sonegar informações de forma insistente; espalhar rumores maliciosos; criticar com persistência, subestimar esforços".

A título de reflexão seria interessante um aperfeiçoamento da legislação trabalhista, em especial na CLT sobre a matéria de assédio nas relações de trabalho, não deixando somente a cargo de legislações esparsas uma temática extremamente relevante na vida de milhares de pessoas que convivem com praticas de assédio nas relações de trabalho. Segundo Alice Monteiro de Barros, (2009,p.941), de acordo com o alto número de violência psíquica (o assédio moral), no ambiente de trabalho, empregador e empregado não estão isentos dessa prática, todos estamos suscetíveis a sofrer assédio. Por essa razão a necessidade de uma legislação eficaz e ações efetivas no sentido de coibir ações e praticas intimidatórias. Importante destacar a dificuldade da prova de situações de assédios que tantos danos causam nas vítimas. Nesse contexto o Tribunal Regional do Trabalho da 2ª Região, se posiciona:

> (...) "Dano moral. Entendeu o juízo de origem que a reclamada demitiu a reclamante em razão de ser portadora de doença grave e estigmatizante,

DIREITOS DAS MULHERES

qual seja, esquizofrenia. Assim, julgou procedente o pedido de indenização por danos morais, fixando o valor R$ 60.000,00. Deve prevalecer em parte. *O dano moral é a lesão ao direito da personalidade, caracterizado pela dor ou humilhação que, de forma anormal, ofende a dignidade da pessoa, causando sofrimento ou abalo psicológico.* No caso, conforme acima já demonstrado, a reclamada procedeu à dispensa da reclamante pouquíssimo tempo depois de seu retorno após afastamento previdenciário, concedido em razão de doença de caráter estigmatizante (esquizofrenia paranoide), e isso sem apresentar nenhuma justificativa razoável. A reclamante sofreu, pois, lesão à sua integridade psicofísica. E isso se afigura in reipsa, ou seja, decorre do próprio fato ofensivo, de tal modo que, provada a ofensa, está demonstrado o dano moral, decorrente de presunção natural e das regras de experiência comum. Nesse caminho, as lições de Sérgio Cavalieri Filho (in Programa de Responsabilidade Civil, 2ª ed., Malheiros, 2000, p. 79/80), verbis: "por se tratar de algo imaterial ou ideal a prova do dano moral não pode ser feita através dos mesmos meios utilizados para a comprovação do dano material. Seria uma demasia, algo até impossível, exigir que a vítima comprove a dor, a tristeza ou a humilhação através de depoimentos, documentos ou perícia; não teria ela como demonstrar o descrédito, o repúdio ou o desprestígio através dos meios probatórios tradicionais, o que acabaria por ensejar o retorno à fase da irreparabilidade do dano moral em razão de fatores instrumentais." Assim, a despeito das argumentações recursais, a indenização por dano moral é devida. Com relação ao quantum, entendo que assiste razão à recorrente. A indenização por danos morais tem tripla função: ressarcitória, punitiva e pedagógica. Isto é, visa a reparar minimamente a lesão à esfera íntima do sujeito, sancionar o ofensor pela conduta ilícita e lesiva, bem como coibir a repetição do ato reprovável. O valor a ser arbitrado, portanto, deve ser suficiente para atender tais finalidades, sem, contudo, importar enriquecimento indevido à vítima, pautando-se, ainda, na culpabilidade do ofensor, na extensão do dano, na relevância do bem jurídico violado, na capacidade econômica do agressor, entre outras circunstâncias. Assim, consideradas as premissas expostas, reputo mais adequado o valor de R$ 15.000,00. ACORDAM os Magistrados da 17ª Turma do Tribunal Regional do Trabalho da 2ª Região em: por unanimidade de votos, DAR PARCIAL PROVIMENTO ao recurso para redimensionar o valor da indenização por danos morais para R$ 15.000,00, nos termos da fundamentação. (TRT-02

RO: 10010846320175020027 Relatora: Thaís Verrastro de Almeida. Data da 07//11/19 17ª Turma). (grifo nosso).

Para Marcelo Ribeiro Uchôa (2016, p.102 e 103) "o assédio moral não escolhe cor, gênero, origem, idade, situação física, etc., sendo comum observar-se de modo concomitante com outras discriminações, junto a segmentos reconhecidamente vulneráveis da sociedade. Dessa maneira, é possível dizer que, devido à discriminação por razão de orientação sexual, homossexuais detêm mais dificuldades que heterossexuais de encontrar ambientes em que não sejam hostilizados, o mesmo podendo ser dito em relação às mulheres se comparativamente aos homens, face à discriminação varonil".

Medidas e ações eficientes em defesa dos trabalhadores, é o ponto fundamental para reverter o quadro de discriminação, intolerância e assédio no ambiente do trabalho, neste sentido, o Tribunal Superior do Trabalho e o Conselho Superior da Justiça do Trabalho, veem desenvolvendo um programa voltado à conscientização sobre o assédio moral e as formas de preveni-lo. Trata-se da ação que visa implementar o disposto no Ato Conjunto TST.CSJT.GP 8, de 21 de março de 2019, que institui a Política de Prevenção e Combate ao Assédio Moral no Tribunal Superior do Trabalho e no Conselho Superior da Justiça do Trabalho.

4.2. Assédio sexual

A violência contra a mulher pode acontecer de várias maneiras: investidas sexuais, violência doméstica, cárcere privado, tráfico de mulheres, feminicídio, mais existe um tipo de violência, aquela que ocorre em um ambiente que deveria ser um dos mais seguros, ou seja, o local de trabalho, tema também objeto de analise do presente artigo.

Nesse mesmo sentindo Uchôa (2016, p. 100 e 101), "o assédio sexual, portanto, é uma conduta que expõe um caráter malicioso de ordem erótica, que é indesejada pela vítima, e que repercute negativamente sobre a vida laboral desta. Como comportamento, pode se efetivar de diversas maneiras, através de palavras, mediante chantagens, toque e, em situações mais extremas, até violência física. No Brasil, o assédio sexual no trabalho é considerado crime, passível de sanção mediante pena de detenção de 1 a 2 anos, segundo consta no art. 261-A do Código Penal Brasileiro".

Art. 216-A. Constranger alguém com o intuito de obter vantagem ou favorecimento sexual, prevalecendo-se o agente da sua condição de superior hierárquico ou ascendência inerentes ao exercício de emprego, cargo ou função. (Incluído pela Lei nº 10.224, de 15 de 2001) Pena – detenção, de 1 (um) a 2 (dois) anos. (Incluído pela Lei nº 10.224, de 15 de 2001).

Segundo a professora Olga Maria Boschi Aguiar de Oliveira, (2016, p. 261), "o resultado das pressões femininas, pelo menos em parte, produziram alguns efeitos sobre os legisladores constituintes, visto que, pela primeira vez uma Constituição Brasileira deixou explicita o princípio de igualdade entre homens e mulheres, proibindo a discriminação em ração de sexo, como um valor supremo de uma sociedade fraterna que tem por objetivo a redução das desigualdades sócias e, que inovou com a proteção do mercado de trabalho da mulher, garantindo um tratamento diferenciado para as mulheres trabalhadoras, na tentativa de amenizar as desigualdades e discriminações que acabam afetando, principalmente, a igualdade de oportunidades e de tratamento no emprego e n profissão, cujos reflexos atingem também aspectos familiares e econômicos que seguem fazendo parte da vida cotidiana atual". Não podemos deixar de destacar os desafios enfrentados pelas mulheres ao propor demanda judicial, motivada pelo assédio sexual sofrido no ambiente de trabalho.

Assédio Sexual. Dificuldade da Prova. Indícios. 1. Não há dúvida de que o assédio sexual, como as condutas ilícitas em geral, é praticado sob o manto da covardia, do que resulta a dificuldade em se produzir prova direta e incontestável da conduta reprovável. 2. Cabe ao Juiz, na instrução do processo, ciente dos percalços em se provar o fato ilícito, analisar e considerar todas as circunstâncias, ainda que indiciárias, para concluir pela ocorrência, ou não, do assédio sexual. 3. Aplica-se, ao caso, o princípio da imediatidade, haja vista que o Julgador que esteve em contato direto com a prova tem melhores condições sensoriais de avaliar a sinceridade e o estado de espírito dos declarantes. (Recurso a que se nega provimento. Tribunal Regional do Trabalho da 24ª Região. Recurso Ordinário n.º 0024410-08.2015.5.24.0066. Relator: Desembargador Amaury Rodrigues Pinto Júnior; Órgão julgador: Segunda Turma; Data de Julgamento: 01.08.2017. Disponível em: http://sgrh.trt24.jus.br/jurisprudencia/pages/jurisprudencia/pesquisa.xhtml).

A PROTEÇÃO JURÍDICA DO TRABALHO DA MULHER: UM OLHAR SOBRE O VIÉS...

No âmbito internacional a recomendação da União Europeia aponta para os comportamentos relativos a uma conotação sexual indesejável durante o trabalho, assim adotou: "O relatório de avaliação confirma que a Recomendação e o Código de Conduta não levaram os Estados--membros a adotarem medidas suficientes para criar um ambiente de trabalho onde o assédio sexual possa efetivamente ser evitado e combatido. Dada a falta de progresso adequado o combate ao assédio sexual, o documento de consulta sugere que um instrumento coercivo, que estabeleça um plano comum a adaptará situação de cada país, poderá ser a via a seguir nesta área. O assédio sexual polui o ambiente de trabalho e pode ter efeitos devastadores sobre a saúde, a confiança, a moral e o desempenho daqueles que afeta. A ansiedade e o stress provocados pelo assédio sexual conduzem geralmente as suas vítimas a faltar ao trabalho por motivo de doença, a reduzir a sua capacidade de trabalho ou a abandonar o emprego para procurarem outro. Os trabalhadores sofrem as consequências adversas do assédio que praticam e são prejudicados a curto e a longo prazo nas suas perspectivas de carreira se forem obrigados a mudar de emprego. O assédio sexual pode igualmente ter um impacto nocivo sobre os trabalhadores que, não sendo eles próprios objeto de um comportamento indesejado, o presenciem ou tenham conhecimento desse comportamento. Ao lançar esta consulta hoje, a Comissão emite a clara mensagem de que uma conduta de natureza sexual que afete a dignidade dos trabalhadores é inaceitável."

No sentido de propor novas ações de enfrentamento das diversas fases da violência contra a mulher, o próprio Tribunal Superior do Trabalho em sessão do Tribunal Pleno editou o Ato nº 454 em dia 18 de novembro de 2019:

(...) "Programa incentiva a participação feminina no TST Equilíbrio de oportunidades e prevenção ao assédio e à discriminação são alguns dos objetivos. Equilíbrio de oportunidades e prevenção ao assédio e à discriminação são alguns dos objetivos O presidente do Tribunal Superior do Trabalho, ministro Brito Pereira, editou o Ato 454/2019, que institui o Programa de Incentivo à Participação Feminina no âmbito do Tribunal. A iniciativa, que busca assegurar o equilíbrio de oportunidades entre homens e mulheres nas unidades do TST e fomentar políticas de valorização do trabalho feminino

DIREITOS DAS MULHERES

e de prevenção de ocorrências de assédio, violência ou discriminação contra a mulher foi assinada durante a sessão do Tribunal Pleno desta segunda-feira (18).Segundo o ministro Brito Pereira, o Tribunal já é exemplo quanto à igualdade de gênero, e a iniciativa vai assegurar ainda mais equilíbrio nas relações, além de promover ações de educação e de conscientização sobre o tema. "Queremos ser protagonistas, e essa iniciativa é em homenagem às ministras e às servidoras que tanto contribuem para o crescimento, para o desenvolvimento e para a operosidade do Tribunal Superior do Trabalho", concluiu. A operacionalização do programa caberá ao Comitê de Participação Feminina, composto por oito representantes indicados por diversas unidades do TST. No mínimo, 60% dos integrantes serão mulheres.

Atrelado as ações do poder público, das diversas legislações sobre a matéria, reforçamos o dever das empresas em promover ações e boas práticas para combater as discriminações no ambiente de trabalho, levando em consideração que a discriminação é ilegal e não deve ser tolerada, e que suas consequências irão gerar sanções internas para todos indistintamente. Compreendendo-se a real necessidade de adaptações do ambiente corporativo, urge adotarem-se medidas para igualar direitos e respeitar as diversidades no ambiente das empresas. Conhecer esse cenário e seu aspecto dinâmico, em transformação, visa motivar as mulheres e colocá-las como participantes ativas na construção de um mercado de trabalho mais inclusivo.

Conclusões
As normas consagradoras dos direitos fundamentais afirmam valores de igualdade e combate as discriminações; valores supremos de uma sociedade fraterna, pluralista e sem preconceitos, buscando a harmonia social e a concretização de um verdadeiro Estado democrático de direito. Analisamos que as possíveis causas do fator discriminação de gênero estão vinculadas a um viés histórico, cultural e social. Desta forma, é necessário um maior esforço e conscientização sobre as fases da violência contra mulher, enfatizando o respeito, a igualdade e o combate a discriminação nas relações de trabalho.

Reconhecer a força de trabalho da mulher, como portadora de capacidade intelectual e profissional, certamente é caminho para o desenvolvi-

A PROTEÇÃO JURÍDICA DO TRABALHO DA MULHER: UM OLHAR SOBRE O VIÉS...

mento de vários setores da economia. Também são necessárias políticas públicas para educar e capacitar mulheres para o mercado de trabalho, garantir um ambiente livre de preconceitos e discriminação, além do importante papel das organizações empresariais de propor ações e boas práticas de inclusão de mulheres no mercado de trabalho.

Só assim teremos uma sociedade igualitária, com o respeito às diferenças, e a consciência que o direito social ao trabalho da mulher é elemento essencial à dignidade humana e atua como instrumento de realização dos direitos fundamentais, que caracteriza o Estado Democrático de Direito.

Referências

ABÍLIO, Adriana G.M. **Diversidade Sexual e de Gênero: A tutela jurídica nas relações de trabalho,** Rio de Janeiro: Lumen Juris, 2019.

BARROS, Alice Monteiro. **Curso de direito do trabalho,** São Paulo: LTr, 2009.

Dicionário Mini Aurélio Português. 8ª Edição – Editora Positivo, 2017.

LIMA, Firmino Alves, **Teoria da discriminação nas relações de trabalho**. Rio de Janeiro: Elsevier, 2011.

MENDES, Gilmar. **Direitos fundamentais e controle de constitucionalidade.** 3ª ed. São Paulo: Saraiva 2004.

OLIVEIRA, Olga Maria Boschi de. **Mulheres e trabalho:** desigualdade e discriminações em razão de gênero: o resgate do princípio da fraternidade como expressão da dignidade humana. Rio de Janeiro: Lumen Juris, 2016.

OLIVEIRA, Regis Fernandes, **Homossexualidade: Uma visão mitológica, religiosa, filosófica e jurídica.** São Paulo.Ed. Revista dos Tribunais, 2013

PIMENTEL, Silvia. **Evolução dos direitos da mulher,** São Paulo: Ed. Revista dos Tribunais, 1978.

UCHÔA, Marcelo Ribeiro. **Mulher e mercado de trabalho no Brasil:** um estudo sobre igualdade efetiva: baseado no modelo normativo espanhol. São Paulo: LTr, 2016.

VENOSA, Silvio de Salvo. **Direito Civil:** teoria geral das obrigações e teoria geral dos contratos. São Paulo: Atlas, 2003.

http://legislacao.prefeitura.sp.gov.br/leis/lei-13288-de-10-de-janeiro-de-2002/ (acesso em 14/11/2019)

DIREITOS DAS MULHERES

http://www.planalto.gov.br/ccivil_03/leis/l9029.htm (acesso em 19/11/2019, 11h05)

http://tst.jus.br/web/guest/noticia-destaque/asset_publisher/NGo1/content/programa-incentiva-a-participacao-feminina-no-tst(acesso em 19/11/2019)

http://www.planalto.gov.br/ccivil_03/LEIS/L3071.htm (acesso em 25/11/2019)

http://www.planalto.gov.br/ccivil_03/constituicao/constituicao.htm (acesso em 25/11/2019)

http://www3.tst.jus.br/jurisprudencia/Sumulas_com_indice/Sumulas_Ind_351_400.html#SUM-392 (acesso 26/11/2019)

https://www.jusbrasil.com.br/topicos/10611615/artigo-216-do-decreto-lei-n-2848-de-07-de-dezembro-de-1940 (acesso em 26/11/2019)

https://ec.europa.eu/commission/presscorner/detail/pt/IP96689(acesso 26/11/2019)

https://www.conjur.com.br/2019-jun-28/reflexoes-trabalhistas-assedio-moral--trabalho-responsabilidade-empregador (acesso em 30/11/2019)

http://movimentomulher360.com.br/2019/01/violencia-contra-mulher--e-tema-de-cartilha-do-ministerio-publico-do-trabalho (acesso em 01/12/2019)

14. O Encarceramento em Massa de Mulheres no Brasil: Aspectos Étnicos-Raciais e de Gênero

MAYRA JARDIM MARTINS CARDOZO

"Temos direito a reivindicar a igualdade quando a desigualdade nos inferioriza; temos direito de reivindicar a diferença quando a igualdade nos descaracteriza".

BOAVENTURA DE SOUSA SANTOS

Nos últimos anos o encarceramento em massa de mulheres no Brasil tem apresentado elevado crescimento. Segundo o Ministério da Justiça, entre 2007 e 2012, o número de mulheres criminalizadas cresceu em 42%, dado este que demonstra ritmo superior ao crescimento masculino (QUEIROZ, 2015, p. 63). Ressalta-se, ainda, que este aumento, considerando o período de 2000 a 2016, conforme anunciado pelo Depen (Departamento Penitenciário), passou de 5.601 para 44.721 presas, traduzindo na representação de 6,8% da massa prisional (OLIVEIRA, 2019, p. 77 – 79).

Conforme o entendimento de ativistas da área, uma das razões da proveniência destes números é o contexto emancipatório da mulher e da sua afirmação como chefe da casa, sem que exista uma efetiva a equiparação salarial com os homens. Este fato, por si só, aumenta a pressão financeira sobre as mulheres e eleva a criminalidade feminina. Por isso, dentre os delitos mais comuns praticados por mulheres estão os que podem funcionar como complemento de renda, como por exemplo, o tráfico de drogas (QUEIROZ, 2015, p. 63).

De acordo com o levantamento elaborado pelo Infopen – Mulheres (Levantamento Nacional de Informações Penitenciárias) de julho de 2014, pode-se afirmar que o perfil das encarceradas é composto, na sua grande maioria, por mulheres que possuem filhos, responsáveis pelo sus-

DIREITOS DAS MULHERES

tento familiar e, ainda, que provém de extratos sociais desfavorecidos economicamente (OLIVEIRA, 2019, p. 77 – 79).

Além disso, existem outros dados que comprovam a teoria das ativistas feministas. No período de junho de 2016, por exemplo, de acordo com os dados fornecidos pelo Ministério da Justiça, houve maior incidência de ocorrências relativas ao tráfico de drogas praticado por mulheres; em relação a estas foi registrado o percentual de 62%, enquanto o mesmo crime cometido por homens obteve o índice de 26% (OLIVEIRA, 2019, p. 77 – 79). É válido ressaltar que o informativo do Depen demonstra que a maioria destas mulheres processadas por tráfico de entorpecentes não apresentam ligações com grupos criminosos, assumindo papéis de coadjuvantes na atuação dos delitos (OLIVEIRA, 2019, p. 77 – 79).

Ainda, no mesmo relatório se aponta que os complexos prisionais femininos são compostos predominantemente de mulheres: negras (67%), entre 18 e 29 anos (50%), solteiras (57%), dotadas de baixa escolaridade (50%), brasileiras (98%), sendo que três em cada dez mulheres, estão presas sem o trânsito em julgado de suas sentenças condenatórias (OLIVEIRA, 2019, p. 77 – 79). No que tange à questões raciais e étnicas, conforme o próprio levantamento do Depen, respaldado em dados do IBGE (Instituto Brasileiro de Geografia e Estatística), 51% da população brasileira em 2014 era composta por pessoas negras, sendo que em cada três mulheres presas duas eram negras. Além disso, neste período o percentual de prisioneiras negras aumentou para 86% (OLIVEIRA, 2019, p. 77 – 79).

Em síntese, diante dos dados expostos, pode-se observar a atuação da seletividade do sistema de justiça criminal em nosso país. Eles retratam a padronização do público carcerário feminino ao longo dos anos, caracterizado pela presença de mulheres negras, jovens, com baixa escolaridade, acusadas pelo crime de tráfico de drogas (OLIVEIRA, 2019, p. 77 – 79). Estes dados revelam claramente o que Alessandro Baratta denomina de "mito do direito penal igualitário" (BARATTA, 1978, p. 9-10).

Por isso esta questão deve ser estudada a partir da Criminologia Crítica e da Criminologia Feminista, observando que o sistema de justiça penal é um subsistema de controle social, seletivo e desigual, tanto de homens como de mulheres, posto que retrata um sistema de violência institucional (ANDRADE, 2005, p. 6). Na perspectiva da Criminologia

O ENCARCERAMENTO EM MASSA DE MULHERES NO BRASIL...

Feminista, a mulher é vítima da violência institucional multifacetada do sistema, uma vez que exterioriza e reproduz a violência proveniente da desigualdade de classe (relações sociais capitalistas) e a violência relacionada a desigualdade de gênero, originárias das relações sociais patriarcais (ANDRADE, 2005, p. 9).

No que diz respeito à Criminologia Crítica pautada nas questões raciais, em conformidade com o texto de Márcia Esteves de Calazans, Evandro Pizza, Camila Prando e Riccardo Cappi, o tema do encarceramento em massa feminino também deve ser estudado a partir de uma criminologia crítica, pautada na reflexão sobre a seletividade do sistema penal brasileiro e da construção do estereótipo do negro visto como criminoso (CALAZANS et al, 2016, p. 1-14).

Ademais, esta temática deve ser analisada através da análise da funcionalidade do sistema da justiça criminal que se baseia na prerrogativa da proteção de bens jurídicos por meio do combate à criminalidade através da função das penas, tendo estas um combinatório de caráter retributivo de prevenção geral e ressocialização (ANDRADE, 2005, p. 10). Estamos diante de um forte apelo do legislador, uma vez que a funcionalidade do sistema de justiça criminal caracteriza-se por uma eficácia instrumental invertida, sustentada por uma eficácia simbólica.

Dado que as funções declaradas do sistema de justiça criminal apresentam uma aplicabilidade meramente figurada, pois essas promessas não são e nem podem ser cumpridas. Sendo assim, o sistema de justiça criminal cumpre outras funções reais, que não são apenas diferentes daquelas declaradas, mas antagônicas às socialmente úteis, penetrando negativamente na existência dos sujeitos e da sociedade (ANDRADE, 2005, p. 10). Neste prisma, a função real do sistema não é o combate à criminalidade, mas sim, molda-la de maneira seletiva e estigmatizante, conforme comprovado pelos dados acima expostos, reproduzindo, material e idelogicamente, as desigualdades e assimetrias sociais de classe, de gênero e de raça (ANDRADE, 2005, p. 10).

É importante ter consciência que a construção seletiva da criminalidade está sistematizada no sistema capitalista enraizado na opressão de gênero e na subordinação da reprodução social à produção. Isto porque as sociedades capitalistas são, por definição, a origem da opressão de gênero e da perpetuação das desigualdades e assimetrias sociais. Nas sociedades

DIREITOS DAS MULHERES

sob a égide do Capital, a disposição da reprodução social é pautada com base nos papéis de gênero e se fortifica na opressão de gênero. Logo, a reprodução social deve ser entendida como uma questão feminista. No entanto, também é permeada, em todos os aspectos, pelas assimetrias de gênero, raça, sexualidade e nacionalidade (ARRUZZA, BHATTACHARYA, FRASER, 2019, p. 57).

Uma vez compreendida a centralidade da reprodução social na sociedade capitalista, entendemos o porquê da construção de um padrão discriminatório de criminalidade e, portanto, esta lente expande a nossa visão sob a luta de classes, no sentido de que a erradicação definitiva da seletividade da justiça criminal apenas se dará com a extinção das relações de produção capitalistas. Em consonância com este entendimento, a autora Silvia Federici faz uma excelente análise a respeito da perpetuação do sistema inquisitorial de caça as bruxas nos dias atuais através do encarceramento em massa de mulheres negras pelo Estado capitalista.

Segundo a autora, o tema de caça às bruxas é ainda um tema atual à ser discutido no Brasil, tendo como essência a metodologia relançada pelo capitalismo e as possibilidades de resistência dos movimentos de mulheres. Para a escritora essa temática inquisitorial deve ser pensada além do período colonial, entendendo que esse fenômeno ainda está presente nas seguintes situações: no encarceramento massivo de mulheres negras praticado pelo Estado; na reprodução adulterada da mulher nos meios de difusão de informação; nas violências obstétricas; nas vítimas da violência policial nas comunidades; e na experiência diária de investida, perseguição e invisibilização de mulheres trans, travestis e prostitutas, entre tantos outros correlatos primordiais (FEDERICI, 2019, p. 9). Portanto, abordar questões específicas do encarceramento em massa feminino é de vital relevância, porém é imprescindível compreender esta questão a partir da perspectiva da luta de classes que inclui batalhas em torno da reprodução social atreladas às lutas pela liberação das mulheres, contra o racismo, a xenofobia, a guerra e o colonialismo (ARRUZZA, BHATTACHARYA, FRASER, 2019, p. 57).

Referências

ANDRADE, Vera Regina Pereira de Andrade. **A soberania patriarcal: o sistema de justiça criminal no tratamento da violência sexual da mulher.** Texto apresentado no painel "O Sistema de Justiça Criminal no tratamento da violência contra a mulher" no 9º Seminário Internacional do IBCCrim, São Paulo, 2005.

ANDRADE, Vera Regina Pereira de Andrade. **Pelas Mãos da Criminologia: o controle penal para além da desilusão.** Rio de Janeiro: Revan, 2019.

ARRUZZA, Cinzia; BHATTACHARYA, Tithi; FRASER, Nancy. **Feminismo para os 99%: um manifesto.** São Paulo: Boitempo, 2019.

BARATTA, Alessandro. **Criminologia crítica e crítica do Direito Penal.** Introdução à Sociologia do Direito Penal. Rio de Janeiro: Revan, 2019.

BARATTA, Alessandro. **Criminologia crítica e política penal alternativa.** Tradução por J. Sérgio Fragoso. Revista de Direito Penal, São Paulo, n. 23, p. 7-21, jul/dez, 1978.

CALAZANS, Márcia Esteves; PIZZA, Evandro; PRANDO, Camila; CAPPI, Ricardo. Criminologia Crítica e Questão Racial. **Cadernos do CEAS,** Salvador, n. 238, p. 450-463, 2016.

FEDERICI, Silvia. **Calibã e a Bruxa: Mulheres, Corpo e Acumulação Primitiva.** São Paulo: Elefante, 2019.

OLIVEIRA, Natacha Alves de Oliveira. **Execução Penal e Dignidade da Mulher no Cárcere:** Uma visão por trás das grades. São Paulo: LiberArts, 2019.

QUEIROZ, Nana. **Presos que menstruam:** A brutal vida das mulheres – tratadas como homens – nas prisões brasileiras. São Paulo: Record, 2019.

SANTOS, Boaventura de Sousa; MARTINS, Bruno Sena. **O Pluriverso dos Direitos Humanos: a diversidade das lutas pela dignidade.** São Paulo: Autêntica, 2019.

15. Aspectos Sociais e Culturais sobre o Tráfico de Mulheres e Meninas no Brasil

CLAUDIA PATRÍCIA DE LUNA

A Carne
Elza Soares

A carne mais barata do mercado
É a carne negra
A carne mais barata do mercado
É a carne negra Que vai de graça pro presídio
E pára debaixo do plástico
E vai de graça pro sub-emprego
E pros hospitais psiquíatricos
A carne mais barata do mercado
É a carne negra Que fez e faz e faz história
Segurando esse país no braço, meu irmão
O cabra aqui, não se sente revoltado
Porque o revólver já está engatilhado
E o vingador eleito

Introdução

O tráfico de pessoas nas suas mais diversas modalidades é uma das práticas criminosas que historicamente nos remete às épocas em que se relegava o ser humano à condição de mero objeto ou mercadoria. No século XXI, constata-se que a prática do tráfico de pessoas é uma lamentável repetição de fatos históricos que, apenas estiveram invisibilizados aos olhos por vezes desatentos, ora enceguecidos de nossa sociedade. A partir da leitura e análise dos dados históricos constatamos que os processos de colonização em nosso país, tem raízes no Tráfico de Pessoas, no caso de homens e mulheres negros advindos de países africanos, trazidos para

DIREITOS DAS MULHERES

o nosso Brasil, na condição de escravizados para terem sua força de trabalho explorada, com a finalidade de gerar riqueza aos seus exploradores.

Dessa feita, infere-se que, o *comércio de vidas humanas* em nossa realidade brasileira não se trata de algo novo. No entanto, a abordagem e a visibilidade, bem como o reconhecimento do tema junto à sociedade, ainda encontram-se aquém da gravidade do fenômeno. A título de ilustração, cabe mencionar a temática da violência doméstica que, atualmente ganha maior reconhecimento e popularidade dentre todos os setores da sociedade, além de políticas públicas e uma legislação específica para o seu enfrentamento: a Lei Maria da Penha. A partir da leitura dos dados estatísticos relativos ao Tráfico de Pessoas é válido afirmar categoricamente, que, as mulheres e meninas serão sempre as vítimas preferenciais, não apenas para fins de exploração sexual, mas em todas as modalidades de tráfico humano, seja para exploração de mão-de-obra ou para o comércio de órgãos.

Tais situações ocorrem e até mesmo ganham ares de naturalidade porque ainda há uma construção social que entende legítima a supremacia de um sexo (masculino) em relação a outro (feminino).

Nesse aspecto, enquanto vítima do tráfico de pessoas, a mulher assume a postura de objeto de direitos, ou seja, sem qualquer protagonismo, ou seja, sua vontade deixa de ser considerada e recai sobre outrem o poder de decisão sobre sua vida. A partir dessa breve análise , é possível compreender, sem contudo justificar, os motivos pelos quais o expressivo número de vítimas dessa modalidade criminosa é representada em sua grande maioria por mulheres. Outros fatores podem reforçar tais argumentos, senão vejamos.

O fenômeno da globalização traz à tona a realidade da feminização da pobreza. Dados recentes do Anuário das Mulheres Brasileiras dão conta de que, no Brasil, a pobreza tem cor e sexo, ou seja é mulher e negra. Agregada à categoria gênero, o componente racial, coloca as mulheres negras numa circunstância de dúplice evidência aos chamados riscos potenciais de exposição às violências. Nessa ótica, a existência de mulheres negras em situação de vulnerabilidade sócio–econômica e exclusão mostram a necessidade de rever as políticas públicas de gênero, sob as perspectivas de etnia/raça. A fim de compreender esse processo, é imprescindível estender esse olhar a partir dessa dinâmica, que é a

ASPECTOS SOCIAIS E CULTURAIS SOBRE O TRÁFICO DE MULHERES E MENINAS NO BRASIL

origem desse fenômeno, a feminização da pobreza e o seu impacto nas mulheres negras derivam de um contexto sócio-histórico-político: o processo de escravidão no Brasil, que teve início em meados do século XVI (1533) e perdurou até o fim do século XIX (1888). Esse triste capítulo da história brasileira teve reflexos que até os dias de hoje são traduzidos por impactos e flagrantes de desigualdades da população negra no acesso aos espaços decisórios de poder, bem como às garantias protetivas aos direitos ditos humanos e fundamentais! O referido processo histórico que, por 350 (trezentos e cinquenta) anos, reduziu a população negra à condição de objeto de direitos, alijou negros e negras, foi legitimado por força de lei, qual seja, a Constituição de Imperial de 1824. O texto Constitucional de 1824, sob à égide do Governo Imperial no Brasil, por força da Lei Complementar nº 05 impedia que negros e leprosos fossem destinatários da garantia de direitos humanos fundamentais como acesso a educação, moradia, saúde , dentre outros.

Contextualizar a discriminação de gênero, agregada ao fator racial, é realizar uma leitura crítica da realidade, a partir dos dados estatísticos produzidos por diversos institutos econômicos. A análise dessa realidade sob a perspectiva sócio-histórica nos permite vislumbrar o lugar, até então destinado às mulheres, em especial, às negras, na sociedade, no âmbito das políticas públicas – o da invisibilidade, o da condição de objeto de direitos, destituídas de todo e qualquer protagonismo. A transformação dessa forma perversa de contexto, inicia-se de maneira lenta e gradual, a partir do protagonismo e participação do Movimento Negro que leva suas pautas reivindicatórias de inclusão e igualdade a espaços governamentais, exigindo a mudança no seu *status quo* , de objeto de direitos para sujeito de direitos, protagonista e dotada de poder de decisão nesse processo.

Diante do cenário de flagrantes desigualdades, questiona-se: quais serão os desafios na construção de políticas públicas destinadas ao enfrentamento do tráfico humano, nas perspectivas de gênero, étnico--racial? Como tais desafios deverão ser ultrapassados, haja vista que, apesar de na sociedade contemporânea, a presença de mulheres em postos de comando e em outros espaços de poder, outrora ocupados exclusivamente por homens, ainda são vítimas da violência doméstica e familiar, do tráfico de pessoas e sobretudo da violência que as atinge pelo simples

DIREITOS DAS MULHERES

fato de serem mulheres e negras? Ao contextualizar a temática do tráfico de pessoas, torna-se imprescindível realizar uma análise das inúmeras violências a que mulheres, negras e negros, enquanto grupos mais vulneráveis, acham-se mais expostos.

Num primeiro momento, observamos que uma das formas de violência motivadoras do tráfico de pessoas é aquela que se inicia no micro espaço do lar: a denominada violência doméstica ou intrafamiliar. Indiscutível o fato de que as pessoas que sofrem violência dentro de suas casas notadamente, em sua maioria, crianças, jovens, mulheres, travestis, negras, para fugir desse ciclo de violência, muitas vezes abandonam seus lares ou buscam moradias precárias, encontrando-se, por conseguinte mais expostas à ação daqueles que atuam nas redes de aliciamento para o tráfico humano.

Além do tráfico humano, tais pessoas estariam de igual modo vulneráveis ao tráfico de drogas, armas, e como destino final, fechando esse círculo, concêntricos de violências, fadadas ao destino final: à prisão.

Agregados a esses fatores, é fundamental considerar uma leitura crítica da temática, à partir da perspectiva das migrações. Não muito diversa das realidades e contextos das violências, já relatadas anteriormente, as populações migrantes, encontram-se tão ou mais expostas a esses ciclos, dada a escassez ou mesmo ausência de políticas públicas inclusivas que deveriam lhes ser destinadas. Por óbvio, está claro que, de igual modo, os grupos mais expostos a essa prática criminosa serão as mulheres, jovens, e os grupos migratórios de origem africana, ou afro- latino-americana e caribenha. Novamente, as variáveis gênero/étnico-racial/geracional/sócioeconômico, no âmbito das migrações, indicam e reforçam o perfil dessas vítimas do tráfico humano, reduzindo-as e relegando-as à condições de *sub categoria* de pessoas.

A fim de corroborar com tal assertiva, primordial referenciar os dados do IPEA (Instituto de Pesquisa Econômica e Aplicada), na obra *Retratos das Desigualdades*, acerca dos indicadores de gênero e raça, como forma de exemplificar e justificar os elementos em questão. Infere-se que as desigualdades de gênero e raça demonstram-se estruturantes da desigualdade social brasileira. E ainda, assim, apesar do ano 2011 ter sido declarado pela ONU (Organização das Nações Unidas) como o Ano Internacional das e dos Afrodescendentes, o compromisso dos governos com referência às

ASPECTOS SOCIAIS E CULTURAIS SOBRE O TRÁFICO DE MULHERES E MENINAS NO BRASIL

políticas públicas, acerca do Tráfico de Pessoas no nosso País, mostram-se, ainda, insuficientes/inexistentes para contemplar o impacto dessa problemática, a do tráfico humano, junto a essa população.

Nesse diapasão, torna-se fundamental que a Política Nacional de Enfrentamento ao Tráfico, em particular, o seu Plano Nacional, possa contemplar essas pessoas em situação de tráfico humano, enquanto suas verdadeiras destinatárias. Os grandes desafios a serem superados pelo Brasil no enfrentamento ao Tráfico Humano, vão além da identificação do perfil de suas vítimas e dos aliciadores, do conhecimento de novas rotas e destinos dessas vítimas. Perpassam, sobretudo, pela ausência de um marco legal específico que defina o tráfico de pessoas em todas as suas expressões, enquanto tipo penal e modalidade criminosa. Passam, ainda, pelo enfrentamento e desconstrução de estigmas como o machismo e desigualdades estruturantes, como o racismo.

No tocante às medidas de caráter legal e diplomático adotadas pelo Brasil, cabe destacar o Protocolo da ONU (Organização das Nações Unidas), para Prevenir, Suprimir e Punir o Tráfico de Pessoas, Especialmente o de Mulheres e Crianças, que suplementa a Convenção Contra o Crime Organizado Transnacional, adotada pela ONU em novembro de 2000. Vale de igual modo, citar a CEDAW (Convenção pela Eliminação de todas as formas de Discriminação contra a Mulher), bem como a Convenção de Belém do Pará, que constituem documentos internacionais ratificados pelo Brasil, que dentre os protocolos, considera-se a prática do Tráfico de Pessoas como uma das formas mais cruéis de expressão da violência contra a mulher.

No ordenamento jurídico brasileiro, não existe dispositivo legal específico que puna a prática delitiva em todas as suas modalidades existentes, restringindo-se tão somente à criminalização da prática do Tráfico de Mulheres, quando o sujeito passivo, ou seja, a vítima for mulher, cuja saída ou entrada no território nacional seja motivada para a exploração da prática da prostituição, ou melhor, somente pune aquele que promove ou facilita a entrada ou saída, no território nacional, de mulher, com o fim de prostituição desta, ou seja, temos as figuras do(a) traficante e do(a) comprador(a), na qualidade de sujeitos ativos do tipo penal.

A alteração no Código Penal acrescentou ao referido artigo, a palavra pessoa, refutando o entendimento anteriormente mantido de que apenas

DIREITOS DAS MULHERES

a mulher poderia ser vítima do referido crime. Observa-se daí, pequena, porém significativa mudança, na perspectiva do legislador, no sentido de acrescer ao referido dispositivo legal, a expressão pessoas, ao considerar como sujeitos passivos indivíduos de ambos os sexos e tutelar, os direitos de grupos de vítimas vulnerabilizadas por sua 'condição feminina', formados por homossexuais, travestis e transexuais. No entanto, frise-se e reprise-se, a inexistência de um marco legal regulatório específico, tornando-se muitas vezes inócua eventual punição a esse tipo de delito, vez que, por não encontrar tipificação na esfera do Direito Penal ou Civil, acaba por ser invisibilizado. É como se não pudesse combater aquilo que, materialmente, não se vê, ou simplesmente inexiste.

Noutro quadrante, a despeito do Brasil haver assinado e ratificado o Protocolo de Palermo, instrumento internacional que prioriza o atendimento às vítimas do tráfico de pessoas, em especial as mulheres e as crianças, observa-se que, partindo dessas realidades e das diretrizes estabelecidas pela Política Nacional e do Pacto Federativo entre os Estados, que se fundamenta nos eixos da prevenção, repressão e atenção às vítimas, questiona-se os motivos pelos quais, a despeito das diretivas da macro política, alguns estados da federação optam, deliberadamente, a *contrario sensu*, em descumprir esses ditames e não atuar nessas perspectivas. Os operadores do Direito, bem como os legisladores e gestores públicos, não de maneira diversa, reproduzem práticas machistas/sexistas/racistas/homo/transfóbicas quando de suas atuações no enfrentamento ao Tráfico de Pessoas.

Como resultado, observamos esse reflexo nas inúmeras atuações, decisões e posições jurisprudenciais que não conseguem compreender esse fenômeno e sua complexidade, limitando-se apenas a reproduzir distorções sob forma de julgados, implementação ou desconstrução de políticas públicas permeadas por conceitos e preconceitos na esfera da moral. O repertório legislativo, bem como as políticas públicas que vinculam a atuação daqueles encarregados de sua aplicação, são frutos de um sistema social, calcado no patriarcalismo e em todas as demais práticas estigmatizantes já exaustivamente mencionadas e, por conseguinte, em suas *performances* demonstram evidente tolerância a essa mercancia de humanos, notadamente no que se refere às mulheres e crianças. Não estariam, portanto, os atores a quem cabe a implementação dessa Política

ASPECTOS SOCIAIS E CULTURAIS SOBRE O TRÁFICO DE MULHERES E MENINAS NO BRASIL

Nacional de Enfrentamento ao Tráfico de Pessoas, ao manterem-se inertes ou omissos ao deixarem de atender às diretrizes dessa macro política, equiparando-se ao mesmo patamar daqueles que desrespeitam e transgridem esses mesmos dispositivos e instrumentos legais e cometem o crime de tráfico humano, equiparando-se, portanto, à qualidade de cúmplices dessa prática criminosa?

O enfrentamento ao tráfico de pessoas tem como ponto de partida o enfrentamento de nossa leitura de mundo e o questionamento do quanto e como valorizamos a vida humana. Não se cuida, apenas, de coibir essa prática criminosa, perversa e absurda sob o enfoque da restrição legal ou da repressão policial, mas entender a questão sob um dimensionamento maior, ou seja, que cultura de valores agregamos, a ponto de reduzir o valor da vida humana à mera condição de coisa e nos omitirmos e assumimos o ônus de conferir atenção e acolhimento dignos às pessoas em situação de tráfico? A omissão ante o enfrentamento à temática e à falta de uma atitude proativa no ato de implementar e monitorar as políticas públicas, tidas como cruciais no enfrentamento ao Tráfico de Pessoas, coloca a todos nós na qualidade de cúmplices ou coautores daqueles que à margem da Lei, praticam esse delito e reduzem vidas humanas à reles condição de mercadorias. O momento político outrora, estratégico, fortaleceu o Brasil no contexto socioeconômico e, como reflexo, no cenário nacional e internacional.

Como resultado dessa projeção, nosso País recepcionou dois eventos: a Copa do Mundo em 2014 e os Jogos Olímpicos em 2016. A referida projeção do Brasil, no cenário internacional, não o torna apto a acompanhar, no mesmo compasso, políticas públicas factíveis à promoção dos denominados direitos humanos, sociais e culturais e econômicos daquela camada em situação de maior vulnerabilidade. Ainda, nessa perspectiva, prescindível ressaltar a iniciativa da ONU em instituir a Década dos Afrodescendentes (2015-2024), com a finalidade de promover no cenário internacional ações necessárias à redução das desigualdades abismais históricas que impactaram e ainda impactam essa população, em especial às mulheres e meninas negras.

Insta frisar que o contingente populacional negro, notadamente, considerando-se as mulheres e meninas negras, sempre sofreram o estigma da objetificação e ausência do reconhecimento de seus direi-

DIREITOS DAS MULHERES

tos, agravando os reais e efetivos riscos, bem como inúmeras situações de vulnerabilidades. Noutro aspecto, apesar dos programas sociais e políticas públicas implementados por governos anteriores, com vistas a promover a redução das desigualdades econômicas, sobretudo no campo da educação, as flagrantes desigualdades persistem e agravam--se sobremaneira no âmbito mundial, com reflexos diretos no âmbito interno de nosso país. O Brasil, outrora um país extremamente atrativo às realizações de sonhos, um verdadeiro *eldorado apresenta, na atual conjuntura, intrincadas problemáticas que se agravam, sobretudo, a partir de um desenho político econômico indefinido, incongruente, que mostra-se* inóspito às demandas socias e às denominadas políticas sociais de promoção e proteção de direitos humanos.

Todavia, a realidade contextual brasileira no que se refere aos sérios problemas econômicos, altos índices de desemprego, insegurança pública, altas demandas de novos fluxos migratórios e de refúgios, aumentos dos índices de pobreza e vulnerabilidades, por certo sobrecarregam a situação, já tão agravada e ainda mais propícia ao tráfico humano. Nesse contexto de extremas desigualdades, as mulheres e meninas negras ainda ocupam o ranking do tráfico interno e internacional de pessoas, o *locus* das mais "traficáveis".

Novamente, a herança sócio-histórica e cultural como legado, reforça e reafirma tais vulnerabilidades que se entrecruzam a contextos de inúmeras violências anteriores, como por exemplo, o da violência doméstica, intrafamiliar, feminicídio, feminização do HIV/ AIDS, violência obstétrica e demais formas de violência contra a mulher que, ao se considerar o recorte de gênero//raça, considerando os dados estatísticos extraídos do Dossiê sobre a situação das Mulheres Negras no Brasil, temos :

a) Em diversos países, as mulheres negras aparecem como maioria das vítimas em diversos indicadores de violações de direitos humanos – e no Brasil não é diferente;

b) Dados da Central de Atendimento à Mulher – Ligue 180 relativos ao ano de 2013 apontam que 59,4% dos registros de violência doméstica no serviço referem-se a mulheres negras;

c) O *Dossiê Mulher 2015*, do Instituto de Segurança Pública do Rio de Janeiro, aponta que 56,8% das vítimas dos estupros registrados no

ASPECTOS SOCIAIS E CULTURAIS SOBRE O TRÁFICO DE MULHERES E MENINAS NO BRASIL

Estado em 2014 eram negras. E 62,2% dos homicídios de mulheres vitimaram pretas (19,3%) e pardas (42,9%);

d) Dos homicídios de mulheres vitimaram pretas (19,3%) e pardas (42,9%);

e) Essa cifra é confirmada por estudo do Ipea, que aponta que entre as mulheres assassinadas, mais de 60% são pretas ou pardas.

f) "A taxa de homicídio de mulheres negras é o dobro da taxa das mulheres brancas, isto na média nacional, pois existem estados onde a desigualdade racial é maior. Além da questão da mulher indígena que muitas vezes é ignorada na elaboração destes índices, com justificativa no baixo volume das mortes desta população. Quando calculamos a proporção destas mortes para mulheres indígenas observamos que o índice vem aumentando, aproximando-se do das mulheres negras, demonstrando que ser vítima de homicídios tem relação com as desigualdades étnico/raciais." Jackeline Aparecida Ferreira Romio, mestre e doutoranda em Demografia pelo Instituto de Filosofia e Ciência Humanas da Universidade Estadual de Campinas (IFCH/Unicamp).

g) O Ministério da Justiça aponta ainda que esse segmento populacional é maioria entre as vítimas de tráfico de pessoas. E, de acordo com o Ministério do Trabalho, são também a maioria entre as vítimas de assédio moral e sexual no trabalho. Dados do Sistema de Informações sobre Mortalidade do Ministério da Saúde (SIM/MS) de 2012 indicam que as mulheres negras são 62,8% das vítimas de morte materna, considerada por especialistas como uma ocorrência evitável com acesso a informações e atenção adequada do pré--natal ao parto.

h) 65,9% das mulheres submetidas a algum tipo de violência obstétrica no Brasil também são pretas ou pardas, segundo o estudo *Desigualdades sociais e satisfação das mulheres com o atendimento ao parto no Brasil: estudo nacional de base hospitalar*, publicado em 2014, nos Cadernos de Saúde Pública da Fundação Oswaldo Cruz.

i) "O racismo e o sexismo influenciaram as relações que determinaram a sociedade brasileira no seu momento fundador. Isso está no DNA de nossa sociedade, é estruturante. E hoje, mesmo considerando tudo o que já mudou em relação ao que consideramos

DIREITOS DAS MULHERES

violência, não há como discutir violência contra as mulheres sem discutir racismo e sexismo no Brasil." Luiza Bairros, socióloga e ex-ministra da Secretaria de Política de Promoção da Igualdade Racial (Seppir).

j) 58,86% das mulheres vítimas de violência doméstica (Balanço do Ligue 180 – Central de Atendimento à Mulher/2015).

k) 53,6% das vítimas de mortalidade materna (SIM/Ministério da Saúde/2015).

l) 65,9% das vítimas de violência obstétrica (Cadernos de Saúde Pública 30/2014/Fiocruz).

m) 68,8% das mulheres mortas por agressão (Diagnóstico dos homicídios no Brasil (Ministério da Justiça/2015).

n) Duas vezes mais chances de serem assassinadas que as brancas (Taxa de homicídios por agressão: 3,2/100 mil entre brancas e 7,2 entre negras (Diagnóstico dos homicídios no Brasil. Ministério da Justiça/2015).

o) Entre 2003 e 2013 houve uma queda de 9,8% no total de homicídios de mulheres brancas, enquanto os homicídios de negras aumentaram 54,2% (Mapa da Violência 2015: Homicídio de Mulheres no Brasil (Flacso, OPAS-OMS, ONU Mulheres, SPM/2015).

Inegável que ao contextualizar os impactos de 75% (setenta e cinco por cento) do período de história da existência do Brasil marcados pela escravização de pessoas traficadas do continente africano e tão somente 25% (vinte por cento) desse lapso vivenciado pós-escravidão, tais dados estatísticos, na verdade, são reveladores da gravidade dos danos decorrentes dos efeitos do racismo, construído a partir de um conjunto sistêmico, jurídico- legal, estruturador e estruturante das desigualdades de raça e gênero na sociedade brasileira.

Ao interpretarmos os dados estatísticos em questão, a partir do teor da Lei Complementar à Carta Constitucional de 1824, que se reprise, excluía a população negra, à época escravizada, do acesso aos chamados direitos econômicos e sociais, compreendemos a dimensão do agravamento do racismo estrutural e seus impactos perversos de violências às vidas das mulheres negras. Nesse diapasão, é fundamental destacar o papel da sociedade civil em especial do Movimento Contra o Tráfico

ASPECTOS SOCIAIS E CULTURAIS SOBRE O TRÁFICO DE MULHERES E MENINAS NO BRASIL

de Pessoas na construção de uma política pública de Enfrentamento ao Comércio Nacional e Internacional de Vidas."

Torna-se necessária e merecida traçar uma breve memória acerca do contexto em que se dá a existência e a formação do MCTP – Movimento Nacional contra o Tráfico de Pessoas . O MCTP surge no ano de 2009, quando da realização do II Seminário Internacional Contra o Tráfico de Pessoas promovido pelo Núcleo de Enfrentamento ao Tráfico de Pessoas da Secretaria de Estado da Justiça de São Paulo. Naquela oportunidade, o MCTP lança a Plataforma Nacional Contra o Tráfico de Pessoas, já com o apoio e a participação de entidades de atuação histórica e relevante no cenário dos direitos humanos.

A iniciativa da criação de um movimento que consolidasse o olhar, a voz e a atuação multidisciplinar, de um grupo de organizações não-governamentais que partem de um ponto comum – a luta intransigente pela defesa e garantia dos direitos humanos, em particular o tráfico de pessoas, bem como a identificação e o reconhecimento dessa temática no cenário nacional.

O MCTP nasce com a proposta de demarcar e, sobretudo, pautar e monitorar o Tráfico de Pessoas, nos espaços de poder político e decisório em que a temática ainda é considerada invisível e permeada por preconceitos e distorções. Como exemplos, podemos citar a estratégica articulação do MCTP no sentido de garantir a legítima representação da sociedade civil no processo de construção do II Plano Nacional de Enfrentamento ao Tráfico de Pessoas, bem como as contribuições e participações efetivas nas CPI's (Comissões Parlamentares de Inquérito) do Senado e da Câmara Federal.

Muito mais que intensificar uma estratégia de diálogo inter e multi-setorial, com o objetivo de demonstrar à sociedade e aos demais segmentos governamentais a importância da construção coletiva de uma Política Pública de Enfrentamento ao Tráfico de Pessoas, sob uma perspectiva plural e diversa em que componentes como gênero/etnia/ diversidade sexual, cabe e caberá ao Movimento Contra o Tráfico de Pessoas a missão de mostrar aos entes do Poder Público nas mais diferentes esferas do Poder, a criação de mecanismos e diretrizes eficazes para intervir no enfrentamento ao TSH.

DIREITOS DAS MULHERES

Essas estratégias de *advocacy*, ocasiões em que o MCTP através de sua representação, dialoga diretamente com aqueles responsáveis pela tomada de decisão, de modo a influenciar aquelas representações e segmentos, vêm sendo realizadas pelo Movimento, de maneira notadamente exitosa, posto que essa articulação tem aproximado e muito dos setores público, privado e da sociedade civil.

Ademais, o MCTP surge num contexto em que se mostra imprescindível para uma articulação legítima da sociedade civil em que possa, a partir de sua construção e perspectiva multidimensional, não apenas dialogar com inúmeros atores e segmentos sociais, mas, sobretudo, intervir decisivamente na construção e na consolidação de uma política de enfrentamento, que contemple as especificidades do Tráfico de Pessoas no contexto de nosso País. O objetivo dessa articulação, que atualmente congrega mais de 250 (duzentas e cinquenta) entidades, atuantes em todo o território nacional, é a de conferir visibilidade à temática (ainda tão invisibilizada e permeada de inúmeros preconceitos), junto aos mais diversos segmentos sociais. Reconhecido como uma das Plataformas de denúncias de Tráfico de Pessoas pela UNODC, por sua abrangência e atuação, o MCTP dá conta da multifacetária e contrastante realidade do tráfico humano em nosso País.

Conclui-se que, a missão do Movimento Nacional Contra o Tráfico de Pessoas, ao visibilizar e conferir relevância à temática do Tráfico Humano, contribuirá de igual modo para o empoderamento de toda a sociedade. Tais práticas, ao promoverem o resgate da cidadania e evitarem o comércio de vidas – elevam à pessoa humana da condição de objeto (de direitos) a conquistar o direito de ser protagonista e sujeito (de direitos) de sua própria história de vida. É momento de rever a nossa construção histórica e cultural, nossos discursos e atuações, enquanto sujeitos éticos nesses processos e no desempenho de nossos diferentes papéis sociais nos espaços de poder. Além de buscarmos o enfrentamento dessa problemática, através da educação e uma prática dialética, que objetiva o respeito por outro ser humano, o resgate à autoestima e, sobretudo, o respeito às diferenças, entendendo que a distância entre a igualdade formal e à igualdade real poderá ser superada com a formulação de políticas públicas, eficazes, que garantam efetivamente uma sociedade em que todos e todas sejam respeitados/as, mulheres e homens, negros ou

ASPECTOS SOCIAIS E CULTURAIS SOBRE O TRÁFICO DE MULHERES E MENINAS NO BRASIL

não-negros, jovens ou não, crianças, migrantes, travestis ou transexuais, enfim, todos sem exceção.

Ao interpretarmos os dados estatísticos em questão, a partir do teor da Lei Complementar à Carta Constitucional de 1824, que excluía a população negra, à época escravizada, do acesso aos chamados direitos econômicos e sociais, compreendemos a dimensão do agravamento do racismo estrutural e seus impactos perversos de violências às vidas das mulheres negras. No contexto do Brasil, em que retrocessos históricos remontam à realidades adversas sobretudo, às mulheres e meninas negras que, estigmatizadas e reduzidas ao espaço do exótico e da hiperssexualização dos seus corpos, e que são, de forma legítima, utilizadas como chamarizes e atrativos ao Turismo Sexual!

Nesse aspecto é imprescindível que enquanto não tivermos políticas públicas e ações estratégias articuladas que deem conta da superação dessas realidades , todos os dias devem e merecem ser 18 de maio, a fim de relembramos que, desde a sua mais tenra idade, essas vidas negras , nos moldes da Década dos Afrodescendentes da ONU precisam para que sua efetive sua dignidade enquanto pessoas humanas que são, do efetivo Reconhecimento e Justiça a fim de que alcancem o seu Desenvolvimento!!

Ao nos depararmos com os dados referentes às violações que impactam a realidade das mulheres negras contextualizada ao tráfico de pessoas em questão, concluímos que, são necessárias políticas públicas de estado, bem como ações afirmativas estratégicas e investimentos do setor privado a mudar esse conjunto de paradigmas!! Atingir essa compreensão significa entender que ao respeitarmos às diferenças, não reproduziremos as desigualdades e que merecemos um tratamento digno como pessoas humanas que somos, em todos os aspectos e perfis das nossas diversidades.

Referências

PERSTRAF – Pesquisa sobre o tráfico de Seres Humanos – Brasil – Maria Lúcia Leal – 2002.2003

Retratos das desigualdades de Gênero/Raça – ONU Mulheres, SEPPIR e SPM – 2009

DIREITOS DAS MULHERES

Anuário das Mulheres do Brasil
CEDAW – Convention for the elimination against all forms of discrimination against women (ONU)
Convenção de Belém do Pará – OEA – 1996
Dossiê sobre a situação das Mulheres Negras no Brasil
A Carne – Elza Soares

16. Programa Guardiã Maria da Penha: um Exemplo de Política Pública

ELZA PAULINA DE SOUZA

Introdução

Receber a determinação para assumir uma tarefa a qual não tinha nenhuma afinidade, e no meu raso entendimento me percebia pouco capaz de entender e mais, num momento de minha carreira bastante confortável, afinal já havia alcançado o maior posto da categoria, e trabalhava num local onde minha função era operacionalizar e/ou finalizar alguns programas já consolidados da pasta foi um desafio. Desafio este diferente dos demais, pois iria lidar com questões que envolvia também emoções e crenças pessoais.

Bom, precisava entender afinal o que era a nova missão – fazer a gestão do "Programa Guardiã Maria da Penha", o qual sabia somente as coisas básicas, apenas que o objetivo principal era a fiscalização de medidas protetivas concedidas pela justiça às mulheres vítima de violência doméstica e, a Guarda Civil Metropolitana através de equipes capacitadas fazia a fiscalização através de rondas.

Criado através do Decreto Municipal Nº 55.089, de 08 de Maio de 2014, o Programa "Guardiã Maria da Penha", visa a proteção de mulheres vítimas de violência doméstica e familiar, com medidas garantidas pela Lei Maria da Penha – Lei nº 11.340, de 07/08/2006. A época (final do ano de 2017) o programa atendia somente a região central do município de São Paulo e contava com 02 (duas) viaturas com 03 (três) integrantes cada, que trabalham em escala de 12X36, por 12h, totalizando 12 (doze) integrantes que faziam a fiscalização das medidas. Contava também com 02 (duas) administrativas que faziam a conferência e o controle da documentação recebida e encaminhada. As administrativas foram transferidas para a secretaria, onde passei a conhecer o programa, sua operacionalização e suas dificuldades. E mais que entender o programa, precisava acreditar nele.

DIREITOS DAS MULHERES

Com a referida lei, mais conhecida como "Lei Maria da Penha", o Brasil assumiu um importante papel nas ações de enfrentamento a violência doméstica e familiar contra a mulher. Considerada pela Organização das Nações Unidas com uma das três melhores legislações do mundo que cria mecanismos contra a violência. Porém, apesar de sua perfeição, a lei não fora suficiente para diminuir os casos de violência. Torna-se necessário então que o poder público, a sociedade civil comece a pensar em medidas a fim de tornar a lei mais efetiva, através da formatação de ações e políticas públicas disciplinando então o cumprimento da lei e garantindo o atendimento às mulheres em situação de violência.

Desta forma então e através de uma iniciativa da Secretaria Municipal de Segurança Urbana (SMSU) através da atuação da Guarda Civil Metropolitana (GCM), do Ministério Publico de São Paulo (MP/SP) através do Grupo de Enfrentamento a Violência Doméstica (GEVID) e da Secretaria Municipal de Direitos Humanos e Cidadania (SMDHC) através da Coordenação de Políticas para as Mulheres (CPPM), criam o "Programa Guardiã Maria da Penha" com objetivo de combater a violência física, psicológica, sexual, moral e patrimonial contra as mulheres, monitorar o cumprimento das normas penais que garantem sua proteção e a responsabilização do agressor, além de proporcionar acolhida humanizada e orientação às vítimas quanto aos serviços municipais disponíveis. A própria lei vai definindo diretrizes e suas formas de promoção e enfrentamento, como podemos observar no seu art. 8º, incisos V, VI e VII dava fundamentação ao programa, conforme podemos observar:

Art. 8º – A política pública que visa coibir a violência doméstica e familiar contra a mulher far-se-á por meio de um conjunto articulado de ações da União, dos Estados, do Distrito Federal e dos Municípios e de ações não governamentais, tendo por diretrizes:

V – a promoção e a realização de campanhas educativas de prevenção da violência doméstica e familiar contra a mulher, voltadas ao público escolar e à sociedade em geral, e a difusão desta Lei e dos instrumentos de proteção aos direitos humanos das mulheres;

VI – a celebração de convênios, protocolos, ajustes, termos ou outros instrumentos de promoção de parceria entre órgãos governamentais ou entre estes

PROGRAMA GUARDIÃ MARIA DA PENHA: UM EXEMPLO DE POLÍTICA PÚBLICA

e entidades não governamentais, tendo por objetivo a implementação de programas de erradicação da violência doméstica e familiar contra a mulher; VII – a capacitação permanente das Polícias Civil e Militar, da Guarda Municipal, do Corpo de Bombeiros e dos profissionais pertencentes aos órgãos e às áreas enunciados no inciso I quanto às questões de gênero e de raça ou etnia;

Ou seja, Políticas Públicas é um conjunto de atividades, programas, desenvolvidas pelo Estado com ou sem a participação direta ou indireta da sociedade civil, organizada e por vezes provocada e desenvolvida por esta sociedade, de forma a garantir os direitos das pessoas. Assim o programa toma forma e passa a ser mais um instrumento importante na fundamentação da referida lei. Tendo como seu principal, mas não único objetivo, o programa fiscaliza então o cumprimento das medidas protetivas, uma garantia que a lei garante a estas mulheres conforme podemos observar no Artigo 19 da referida lei, bem como o Artigo 38A e seu parágrafo único:

Art. 19. As medidas protetivas de urgência poderão ser concedidas pelo juiz, a requerimento do Ministério Público ou a pedido da ofendida.
Art. 38A – A. O juiz competente providenciará o registro da medida protetiva de urgência.
Parágrafo único. As medidas protetivas de urgência serão registradas em banco de dados mantido e regulamentado pelo Conselho Nacional de Justiça, garantido o acesso do Ministério Público, da Defensoria Pública e dos órgãos de segurança pública e de assistência social, com vistas à fiscalização e à efetividade das medidas protetivas.

Observa-se então as diretrizes devem ser operacionalizadas através de organismos governamentais e não governamentais buscando desta forma maior garantia aos direitos. Por isso as equipes da Guarda Civil Metropolitana que trabalham no Programa, além do curso de formação que é ministrado quando ingressam na Corporação, também recebem capacitação extra, através de cursos que são realizados em parceria com as promotoras do Grupo de Atuação Especial de Enfretamento à Violência Doméstica (GEVID), do Ministério Público, a Coordenadoria de

Políticas Públicas para as Mulheres, da Secretaria Municipal de Direitos Humanos da Prefeitura do Município de São Paulo. Tal capacitação visa com que os envolvidos tenham conhecimento de todos os procedimentos, encaminhamentos relativos ao atendimento às mulheres em situação de violência e especialmente a rede de proteção.

1. Operacionalização do programa

Após a emissão da medida protetiva e encaminhada via GEVID à Guarda Civil Metropolitana, é realizado um cadastro, onde a equipe visita a vitima e explicam quais são os objetivos do programa, fala da importância da rede de proteção orienta-a procurar o serviço mais próximo, pois é de suma importância que esteja inserida nele. A inserção desta mulher em situação de violência no programa é voluntária e as visitas são realizadas de acordo com a necessidade de cada caso. Claro que o atendimento é garantido não somente a mulher em situação de violência, mas também mulheres trans, crianças, idosos que se encontram em situação de violência doméstica.

O programa dar-se-á através de visitas e/ou rondas. Chamamos "rondas", o ato de rondar, vigiar, algo ou alguém. Nas visitas a equipe tem contato visual e através de uma escuta ativa, compartilha com ela aquele momento, sempre se colocando a disposição para orientações e encaminhamentos. Nas rondas, as equipes não exercem o contato com a vítima, apenas a observação, sempre com vistas ao cumprimento da medida pelo agressor. Estas rondas são realizadas em geral próximas à sua residência, mas também se for o caso no seu trabalho.

Nesta primeira visita também é apresentado o app "Socorro imediato", que é instalado no aparelho de telefonia móvel da participante do programa, se ela assim o desejar, pela equipe do programa. Seu funcionamento se dá através de acionamento da vítima ao observar a aproximação do agressor. Imediatamente a Central de Telecomunicações da Guarda Civil Metropolitana recebe um alerta. A viatura mais próxima ao local indicado pelo app é acionada e enviada ao local. Todo o efetivo da Guarda Civil Metropolitana é capacitado para o atendimento de ocorrências e esta não poderia ser diferente, entretanto, além da viatura de área destinada ao local, é acionada uma equipe do programa para acompanhar, considerando que já possuem conhecimento do caso.

PROGRAMA GUARDIÃ MARIA DA PENHA: UM EXEMPLO DE POLÍTICA PÚBLICA

As equipes disponibilizadas para executar o programa, precisam ser comprometidas com as ações, acreditar na sua importância, são capacitadas a exercitar a escuta ativa, ou seja, não promover julgamentos e acolher esta vítima de forma que ela possa se sentir fortalecida. As pessoas que estão na condição de protegida é orientada de maneira não impositiva a procurar os equipamentos que a rede de proteção oferece, muito importante que ela tenha atendimento psicológico, jurídico, assistência social, enfim, perceber como um sujeito de direito, direito e poder de cessar este ciclo de violência.

Não visamos a prisão em flagrante do agressor, não, não é este nosso maior objetivo. O agressor por vezes, ao saber que está sendo observado e que poderá ser conduzido a justiça por descumprimento de medida judicial, passa a refletir sobre suas ações e deixa de realizar este abuso, cumprindo a determinação judicial. Mas, claro, que ao nos deparamos com o agressor infringindo a ordem, ele será detido sim, e conduzido à autoridade policial, afinal, esta é a nossa atribuição legal.

Para a inserção no programa é necessário que tenha a medida protetiva deferida. Porém em alguns casos que esta medida é indeferida e o GEVID/Ministério Público solicitar, a equipe vai até a casa da solicitante a fim de realizar um "relatório de risco". Relatório de Risco é um questionário que as equipes realizam na primeira visita que faz na casa da solicitante, nele através de uma escuta ativa, perguntas específicas, observação e com a experiência é possível definir qual o possível risco que ela corre. Este relatório é enviado então ao GEVID/MP para análise.

O Programa, da sua criação até os dias atuais, teve uma evolução bastante significativa. Em 2014 os atendimentos eram realizados por 2 equipes que atuavam na região central da Cidade de São Paulo. Hoje, o Programa Guardiã Maria da Penha conta com 8 equipes, sendo 2 na zona leste, 2 na zona sul, 2 na região central, 1 na zona norte e 1 na zona oeste, contando com uma grande aceitação por parte das mulheres vítimas de violência. Do início de suas atividades, em 06 de junho de 2014, até a data atual, o Programa Guardiã Maria da Penha já assistiu 1.764 (mil setecentos e sessenta e quatro) mulheres. Atualmente, mais de 400 (quatrocentas) mulheres são atendidas no Programa, as quais estão distribuídas nas 05 regiões da Cidade de São Paulo (zonas norte, sul, leste, oeste, centro). Já no período de 06/06/2014 a 30/12/2019, foram realizadas mais de

DIREITOS DAS MULHERES

60.000 (sessenta mil) visitas pelas equipes da Guardiã Maria da Penha (Fonte: SIG-GCM – 07/01/2020).

Em 8 de março deste ano – Dia Internacional da Mulher – o Prefeito Bruno Covas criou através do Decreto nº 58.653, a Inspetoria de Defesa da Mulher e Ações Sociais – IDMAS, da Guarda Civil Metropolitana de São Paulo, sendo uma inovação nas políticas públicas de segurança urbana. A Inspetoria é composta por equipes de profissionais com formação específica e dedicação exclusiva. O Programa Guardiã Maria da Penha está inserido no rol de atividades desta unidade. Com o advento desse decreto, as ações do programa foram ampliadas, onde estamos presentes também na Casa da Mulher Brasileira, recém-inaugurada na cidade de São Paulo. Também através de uma parceria com a Polícia Civil/São Paulo, estamos presentes nas Delegacias de Defesa da Mulher no período noturno.

Além do programa, também realizamos palestras, encontros e oficinas voltadas as ações de enfrentamento a violência contra a mulher. Prestamos apoio as Guardas Municipais que desejam a implementação do programa, bem como, realizamos algumas atividades em parceria com objetivo de fortalecimento das ações, maior capacitação das equipes e muito compartilhamento de experiência. Contamos sempre com a colaboração das Promotoras Públicas que atuam no GEVID e suas equipes, da Coordenadoria de Políticas para as Mulheres da Prefeitura do Município de São Paulo, Polícia Civil, OAB, entre outros órgãos públicos e, especialmente organizações não governamentais e sociedade civil.

Com o fortalecimento do programa, também é realizado dentro da instituição Guarda Civil Metropolitana ações de promoção para uma mudança de paradigma e uma atuação mais efetiva. Não há outra forma de combate a violência que não pela educação e prevenção. É necessário aplicar a lei em especial para a cessação da violência, mas também precisamos de ações para que elas não voltem a ser repetir. Despertar na sociedade (e fazemos parte dela) um compromisso, responsabilidade e consciência de que somos todos responsáveis é imprescindível. E de que forma? Através da educação. Promover ambientes de conscientização como instrumento de prevenção é fundamental para que inclusive as políticas definidas pela lei sejam efetivas.

Realizar a fiscalização das medidas protetivas é a principal ação do programa, mas é inegável que provoca outras atitudes que são fundamentais, como a responsabilidade coletiva. Quando a administração pública vai até esta vítima, quer seja através do Programa Guardiã, ou através de outro equipamento da rede de proteção, ela começa a se sentir integrante da sociedade, reconhecida e perceber que também é um sujeito de direitos. Esta percepção é fundamental para que se sentindo fortalecida, possa prosseguir com o processo de cessação da violência, como também do recomeço. Não é fácil, mas possível. Ter consciência de que precisa cuidar de si mesmo, mas que, além disso, existe alguém que também cuida, protege promove não só na vítima uma sensação de segurança, como também, desperta no ciclo participativo uma realidade de alerta, e todo aquele que visualizar alguma ameaça é orientado a ligar e denunciar, quer seja, através do "Disque denúncia 180", "190 Polícia Militar" e se for integrante do Programa Guardiã Maria da Penha "153 Guarda Civil". É preciso que a comunidade perceba que pode salvar uma vida com uma ligação. Salve uma vida – denuncie. A ligação é anônima e gratuita.